JN085899

重慶マニア

近堂彰一 著

PUBLIB

まえがき

　昭和と令和が折り重なる街・重慶へようこそ。あれ平成は？と突っ込みを入れてくれた読者には感謝したい。重慶は 2015 年くらいまでは昭和の香り漂う都市だったのだが、急速に開発が進み、平成を通り越して昭和から一気に令和になってしまったかのように急激に変化しているのだ。

　よくある誤解として「世界最大の都市・重慶」というものがあるが重慶は世界最大の「市」ではあるが最大の都市ではない。中国では市の下に県が置かれるため、中国の市＝日本の県とイメージした方が良い。重慶も北海道くらいの面積の市である。市の人口 3000 万人、都市人口 800 万人という巨大な市にもかかわらず地元重慶の旅行会社が広告で「Secret Metropolis ChongQing」と自虐的に書いていたように外国人の姿はほとんどなく、少しの観光客以外で市内にいるのは地元重慶人と貴州省の出稼ぎ民のみという濃度であった。2015 年までの重慶は「成都に行くから寄っただけ」やら「重慶は見るものが無い」だの散々な評価であった。そんな重慶に契機が訪れたのが 2016 年。重慶を舞台にした映画『从你的全世界路过』が公開、更にこの年動画投稿アプリ抖音（TikTok）がリリースされ、特異な地形を有する重慶の都市の様子が 8D 魔幻都市として一気に拡散。それまでの「街が古い」は「レトロで浪漫」、「辛くて食べられる物が無い」は「本場で辛い物を食べてみたい」、「階段ばかりで疲れる」は「他都市には無い特色」、「二度と来ない」から「一度は行ってみたい」へと中国人の評価も180 度変化した。2018 年には新駅・重慶西駅も開業、南の広州・貴陽・昆明、北の西安などを結ぶ高速鉄道が開通、重慶市が観光業に投資を始めた事もあり、なんと国内人気旅行先第 1 位、5.5 億人（中国公称）が訪れるほどの観光都市となったのだ。西部大開発で一番恩恵を受けているのが重慶だろう。

　日本では「重慶」の名称はほとんど知られていない、もしくは知られていたとしても中華レストラン重慶飯店や香港の重慶マンションというのが実情だと思うが、中国国内人気 No.1 都市としての重慶を見に来て欲しい。筆者は重慶マニアとして重慶の街を 1551km、220 万歩歩き、6254 段の階段を上がっており、本書には日本人初訪問のスポットや地図に載っていないスポットも多数収録している。読者が一刻も早く重慶の魅力に気付くことを願っている。

　※発売時に最新の情報を載せているが変化の早い中国の中でも西部大開発中の重慶は特に変化が早いため、実際の行き方や価格は確認して欲しい。

　※中国共産党の略称「中共」は中国では一般的に使用されているので、そのまま「中共」としている。

　※地名などの後に続く C は中国語、P はピンイン、K はカタカナをそれぞれ意味している

重慶市概要

正式名称	重庆市（Chóngqìng・チョンチン）
略称	渝、巴
愛称	火鍋の都・霧の都・温泉の都・美女の都・山城
人口	3075万人。(主城区人口865万人。農村人口2210万人)
面積	8.24万㎡。中国の他の直轄市である北京、上海、天津の総面積よりも更に2.4倍大きく、世界最大の市と言われる。北海道島よりも大きい。
地理	長江上流の都市であり、四川雲南貴州の三省への入り口に位置する。
行政区分	重慶直轄市。26区・8県・4自治区を管轄。一般的に省→市→県（区）→郷だが直轄市のため東京23区と同様、重慶市渝中区となる。26区のうち9区（渝中、江北、南岸、沙坪壩、九竜坡、北碚、渝北、大渡口、巴南）が主城区と呼ばれている。他の直轄市である北京、上海、天津は区のみで構成され、重慶に存在する県・自治区は存在しない。この点により重慶は大都市と大農村が並存する特殊な直轄市となっている。
言語	重慶弁、北京語
民族	漢族·94.8%・土家族3.7%・苗族1.4%など
経済	元来重工業都市だが、近年は中央政府よりAI産業の基地として指名される。
時差	日本との時差は1時間。本来なら時差2時間が適切である。中国の中央部に位置しているにも関わらず北京時間を使用しているため、日の出が遅く感じる。
気候	亜熱帯モンスーン気候に属し、季節は夏と冬に二極化しその間に非常に短い春と秋がある。盆地内盆地（重慶は四川盆地の東に位置し、更に小さい盆地を形成している）であるため夏は非常に暑く、武漢・南京と並び「中国三大かまど」と称される。霧の都の愛称通り、夏以外は晴天日30%前後と日照時間が極端に短い（霧の日104日／年平均、ロンドン94日、東京55日）ため、色白の人が多い。またこの原因により旅行先に南国を選ぶ人が多い。年間平均湿度70-80%。
名前の由来	南宋時代の1189年正月、皇太子趙淳が「恭州（当時の重慶の名称）」の恭州王に任命され、その後、南宋皇帝となったため慶事が重なる街という意味で重慶、1189年9月18日、重慶府が設置された。それ以降800年以上に渡って重慶という名が使用されている。

重慶全図

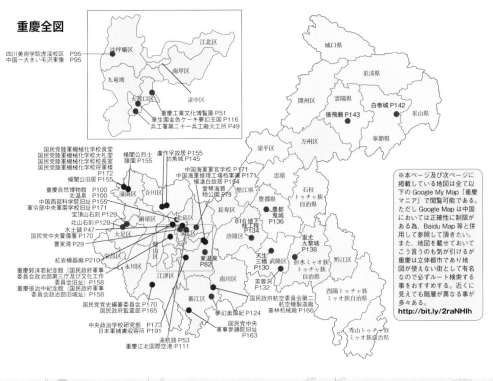

重慶市街地図

渝中地図

D

4   5   6

2 号線

曾家岩

地下通路 P32

大溪溝

重慶時光埠頭
江景酒店解放碑
大溪溝店 P120

戴笠公館 P90

曾家岩 50 号
(閻公館) P199

中山四路 P90

潘文華公館旧址 P156

国民政府行政院 P164

桂園 P90

重慶市政府 P90

国民政府監察院考試院
P166

重慶中国三峡博物館 P89

重慶市人民大礼堂 P89

特園 P158,206

自動洗車 P34

人民大礼堂周辺

龙洞香洞
藏酒 P34

中国民主党派歴
史陳列館
P90,205

牛角沱 P27

牛角沱

怡園 P206

新徳村 P21

中ソ文化協会 P17

香堤酒窖 P34

江上明珠一号酒窖 P34

中共代表団駐屯地 P201

洞亭火鍋
(防空洞店) P33

山城第二歩道 P30

七星岗の廃城系建物 P43

七星岗周辺

国民政府立法院
司法院及蒙藏
委員会 P165

抗建堂 P177

岡上渣渣老火鍋 P62

重慶宋慶齢旧居陳列館
&保衛中国同盟 P157

1 号線

純陽老酒館 P74

菩提金剛塔 P89

七星岗

国際村 P176

米国大使館 P181

南区公園路 P21

両路口

南区公園路 P21

ソ連大使館
(人民第三医院) P180

建業正街 P1

西路口皇冠大エスカレー
ター(上出入り口)
P109

棲街 51

二廠文創公園 P50

両路口皇冠大エスカレーター
(下出入り口) P109

郁容公園 P154

家具街 P32

納涼ポイント P35

両路口周辺

薬園墩立交 P23

南区路 GSP43

重慶駅 P107

珊瑚壩空港跡地 P11

3 号線

I

4   5   6

行政区画マニア

主城区

中華民国臨時首都時代は郊外含め18区が置かれていた。中華人民共和国建国後の1950年4月、18区を7区に合併統合、北碚を併合し第八区とし、第一区〜第四区及び第八区を地級区、第五区〜第七区は県級区とされた。その後1951年、第八区に川東行署が置かれ再度分離、北碚市が成立。紆余曲折を経て重慶市は1952年10月、合計5区に改められ、1953年には北碚市が重慶市へ戻り、第六区となる。

渝中区　◎渝中区
重慶市政府が置かれる重慶の中心部・旧第一区。渝州の中心として1995年に市中区から改称。

江北区　◎江北区
長江及び嘉陵江の北。1955年に重慶市第二区から江北区へ改称。

沙坪壩区　◎沙坪坝区
砂の多い土手だった事から沙坪壩と呼ばれていた。抗戦時の沙磁区から重慶市第三区を経て1955年に改称。

九竜坡区　◎九龙坡区
南宋皇帝光宗が即位した際、天から九匹の竜がこの地に降臨したという伝説による。1955年に重慶市第四区から改称。

南岸区　◎南岸区
長江の南岸。1955年に重慶市第五区から改称。

北碚区　◎北碚区
江に深く入り込んだ石を古代、碚と言っており、渝州重慶の北に位置する事から北碚。1955年に重慶市第六区から改称。

大渡口区　◎大渡口区
清朝末にある地元名家が長江に無料渡し船を設置し。大渡口は長江沿いの数十の渡し口の内、最初の渡し口。

渝北区　◎渝北区
渝州城北。1994年、江北県から渝北区へ。それまでは江北区の北に江北県が置かれていた。

巴南区　◎巴南区
巴県の長江以南で巴南。1955年に巴県の長江以南及び九竜坡の一部により構成。

郊外区

万州と涪陵は重慶直轄市成立以前それぞれ独立した地級市、四川省万県市・四川省涪陵市であった。

万州区　◎万州区
「万川畢匯」「万商畢集」。蜀内の長江支流が集結する三峡の重要地点として社会文化の中心地であった事から、万の字が使用される。重慶直轄市に伴い併合、万県市から万県市開発区と万州区に改編。旧万県市では三峡ダム建設に伴い、市街地の半分が水没した。2000年に万州区に統合。

涪陵区　◎涪陵区
烏江がこの地区で長江へと合流。烏江は古代涪水と呼ばれており、また巴国国王陵があったことから涪陵。1997年に重慶直轄市成立の際、涪陵市消滅。

黔江区　◎黔江区
当地地区は秦の時代、黔中郡に属しており、烏江は黔中郡では黔江と呼ばれていた。唐の時代に黔州設置。2000年に重慶唯一の少数民族として成立。

長寿区　◎長寿区
明初期に既に長寿山があり、麓の村人が長寿であったため長寿県となった。2001年に区制。

永川区　◎永川区
唐時代に県が置かれる際に、3川が合流する様子が永の字に似ていたことから永川と命名。重慶直轄市管轄の永川市であったが2006年の行政改革で「重慶市永川市」から「重慶市永川区」となった。

合川区　◎合川区
嘉陵江、涪江、渠江の3河が合流する事から合川。永川市と同じく2006年に市から区となった。

江津区　◎江津区
津は港の意味であり長江の港から江津。2006年に江津市から区となる。

南川区　◎南川区
綦江が古代南江と呼ばれており、南江の別名が南川である。境界内に水源があるため南川。2006年に南川市から区制。（旧涪陵市南川市）

綦江区　◎綦江区
境内を流れる綦江から命名。2011年に綦江県と万盛区が合併し綦江区に。

大足区　◎大足区
肥沃な土地で豊富な物産から大豊大足。

璧山区　◎璧山区

茅萊山の東・南は比較的なだらかだが西・北は峻険であったことから、唐代には別名重壁山と呼ばれていた。

銅梁区　◎ 銅梁区
唐の時代に東にある銅梁山から命名。尾根右側に太陽が当たると古銅色になる事から、銅梁山と名付けられた。

潼南区　◎ 潼南区
民国時代に清代の潼川府の南に位置している事から、潼南県と命名。

栄昌区　◎ 荣昌区
明の時代に昌元区の栄州、昌州が隆盛さを意味する繁栄昌盛を願い、栄昌となる。

開州区　◎ 开州区
境内を流れる南河の古称が開江であり、古来より開州と呼ばれていたが明の初期に州から県に降格。区に改編される際に開州に戻された。（旧万県市開県）

梁平区　◎ 梁平区
境内の高梁山から名を取り、梁山県と命名されていたが、山東省にも梁山県があったため 1952 年に渝東地区で 1 番の壩（堤防）・大平壩から梁平県に改名。2016 年に県から区制。（旧万県市梁平県）

武隆区　◎ 武隆区
唐の時代に境内にある武竜山から武竜県となるが、広西省にも武竜県があったことから明初期に竜を隆へと変更。2016 年に県から区制。（旧涪陵市武隆県）

県
重慶における県は長江沿い、三峡地区に集中している。

城口県　◎ 城口县
陝西、湖北、貴州三省に接し、城への入り口の意味。（旧万県市城口県）

豊都県　◎ 丰都县
東漢時代に平都県が設置。隋の時代に平都県の肥沃な土地・豊富な物産から豊都県と改称。（旧涪陵市豊都県）

墊江県　◎ 垫江县
秦から南朝宋まで現合川合陽は墊江県の管轄であったが、合川合陽は嘉陵江、渠江、涪江の合流地点であり、合流する水がまるで衣のように重なっていたことから墊江と名付けられた。漢書に墊が墊と書かれたため、後世墊江と呼ばれるようになった。（旧涪陵市墊江県）

忠県　◎ 忠县
当地出身の巴国蔓子将軍の忠。巴国時代、蜀に侵略され苦しむ百姓をみた巴国蔓子将軍は、三城の割譲を条件に楚に援軍を求める。楚の援軍により巴国に平安が訪れ、楚は約束通り巴国に対し三城の割譲を求める。将軍という臣下の身であり勝手に巴国の領土を割譲するわけにいかず、かといって約を破る訳にもいかない蔓子将軍は、自分の首を楚に差し出すことによって領土割譲を免れたという逸話による。（旧万県市忠県）

雲陽県　◎ 云阳县
雲安の塩場及び五峰山南麓、長江の北に位置し「北陰南陽・水北為陽」から雲陽県。山の北側は影となり、南側は日が当たる。また川の北側は南が川で遮るものが無いため、やはり日が当たるという成語。（旧万県市雲陽県）

奉節県　◎ 奉节县
当地白帝城で劉備より蜀及び幼君の命運を託された諸葛孔明の「奉公守節」に対し、唐の時代に敬意を表し奉節県と改称。（旧万県市奉節県）

巫山県　◎ 巫山县
伝説上の帝・堯の医師巫咸が当地に封じられたため巫山と呼ばれる。巫山から巫山県。1985 年に中国最古の人類・巫山人が発見された。（旧万県市巫山県）

巫渓県　◎ 巫溪县
巫山の下。元々大寧県だったが民国三年山西省にも大寧県があり、大寧川の別名が巫渓水だったことから巫渓県に改名。（旧万県市巫渓県）

自治県
自治県は 1983 年の行政改革で設置されるが、全ての自治県に重慶最大の少数民族トゥチャ族の名を冠している。

石柱トゥチャ族自治県　◎ 石柱土家族自治县
唐の武徳二年（619 年）に県設置。万寿山に少年少女に似た一対の巨石があり、男女石柱と呼ばれていたことから石柱。

彭水ミャオ族トゥチャ族自治県
◎ 彭水苗族土家族自治县
彭というのは太鼓や鼓を打つ音。鼓のような音を立てて烏江の水が澎湃したことによる。隋時代（593 年）に彭水県設置。

酉陽トゥチャ族ミャオ族自治県
◎ 酉阳土家族苗族自治县
県内を流れる酉水の北岸。「水北為陽」川の北は陽である。漢時代（紀元前 200 年頃）に酉陽県設置。

秀山トゥチャ族ミャオ族自治県
◎ 秀山土家族苗族自治县
乾隆元年（1736 年）に西 180 里の高秀山から命名し高秀県が設置される。

階段マニア

山城である重慶では自宅に帰る際にも階段を上り下りしなければならないという、バリアフリーは不可能な街である。以前の重慶は山頂の上半城（山手）と川沿いの下半城（下町）に分かれており、上下を結ぶための階段が多数建設されてきた。重慶観光では否が応でも階段を上り下りすることになるが、せっかくなら重慶の特徴ある階段を楽しんで頂きたい。階段観光の際はもちろん下りがお勧めだ。下りきった場所には何らかの交通手段が用意されているので安心して頂きたい。逆に中途半端に引き返すと体力を消耗するので注意して欲しい。

建興正街 G5　Ｃ建兴正街　Ｐjiànxīng zhèngjiē　Ｋジエンシン　ジェンジエ

長江沿いの重慶駅と山頂の軌道交通・両路口駅を結ぶ階段である。重慶駅は高速鉄道に対応していないため、重慶北駅や重慶西駅に押され気味の寂れた駅となってしまった。しかし、駅を出て周囲を見渡すと多重構造になった橋、裏山の頂上にそびえるビルなどまさに重慶を感じさせる駅となっている。階段両脇には火鍋屋や旅館など重慶駅が重慶の窓口であった頃はたいそう賑わっていたと思われる形跡がある。通常重慶に入る際に重慶駅に到着する事はほぼ無いと思うので、両路口駅から下りながら往年の雰囲気を楽しんで頂きたい。帰りは両路口皇冠大扶梯という、アジアで二番目に長いエスカレーターで楽に戻って来られるので安心して欲しい。また、両路口駅に直結した市場はかなりディープであるが、なかでも特に観て頂きたいのが豚肉屋だ。ここは豚一頭扱う店なので頭から豚足、はたまたラードと思われる脂肪の塊など、どの部位でも手に入ると思っていただいて構わない。普段スーパーで切り分けられた部位を購入する日本人にとって、豚の頭が２つに割られて売られている様は衝撃的だ。

お勧めポイント〜両サイドの火鍋屋。地下鉄両路口駅直結の市場。

 重庆市渝中区建兴正街　 重庆市渝中区建興正街

凱旋路階段 G8

© 凯旋路阶段 凯旋路云梯街　℗ kǎixuánlù yúntījiē
Ⓚ カイシュエンルー　ユンティジエ

解放碑の較場口の得意世界からすぐ近く気軽に行ける
階段だ。得意世界から凱旋路に入ると右手にすぐ「凱
旋路电梯」の文字が見える。このエレベーターが階段を
下った後に街に戻ってくる最短ルートとなる。凱旋路电
梯を通り過ぎると左手に階段が見えるが、これがその階
段だ。今通って来た凱旋路が実はアーチ形の石橋になっ
ており、その下をくぐり長江方向へと下る。この石橋は
現在重慶で最も長い石橋となっている。アーチをくぐっ
た後、更に階段が続き下りきったところが先ほどのエレ
ベーターの下の出入り口だ。帰りはこのエレベーターに
乗ってしまおう。エレベーター内部は一般的だが都市交
通としてのエレベーターはなかなか他都市では見られな
い光景だ。

お勧めポイント～薄暗いレトロな重慶を味わえる
📍 重庆市渝中区凯旋路 22 号附 198 号
📍 重慶市渝中区凱旋路 22 号附 198 号

エレベーター上側の乗り場入り口

白象居横階段 F9

© 白象居　℗ báixiàngjū　Ⓚ バイシャンジュー

長江ロープウェーのほぼ真下の階段となる。ここでは
壁画アートを楽しむことが出来る。壁画アートと言って
もここの場合、「ここで糞をするな」「アイヤ～それ
は文明的ではないよ」などと言った注意書きである。
壁画を楽しんだ後、さらに下ると右手に白象街へと続
く抜け道が現れ、ケーブルカーの跡を見ることが出来
る。ここを走っていた望竜門ケーブルカーは 1945 年、
中華民国臨時首都時代に市内交通整備の一環として上
半城と下半城を結ぶ目的で建設。重慶で初めて設置さ
れたケーブルカーであり全長 178m、高低差 46.9m と
いうものだ。以後、このケーブルカーを模して重慶市
内に千廝門・朝天門・菜園壩などいくつかのケーブル
カーが作られることになる。

お勧めポイント～壁画とケーブルカー跡
📍 重庆市渝中区解放东路 73 号附近
📍 重慶市渝中区解放東路 73 号附近

港渝広場横階段 F9

ⓒ 港渝广场　**ⓟ** gǎngyú guǎngchǎng
ⓚ ガンユー　グアンチャン

軌道交通小什字8番出口を出たら出口を振り返って頂きたい。地上に出たのに平らではなく片方は軌道交通へ入る下り階段、片方は住宅地へ入る登り階段だ。ここは階段マニアには堪らない撮影ポイントだろう。正面は陝西路といい、この辺りは衣服の問屋街となっていて、あまりの人ごみに圧倒されるかもしれない。東京のアメ横のような雰囲気だ。朝天門に近く船で運ばれてきた物資が一本下の朝東路で荷分け後、問屋街で売られ一部は重慶各地へ発送される。この問屋街の陝西路と朝東路を結ぶのが港渝広場横の階段だ。入り口こそ狭いが下り始めると徐々に階段の幅も広がっていく。ここの階段は数百段に及ぶので、荷物を担いで上下する棒棒という方々が今でも活躍している。階段を下るとU字型の路地につながるが、この狭い地域を棒棒・荷台車・軽トラが行き来するのはなかなかカオスである。そしてこのU時型の路地辺りには数軒の飯屋がある。レストランではない、この辺りの労働者が食う飯屋だ。気になる店があったら是非食べてみて欲しい。重慶料理は「江湖菜」と呼ばれるが、これは元々肉体労働者向けの料理を指している。火鍋の章で詳しく触れるが、火鍋も元々は船着き場で働く労働者が開発したものだ。

お勧めポイント〜U時カーブと飯屋
◉ 重庆市渝中区陕西路六巷8号
◉ 重慶市渝中区陕西路六巷8号

棉花街階段 E9

ⓒ 棉花街　**ⓟ** miánhuājiē　**ⓚ** ミエンファジエ

白象街階段で触れた千厮門のケーブルカーが展示されている階段である。かなりの角度がある階段であり、今までの階段と異なり、下った先にも交通手段がないためそれなりに覚悟がいる階段だ。ここで紹介した中でこちらは唯一嘉陵江に向かう階段である。重慶の地形は解放碑を山頂とし、長江側は坂のため上半城・下半城に分かれて街が作られたが、嘉陵江側は崖であり、洪崖洞のような吊脚楼という独特の建築方法でしか建物が建てられなかった。

お勧めポイント〜写真写りのよいケーブルカーが設置されている。
◉ 重庆市渝中区棉花街1（都市庭園付近）
◉ 重慶市渝中区棉花街1（都市庭園付近）

天空橋マニア

重慶には多くの歩道橋が架かっているが、その中でも強烈な歩道橋を紹介する。ここでの歩道橋は道路にかかる歩道橋ではなく、タワ団とタワ団・道路とタワ団入り口を結ぶものだ。

白象居 G9　ⓒ白象居　Ⓟbáixiàngjū　Ⓚバイシャンジュー

渝中区側（小什字側）から長江モノレールに乗車し、右手に見えるレトロな一連の建物が白象居である。この建物群は 24 階エレベーター無しという日本では、いや中国の他都市でさえ考えられない作りである。ただし、これには山城ならではの理由があり、解放東路に面する 15 階が白象居正門、10 階にも白象居の小路が通り、地層階で長濱路（長江滨江路）に面しているためである。15 階が正門というのも意味不明だが 3 つの階で道路に面するとなると、もはや実際に行ってみないと理解できないと思う。また、いくら 3 つの階で道路に面しているとはいえ、15 階から 24 階に上がるのも 9 階もあるのだが。ここで渡るべき天空橋は白象街 3 号と 4 号を結ぶ空中回廊である。ここから朝天門側を眺めると湖広会館・東水門大橋・長江ロープウェーが一望でき、非常に絵になる。現在も多くの方が生活し、住居として現役なので生活感がにじみ出ている事も好ポイントだ。またすぐ近くには長江沿いに降りられる階段もあるので、自分で降りてみて重慶の立体感を実感するのも良いと思う。

白象居の歩き方
白象居を十分に堪能したら 10 階から小道に出て、付近を散策し最下層の長濱路まで階段で降りたい。途中ちょこちょこ住宅に入り込める小道があるので、ダンジョン感を楽しみながら降りるのもお勧めだ。日当たりゼロの通路に洗濯物が干してあったり、踊り場にごみが散乱していたり、期待通りのダンジョンだ。長濱路まで到着したらゆっくり長江を眺めよう。この辺りは湖広会館や飯江湖、八省会など重慶らしいスポットも充実している。左手に 1 km 程長江沿いを歩くと朝天門だ。もしくは左手すぐの小道を入り、白象居横階段（「階段マニア」P10 参照）を上ると小什字に戻って来られる。あまりのカオスさに一刻も早く白象居から離れたい場合は目の前に解放碑（小米市）行きのバス停がある。

📍 重庆市渝中区望龙门白象街 18 号　📍 重慶市渝中区望竜門白象街 18 号

魁星広場 F8

C 魁星广场 **P** kuíxīng guǎngchǎng
K クイシン　グアンチャン

『賭博黙示録カイジ』という漫画をご存じだろうか？
2棟の高層ビル間に渡された鉄棒の上を渡るという
シーンがあるが、魁星広場ではカイジの世界を疑似体
験できるので是非足を運んで貰いたい。広場に自然に
橋が架かっているので普通に渡ればなんてことないの
だが、この橋の特異性に気付いたら恐怖の始まりであ
る。この2本の橋は魁星楼と高盛創富中心に架かる
高さ68.5m、長さ23mの歩道橋である。魁星楼は屋
上12階が魁星広場という広場になっていて臨江門（解
放碑）に面しているのだが、8階と1階に駐車場入り
口があるという特殊な建物である。一方、高盛創富中
心から見ると1階は嘉陵江に面し広場にあたる階は
22階である。魁星楼の12階が高盛創富中心の22階
というのもおかしな話だが、崖に沿って建っているた
め高低差がありこうなる。高盛創富中心の18階には
Fate・設計士酒店というラブホテルもある。（「ラブホ
マニア」P118）同じビル23階にも万愛情侶主題酒店
というラブホテルがあるが、外国人は宿泊不可である。

魁星広場の歩き方

まず広場から橋を渡ってみよう。その後、高盛創富展
示中心のエレベーターで1階まで降り、右折。すぐま
た右折すると先ほど渡った橋を下から見ることが出来
るので、自分の渡った橋の高さを実感しよう。そのま
ま進むと左手に駐車場入り口があるが、この駐車場が
魁星広場だ。この魁星広場の8階の駐車場出入口は北
区路と繋がっている。エレベーターがあるので8階で
降りて北区路に出るか、12階の広場に戻ろう。
♀ 重庆市渝中区临江门大唐广场17号
♀ 重慶市渝中区臨江門大唐広場17号

鑫竜大厦 G8

🄒 鑫龙大厦　🄟 xīnlóng dàshà　🄚 シンロン　ダーシャー

左営路と鑫竜大厦と結んでいる歩道橋。ヘアピンカーブマニアでも紹介している文化街のヘアピンを上空から眺めることが出来る。難易度的には一番低いため、歩道橋初心者にお勧めしたい。こちらは大体 40m だ。高さでは魁星広場に劣るが、橋のフォルムの美しさでは圧倒的に鑫龙大厦だろう。(「山城ヘアピンカーブマニア」P18 参照)

鑫竜大厦の歩き方

橋がカーブしているせいか、重慶に架かる天空橋の中で最も有名だ。

📍 重庆市渝中区解放碑新华路左营街 4 号
📍 重慶市渝中区解放碑新華路左営街 4 号

山城ヘアピンカーブマニア

重慶は山の中に都市が建築されているため、至る所が日光いろは坂。重慶観光のすそ野を広げるため、走り屋の皆様にも是非重慶に来てもらいたい。事実、重慶のタクシーは深夜になると山城を爆走することで有名だ。また、バスに乗っていてもヘアピンカーブに遭遇することが珍しくないため、重慶滞在中にきっと好みのヘアピンカーブが見つかると思う。春秋戦国時代、重慶城と言われていた頃から重慶の中心部である渝中区の右半分、半島の先端部分を中心に紹介する。運転したいと思われるかもしれないが、中国はジュネーブ条約未加入のため国際免許では運転不可であり、中国の免許が必要。

文化街 G8

Ⓚ 文化街　Ⓟ wénhuàjiē　Ⓚ ウェンファジエ

文化街は凱旋路の支線にあたる通りだ。ここはカーブの角度・坂の上昇角度２つの意味で対応の厳しいヘアピンとなっている。歩道もかなり鋭角なのが見えると思う。
撮影ポイント＝天空橋マニアで紹介した蟲龙大厦にかかる橋

鵝嶺正街 B2
Ⓒ鵝岭正街　Ⓟéling zhèngjiē　Ⓚアーリン ジェンジエ
鵝嶺正街は印刷工場跡地を再開発した人気スポット
二廠文創公園へ行く途中の道路である。二廠文創公
園から更に少し登ると渝中区で１番高い鵝嶺公園
だ。

嘉陵新路 B2
Ⓒ嘉陵新路　Ⓟjiālíng xīnlù　Ⓚジャーリン シンルー
モノレール２号線佛図関駅出てすぐ。運が良ければ
モノレールとヘアピンをこなす車のコラボレーション
の撮影ができるかもしれない。

北区路 F7

© 北区路　℗ běiqūlù　Ⓚ ベイチュールー

この道路は重慶の中心・渝中区の中でもさらに中心の解放碑から北の対岸、金融街の江北に行く際に必ず通る重要な幹線道路だ。奥が嘉陵江という川でそちら側から来ると？マークを横にしたようなカーブだ。

撮影ポイント＝ここは実際に通るよりも上から眺めた方が良いだろう。新華日報営業部史跡横の小道を入り、民生路社区居委会を目指して歩いていくと、真上から撮影できるポイントがある。

凱旋路 G8

© 凱旋路　℗ kǎixuánlù
Ⓚ カイシュエンルー

凱旋路は解放碑から長江沿いの長濱路に降りる際に使用する重要な道路。ここは真ん中に中国らしく廟があるのもポイントだ。

新徳村 F6

© 新徳村　℗ xīndécūn
Ⓚ シンデェツン

住宅街にあるＳ字カーブで、真ん中の住居はヘアピンに３方を囲まれてしまっており、騒音被害などがないのか心配である。街道ではないため地図で検索しても出て来ないかもしれないが、渝中区党政信息中心の周りがヘアピンスポットである。

南区公園路 G5

© 南区公园路　℗ nánqū gōngyuán lù
Ⓚ ナンチュー　ゴンユエン　ルー

ここは４つのカーブから成る渝中区で最も厳しい道路。４つのカーブの内、一番頂上に近いカーブが最も魅力的なヘアピンとなる。

ジャンクションマニア

ヘアピンカーブの次は同じ道路繋がりということで、ジャンクションを紹介したい。重慶には長江と嘉陵江という2つの大河が流れているため、必然的に橋が多くなる。そしてこれらの大河は運送に使用されるので、橋を架ける際は貨物船が通れる高さにする必要がある。そのため「橋がある＝ジャンクションがある」といってもいいほど多くのジャンクションが存在し、重慶はジャンクションシティとしても有名である。沙坪壩35、九竜坡23、大渡口9、巴南18、南岸20、渝中13、江北34、渝北43、北碚10など市内に200以上ものジャンクションがある。

菜園壩立交 H5

C 菜園坝立交　P càiyuánbà lìjiāo
K ツァイユエンバー　リージャオ
菜園壩長江大橋の渝中区側、重慶で最も美しいジャンクションである。ジャンクション越しに眺める長江も格別。

黄桷湾立交 A3

- 黄桷湾立交　Phuángjuéwān lìjiāo　Kフォアンジュエワン　リージャオ

中国で最も複雑と言われる5層15線8方向（広陽島、江北空港、南岸、大佛寺大橋、朝天門大橋、弾子石、四公里、茶園）に接続する高低差40mのジャンクション。最終案が決定するまでに5年もの月日が費やされたという。バス停があり、ジャンクションのど真ん中で下車可能。最下層からジャンクションを眺めることが出来る。

対山立交 A3

- 対山立交　Pduìshān lìjiāo　Kドゥイシャン　リージャオ

S字カーブである必要があるのかは不明だが、くびれがセクシーなのが対山立交だ。

華村立交橋 B2
ⓒ 华村立交桥　ⓟhuácūn lìjiāoqiáo　ⓚ ファチュン　リージャオチャオ
こちらのマンションはぐるりと囲まれてしまっているが、立ち退きを拒否したためではなくジャンクションである。四本の高架が弧を描く様子も見どころの１つ。

蘇家壩立交 B2
ⓒ 苏家坝立交　ⓟsūjiābà lìjiāo
ⓚ スージャーバー　リージャオ
菜園壩立交から長江を渡った反対側。地表から最高72mの高さを半径60mで一周するのが蘇家壩立交。地震大国の日本からするとこの支柱は細すぎるのではないかとハラハラしてしまうが、2005年の開通以来一度も事故は起きていない。

謝家湾立交 C2
ⓒ 谢家湾立交　ⓟxièjiāwān lìjiāo
ⓚ シェージャーワン　リージャオ
モノレールとジャンクションのコラボなら謝家湾立交がよいだろう。駅のホームから撮影が可能。

2 号線

2 号線の臨江門（臨江門）〜大坪の間は嘉陵江ギリギリを走るため昼は川辺を、夜は夜景をと昼夜問わず非常に眺めが良い。

軌道交通マニア

重慶では世界最長のモノレールが走っていたり、廃墟駅があったり、はたまた地下 94m（地下 30 階相当）に駅が建設されたりと、交通系マニアにもたまらない都市となっている。ただし地形に合わせて建設されたモノレールと異なり、近年開通した 4 号線・5 号線などは技術力に物を言わせ力業で開発しているため、どこにでもある地下鉄駅となっており、重慶らしい面白駅は無い。重慶ではモノレールと地下鉄が混在しているため、一般的に中国で使われる地鉄（地下鉄）ではなく軌道（軌道）という言葉が使用される。運営は共に重慶市軌道交通有限公司のため切符は共通で、料金も同一基準で計算される。都営地下鉄と東京メトロのような事はないため安心して欲しい。重慶モノレール（軌道）は日本の ODA により日立の大阪モノレールの技術を移転した中国初のモノレールとなるが、このあたりはきちんと碑にも残されている。更に日本との縁を感じるのが駅の案内標識で、重慶の案内標識のデザインは JR 東日本の案内標識をデザインした会社が作成した物である。ここではモノレールを中心に有名駅から、マニアックな駅まで重慶の特徴ある駅を路線ごとに紹介する。

李子壩 B2

Ⓒ 李子坝 Ⓟlǐzìbà Ⓚ リーズバー

マンションに突っ込むモノレールという事で有名になった駅。重慶市はその特異性に気付いていなかったようだがインターネットで話題になり、今では重慶の市内観光ツアーにも組み込まれるほどの人気となる。観光客が集まりすぎたため、近年撮影ポイントを整備した。

牛角沱 F4

Ⓒ 牛角沱 Ⓟniújiǎotuó Ⓚ ニュウジャオトゥオ

3号線と2号線が交差する重要な乗り換え拠点であり、3号線の南坪方面ホームからは2号線のモノレールと嘉陵江が見渡せる絶景駅だ。川とカーブを描いて川沿いに突き出てくる高架道路、そしてモノレールという交通系マニアには堪らないスポットだろう。3号線空港方面ホームからは2号線の駅と橋へと向かうジャンクションを間近に眺めることもできる。

佛図関 B2

Ⓒ 佛图关
Ⓟfótúguān
Ⓚ フォートゥガン

駅を出て右手すぐにモノレール建設に携わった方々の記念碑があり、日本のODAも紹介されている。左手に進むと公園となっており、森の中に現れる駅の案内はなかなか他都市では見られない。

平安 C1

Ⓒ 平安 Ⓟpíngān Ⓚ ピンアン

外から見ると箱庭のような駅であり、ホーム上から見ると出発後まもなく急カーブという駅だ。

3号線

重慶江北空港・重慶北駅南広場・観音橋・両路口・南坪など重要スポットを走り抜ける大阪御堂筋線のような存在だ。総距離56.4kmは世界最長であり、高架・地下・渡河・山を貫通など高低差100mという驚異のモノレールだ。

唐家院子 A2

🔵唐家院子 🅿tángjiāyuànzǐ 🅚タンジャーユエンズ

飛行機で重慶に着いて解放碑へ向かう場合、30分ほど遠回りになるが、3号線に乗車することを強く勧める。地下の重慶北駅南広場から唐家院子まで林立する高層マンションの間を走るので重慶に来た事を実感することが出来る。更にこの唐家院子という駅が実に重慶らしい。高架の駅を出ると地面に向かうエスカレーターと更に上って山頂に向かうエスカレーターに分かれている。

華新街 B2

🔵华新街 🅿huáxīnjiē 🅚ファーシンジエ

華新街から牛角沱間で嘉陵江を渡るといよいよ重慶の中心、渝中区に入る。渡河する際は両岸の高層ビル群が目に入る。しかしモノレール脇には柵や防護壁が無いため、下を見ると遥か下に川面が見え少し怖い。

両路口 G5

🔵两路口 🅿liǎnglùkǒu 🅚リャンルーコウ

重慶駅・地下鉄1号線と接続する重要な駅。この駅近くの長江展望台では菜園壩長江大橋に突入する3号線を上から撮影できる。

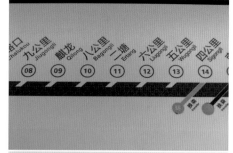

四公里〜九公理

3号線には四公里、五公里……九公里という駅がある。日本語だと4km、5kmという意味である。0kmや1km駅は無いのだが、南濱公園付近の海棠溪が起点となる。日中戦争時代はまだ長江に橋は架かっておらず南岸の海棠溪が援蒋ルートにおける重慶の起点とされた。当時の南岸区は片田舎であったため周囲に地名は無く、距離標で呼んでおり、発展後もそのまま使用されている。

6 号線

重慶の交通網は 2 号線が最初に開通。7 年後に 1 号線、3 号線が開通。次にこの 6 号線が開通している。

上新街 B3

Ⓒ上新街　Ⓟshàngxīnjiē　Ⓚシャンシンジエ

ここは駅を降りた瞬間「重庆社会学院」が目につくが軌道交通マニアでの注目点はそこではない。この駅近くに竜門浩老街があるのだが、この老街には地下鉄撮影ポイントが設置されている。中国でもこのような場所は珍しいため、女子でもスマホで撮影している。なお、上新街から大劇院までの間は上新街（地下）→長江の東水門大橋→小什子（地下）→嘉陵江の千厮門大橋→大劇院と目まぐるしく風景が変わるので、お勧めの乗車区間だ。

曹家湾 重慶全図

Ⓒ曹家湾　Ⓟcáojiāwān　Ⓚツァオジャーワン

ここは世界一の廃墟駅と言われている駅である。現在は駅前に道が一本だけ整備されているが、3 つある出入り口のうち使用されているのは 1 つのみ。その他 2 つは完全に草木に包まれてしまっている。金科地産集団という不動産開発会社が開発するという事で駅が建設されたが、そのまま放置されているという現状である。廃墟出口は駅出て一本道とは反対側に進むと現れる。駅構内はピカピカのためそのギャップに驚くことだろう。

10 号線

一般的に重慶の地下鉄・モノレールでも民間企業の広告があふれているが、この路線はちょっと色が異なり、なんと「特色ある中国共産主義の勝利」『重慶軌道の自社広告』の紅一色となっている

紅土地 A2

Ⓒ紅土地　Ⓟhóngtǔdì　Ⓚホントゥディ

強烈な車内ではあるが、駅もなかなか強烈である。この紅土地という駅はなんと地下 94m（30 階建て建物に相当するので、地下 30 階の駅ということになる）に駅がある。日本の地下鉄最深駅が都営大江戸線の六本木だが地下 42m なので倍の深さである。紅土地は北朝鮮の地下鉄に続き、アジアで 2 番目の深さだ。ちなみに両路口にあるエスカレーター皇冠大扶梯も北朝鮮のエスカレーターに敗れ、アジア第 2 位となっている。重慶の前に立ちふさがる北朝鮮……。

山城歩道マニア

渝中区長江沿いの道から城壁に沿う歩道、繁華街の中にぽっかりと静かな空間を見かけるかもしれない。それが山城歩道だ。重慶には車が入れない歩行者専用道が多く存在し、「山城第一歩道」など名前のついた歩道もいくつかある。これらの歩道を歩く際には当然多くの階段を上下することになるので、準備を怠らないようにしたい。若者が多く散策しているのが意外かもしれないが、経済発展した後の中国で育った若者にはこのようなレトロな光景が観光スポットとして受けている。

山城第一歩道

本来は陝西路〜解放東路にかけて歩道があったが、既に歩道だけではなく車道も整備されており、歩道に「第一歩道」の碑が残るだけである。この周辺での見どころは白象街（P14参照）だ。

山城第二歩道

中山医院横の健康路という小道を入っていくことになる。こちらは文学系の歩道であるが歩道上には石碑などは設置されていないため、気付かないだろう。周恩来が何度も講演した中華文芸界抗戦協会・械園史跡がある。

山城第三歩道

古い重慶・老重慶の住宅を残す場所として人気があり、一般的に山城歩道と言ったらこの第三歩道を指す。珊瑚公園から大溪溝までの全長 3.9km の歩道である。途中には臨時首都時代の代表建築である厚廬（四川軍将校兰文斌宅）、重慶城の十七門のうち現存している門の１つ通遠門、抗日戦争時期の抗日舞台である坑建堂、以前空港があった長江の中洲・珊瑚坝を見渡せる開けた通路などもある。また歴史建造物だけではなくアーティストが古い住宅に壁画を描いていたり、新旧ミックスさせようという試みがなされている。

正街・後街

重慶では歩道以外にもほかの都市では見かけない多くの道路名が使用されている一方、南京東路など中国の他都市でよく使用される東西南北の道路はあまり見かけない。東西南北の代わりに上下左右前後が使用されているのだ。道を尋ねた際も「请问〇〇路怎么走？（すいません。〇〇路はどこですか？）」「你往上走就行（上に向かって行けば OK）」「往上走？（上に向かって？）」など上下で返ってくることがある。さらに中国の都市によくある中山公園は重慶には無いし、市の中心にある事が多い人民広場も重慶では影が薄いなど、通常の都市とは何か異なるのが重慶である。

正街
Ⓒ正街 Ⓟzhèngjiē Ⓚジェンジエ
古来重慶城の頃は城門に対して垂直に延びる道を示していた。なにせ重慶には 17 もの門があったのだ。臨江門正街、東水門正街などがこのパターンに該当する。その後は各地域の最も重要な街道を示すようになった。小竜坎正街、枇杷山正街、黄桷坪正街などがこちらにあたる。

新街
Ⓒ新街 Ⓟxīnjiē Ⓚシンジエ
その字の通り市街地の拡大により命名、また老街周辺で新たに建設された道路に使用されるようになった名称が新街だ。小竜坎新街、上新街などが該当する。

後街
Ⓒ后街 Ⓟhòujiē Ⓚホウジエ
枇杷山後街、黄桷垭後街など、その名の通り大きな建物の裏側やメインストリートである正街と対で使用される。

行街
Ⓒ行街 Ⓟxíngjiē Ⓚシンジエ
こちらも重慶城絡みの命名法であり、城壁から垂直に建設されていた道である。行列を意味している。千廝門行街、儲奇門行街などが該当する。

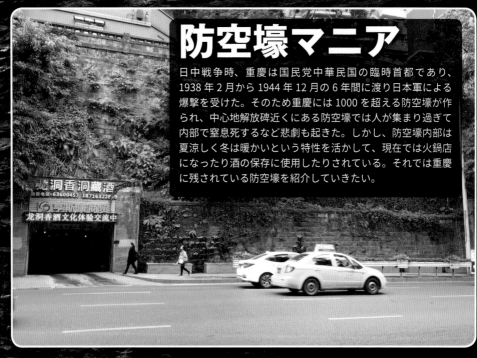

防空壕マニア

日中戦争時、重慶は国民党中華民国の臨時首都であり、1938年2月から1944年12月の6年間に渡り日本軍による爆撃を受けた。そのため重慶には1000を超える防空壕が作られ、中心地解放碑近くにある防空壕では人が集まり過ぎて内部で窒息死するなど悲劇も起きた。しかし、防空壕内部は夏涼しく冬は暖かいという特性を活かして、現在では火鍋店になったり酒の保存に使用したりされている。それでは重慶に残されている防空壕を紹介していきたい。

地下通路として
元防空壕が現在は拡張され、モノレール駅につながる地下通路となっている。この地下通路、重慶市政府の真下を貫通しているというどこか心配になる防空壕である。夏になると机と椅子が並べられ、市民の納涼場所になる。

📍 重庆軌道2号線曾家岩駅 E5
📍 重慶軌道2号線曾家岩駅

家具街として
南区路という通りに並んでいる防空壕はほとんど全てが家具の問屋となっている。大きいものから小さいものまで様々な防空壕が並んでいる。しかし日本の問屋街もそうであるように、素人にはなかなか対応が厳しいのは重慶も同じである。

📍 重庆市渝中区南区路 G5
📍 重慶市渝中区南区路

火鍋店として

重慶の夏は蒸し暑く冬は日本と同じくらい寒いため、エアコンが普及する前は非常に重宝された火鍋店だそうだ。現在は各家庭にエアコンが設置されているので客層は主に観光客である。夕食時には1時間待ちは当たり前なので、どうしてもここで食べたい場合は17時くらいに行くのをお勧めする。中国では一般的に食事開始時間が早いため、18時では既に遅い。

洞亭火锅 - 防空洞店 F5

📍 重庆市渝中区中山三路 153 号附 1 号
📍 重庆市渝中区中山三路 153 号附 1 号

魚料理店として

こちらも火鍋と同じく飲食店として利用されている。天井がむき出しのため洞亭火鍋（防空洞店）よりも元防空壕である事を意識させられる。ここは地図で見ると解放西路と長濱路の間にあるように見えるが、両者はビルの4階ほどの高低差があるため注意していただきたい。防空壕は長濱路沿い、つまり解放西路地下を通っていることになる。

曾老幺鱼庄 - 长滨路店 H7

📍 重庆市渝中区长江滨江路 220 号附 5 号
📍 重庆市渝中区长江滨江路 220 号附 5 号

酒蔵として

湿度・温度が一定という防空壕の利点を一番活かしているのが酒蔵である。

龙洞香洞藏酒 F4

こちらでは約 1km にわたり酒が保存されている。また、茶屋のような試飲コーナーもあり、実際に飲みながら自分に合う酒を購入することが出来る。お姉さんも日本人に対しても特に敵意は無く、筆者が訪れた際にも「ここに来た日本人は初めてだ！日本軍による爆撃の時の防空壕だけど過去の事だから。白酒試飲していって」と好意的である。中国の文化なので仕方がないが見学中、何度も盗撮されてしまった。白酒をお求めの際は是非見学して頂きたい。

📍 重庆市渝中区上清寺嘉陵桥西村 83 号附 2 号防空洞内
📍 重慶市渝中区上清寺嘉陵橋西村 83 号附 2 号防空洞内

江上明珠一号酒窖 G4

こちらも酒蔵だ。ただしこちらは見学できるのは入り口すぐの販売コーナーのみ。奥は事務所として使用しているため見学不可。ショールームに特化しているため上手に展示されている。前者が迫力勝負なら、こちらはおしゃれ勝負である。

📍 重庆市渝中区上清寺路 11 号附 3 号
📍 重慶市渝中区上清寺路 11 号附 3 号

香堤酒窖 F4

ワインセラーとして使われている。テーブルもあるので夜に飲みに来ようかと思ったのだが、バーではなく昼間だけ開いている酒屋のようだ。店内もおしゃれでまた、防空壕の中で優雅にワインといきたかったのだが残念である。

📍 重庆市渝中区上清寺路 230 号
📍 重慶市渝中区上清寺路 230 号

洗車場として

龙洞香洞藏酒と同じ道沿いにある。こちらは車ごと防空壕に入り、出て来る頃には綺麗になっているという防空壕である。

自动洗车 F4

📍 重庆市渝中区上清寺嘉陵桥西村 83 号附 3 号
📍 重慶市渝中区上清寺嘉陵橋西村 83 号附 3 号

ガソリンスタンドとして

ガソリンスタンドとして使用されている防空壕まである。防空壕の中に給油機が配置されており、非常に危険だと思われるが 1982 年にガソリンスタンドとして使用開始され、現在まで事故は起きていないようだ。平地が極度に少ない重慶の苦肉の策だろう。内部は一本道のため非常の際の避難経路もシンプルだ。全長 100m くらいなので、いざとなったら前後から逃げることが可能であろう。通路も狭く、安全上の理由から内部の見学は不可なので、外部からの見学になるが、それでも十分驚き体験ができるであろう。

桂花園加油站 B2
- 重庆市渝中区桂花园路 72 号
- 重慶市渝中区桂花園路 72 号

納涼ポイントとして

重慶の夏は中国三大かまどと言われるほど暑いため、市民に納涼ポイントとして開放されている。家具街を重慶長江大橋側に進んだところに設置されている。

渝中区人防工程納涼点 G6
- 重庆市渝中区南区路 43 号附 2 号
- 重慶市渝中区南区路 43 号附 2 号

閉鎖された防空壕たち

今まであたかも全ての防空壕が現役で使用されているかのように書き連ねてきたが、再利用されたが現在は利用されていないもの、そのまま使用されることなく現在に至った物など、封鎖された防空壕も数多くみられる。

大公報新聞社生産洞史跡 B2

1902 年に天津で創業し、天津日本租界に社屋を置いていたこともある新聞社。重慶版は 1938 年 12 月 1 日〜1952 年 8 月 4 日まで発行。社屋は 3 度爆撃され、最終的に爆撃を避けるため防空壕内で印刷していた。既に閉鎖されており、プレートが残るだけとなっている。

大公报报社生产洞旧址
- 重庆市渝中区李子坝正街
- 重慶市渝中区李子壩正街

人民防空壕

その名の通り公共の防空壕である。通常防空壕と言った場合、このような施設を想像される方も多いと思う。

人民防空洞 B2
- 重庆市渝中区李子坝正街
- 重慶市渝中区李子壩正街

Raffles City マニア

重慶来福士広場 E9
Raffles City Chongqing
ⓒ 重庆来福士广场
Ⓟ chóngqìng láifúshì guǎngchǎng
Ⓚ チョンチン　ライフーシー　クアンチャン

中国とシンガポールのプロジェクト「重慶コネクティビティイニシアチブ」に基づき 3600 億元を投じて建設された。設計はシンガポールのマリーナベイサンズと同じイスラエルのモシェ・サフディ。高さ 250m に掛かる空中回廊はどう見てもマリーナベイサンズのアイデアの再利用だが、重慶は港湾の都市であるため長江を航行する船の帆をイメージしたとのこと。最も高い「T3N」「T4N」は 354.5m。中華人民共和国建国 70 周年の国慶節に合わせ 2019 年 9 月 25 日にオープン。敷地面積 9.2 ヘクタール。総床面積 112 万平方メートル。350m

WFC マニア

重慶環球金融中心 F8
Chongqing World Financial Centre

ⓒ 重庆环球金融中心
ⓟ chóngqìng huánqiú jīnróng zhōngxīn
Ⓚ チョンチン　ホアンチュウ　ジンロン　ジョンシン

1982 年の完成時、解放碑で一番高かった会仙楼賓館（15 階 54m）の跡地に、2014 年 1 月西部地区で一番高いビルとして完成した。地上 74 階 339m のビルで 73 階 74 階が会仙楼観景台として展望台になっている。解放碑の中心に位置するため 360 度ビルビルビルという摩天楼が見られる。

高層ビルマニア

連合国際 F9
285m、67 階、2011 年
ⓒ 联合国际
Ⓟliánhé guójì
Ⓚ リエンフー　グオジー
📍 重庆市渝中区新华路 201 号
📍 重慶市渝中区新華路 201 号

海航保利国際中心 F7
287m　61 階、2013 年
ⓒ 海航保利国际中心
Ⓟhǎiháng bǎolì guójì zhōngxīn
Ⓚ ハイハン　バオリー　グオジー　ジョンシン
📍 重庆市渝中区民生路 235 号
📍 重慶市渝中区民生路 235 号

英利国際金融中心 G8
288m、56 階、2012 年
ⓒ 英利国际金融中心
Ⓟyīnglì guójì jīnróng zhōngxīn
Ⓚ インリー　グオジー　ジンロン　ジョンシン
📍 重庆市渝中区民权路 28 号
📍 重慶市渝中区民権路 28 号

天和国際中心 B2
301m、58 階、2016 年
ⓒ 天和国际中心
Ⓟtiānhé guójì zhōngxīn
Ⓚ ティエンフー　グオジー　ジョンシン
📍 重庆市江北区观音桥步行街 10 号
📍 重慶市江北区観音橋歩行街 10 号

解放碑△〇□ F8
ⓒ 邹容广场　Ⓟzōuróng guǎngchǎng
Ⓚ ゾウロン　グアンチャン
△〇□と綺麗に並んでいる。〇ビ
ル□ビルは 2003 年建設の邹容广
场 22 階建て A 座と 38 階建て B 座、
△ビルは別のビルで、2004 年竣工
283m62 階建ての世界貿易中心であ
る。天候のせいもあるがこの質感が
まさに重慶である。
📍 重庆市渝中区临江路 69 号
📍 重慶市渝中区臨江路 69 号

茂業天地 B2
2006 年
ⓒ 茂业天地
Ⓟmàoyè tiāndì
Ⓚ マオイエ　ティエンディ
📍 重庆市江北区建新北路 16 号
📍 重慶市江北区建新北路 16 号

タワーマンションマニア

元々高層住宅の多い重慶だが、近年の高成長に伴いタワーマンションと呼べるような建物も増えてきている。タワマンもデザイナーの意向なのかベランダがある部屋、無い部屋が混在。ベランダがある場合も窓の設置の有無も異なる。

金鵬北城旺角 B2
ⓒ 金鹏北城旺角　Ⓟ jīnpéng běichéng wàngjiǎo
Ⓚ ジンポン　ベイチャン　モンコック

旺角（モンコック）の名を冠したタワマン。重慶は地形が似ていることから、「小香港」と呼ばれることがあるので香港を意識したのかもしれない。元々重慶は小香港だが近年、朝天門はシンガポール・マリーナ・ベイサンズ、そして解放碑に台北101ならぬ重慶101を建設中、アジア各地のコピーに忙しい。
📍 重庆市江北区建新北路二支路3号
📍 重慶市江北区建新北路二支路3号

渝能明日城市 A2
ⓒ 渝能明日城市　Ⓟ yúnéng míngrì chéngshì
Ⓚ ユーノン　ミンリー　チェンシー

中央の赤い突起の建物が何なのかは不明だが、マンション群もベランダの有無やカラーリングなど、なかなかごみごみしていて、マニア心をくすぐるのではないだろうか。
📍 重庆市江北区桥北苑2号4幢
📍 重慶市江北区橋北苑2号4幢

船舶雲湖緑島 C2
ⓒ 船舶云湖绿岛　Ⓟ chuánbó yúnhú lǜdǎo
Ⓚ チュアンボー　ユンフー　リューダオ

ぱっと見綺麗なタワマンだが、よく見るとごちゃごちゃしていてテトリスのようなマンションだ。
📍 重庆市九龙坡区盘龙村4号　📍 重慶市九竜坡区盘竜村4号

宗申動力城
ⓒ 宗申动力城　Ⓟ zōngshēn dònglìchéng
Ⓚ ゾンシェン　ディエンリーチャン
完全なる円形のタワマン。
📍 重庆市巴南区渝南大道130号
📍 重慶市巴南区渝南大道130号

タワ団マニア

前章では比較的最近のビルや所謂タワーマンションを紹介した。そうなると新旧対比という点でタワー団地（タワ団）も紹介しないわけにもいかないだろう。タワ団も重慶のビル群を構成する大事な要素だ。いや、市中心部渝中区のビル群などはよく見ると、ほぼタワ団によって構成されている。つまりタワ団こそが重慶といえるだろう。近年のタワマンは地盤ごと改良し、平坦にしてから建てているのも多いがタワ団の場合、時代的にそのような技術もなかったため地形を活かして建てられているのが特徴である。散歩しているだけで数々の摩訶不思議なタワ団に出会えるのも重慶の魅力だ。普通の住宅地こそ重慶観光の神髄といえるようなスポットが眠っているのだ。

幾何学的な壁

何の目的で作られたのか不明だが、幾何学模様の壁が特徴的なこの団地。非常に共産圏を感じさせる建物である。

地下系

古くからある吊脚楼という伝統建築を受け継ぐかのように崖にへばりつくようにマンションが建てられることも多く、地層階と上層階で道路に面する事も多々ある。基本的に接している道路の重要度によりメインエントランスが決まるため、1階と10階で道路に接していたとして10階に面している道路の方が重視されると、地上からは4階のはずの我が家は地下6階と表記されてしまう。

上下右左

一般的に中国では道を尋ねると東西南北で返ってくるが、重慶の場合上下左右で返ってくる。

都市麗景

森ガールにお勧めの宿がこちら。朝起きたら目の前が森というこれこそ森のお宿だ。

眺望壁

壁まで30cm、日当たり完全に無視、日当たりどころか窓を開けたら崖である。

レンガ建築

この壁を見て欲しい。隣の団地と連結されていたのだが、隣だけ建て替えとなったためレンガがむき出しである。中国の住宅の外壁はレンガを組み立てタイルでコーティングするというのが一般的だ。当然夏は暑くて冬は寒い。

エレベーター関係

1 階から屋上まで吹き抜けのある団地 I9

見ての通り中央に屋上まで吹き抜けがある。丁度エレベーターを設置できそうなスペースが！ 日本だったらこの吹き抜け部分に「エレベーター設置を」となりそうな建物であるが、階段のみである。

24 階エレベーター無しの団地 G9

天空橋にも登場した白象居。24 階エレベーター無しの団地である。白象街は 6 棟からなる団地群で 1983 年に設計が開始され、1992 年完成。1994 年、重慶市優秀建築設計一等賞を受賞している。

📍白象居重庆市渝中区白象街 1-6 号

屋上も道路系建築物

南区路加油加気站（ガソリンスタンド） H6
一階と屋上が共にガソリンスタンドというビル。中層階が駐車場や事務所、そして換気扇となっている。上下をガソリンでサンドイッチされるのはなんとなく怖い。この上面の南区路と下面長江沿いの長江濱江路の間は狭い間に結構建物が建てられており、長江濱江路に建っている建物の屋上が南区路と接続しているというのが、このガソリンスタンド以外にもみられる。

聚豊江山里 I9
ⓒ 聚丰江山里
5-6階建ての建物の屋上が道路になっており、更にその上にマンションが続くというビル。屋上で道路と連結は重慶ではよくあるが、屋上自体が道路はさすがにあまり見かけない。

重慶市食品薬品監督管理局南岸区分局 I9
ⓒ 重庆市食品药品监督管理局南岸区分局
市の行政部門でさえ道路面より下にあるという事も多々ある。明らかに看板の位置がおかしいと思うのだが。

廃墟系

南岸の廃墟系建物
どう見ても廃墟であるが現役の建物である。長江ロープウェーに乗って対岸の上新街に行けば、このような建物が多くみられる。というのもこの辺りは長江の対岸、すぐそこに解放碑が見えるが、2014年まで解放碑への交通手段はロープウェーのみだったので、発展から取り残されていた。ロープウェーの南岸川を降りてすぐ右折、竜門路をしばらく散策すると前世紀のカラオケなどもあり、怪しさ爆裂である。

七星岡の廃墟系建物 F6
1階は正常営業だが、2階は完全に廃墟というこの物件。営業を続けるのなら2階も手入れした方が良いと思うのだが。

老街マニア

新装開店の老街

重慶は街全体が旧市街だが、そんな重慶の中でも特に老街と呼ばれている地域がある。これらの地域は本来、古い町であったのだが、近年街ごと再開発して生まれ変わり、新装老街として続々とオープンしている。日本人的に考えると古いものが残っている事に魅力を感じるが中国では異なり、「老街＝古いものが残っている街」ではなく「古くからある下町」という理解が正しい。磁器口は古鎮として紹介されるので中国人にとっては「古鎮＝歴史ある地区」、「老街＝ただの下町」なので建て直しても問題ないという認識である。

弾子石老街 A3
C 弾子石老街　P dànzishí lǎojiē
K ダンズシー　ラオジエ

この辺りは戦前日本租界や日本倶楽部、フランス水師営が置かれていた場所である。香港資本によりモール付きのタワーマンションとして再開発され、老街感は全く感じないが多くの観光客で賑わっている。マダムタッソー重慶もこのモールの中にある。弾子石老街のキャッチフレーズは「old street with new flavor」

📍 重庆市南岸区泰昌路 68 号
📍 重庆市南岸区泰昌路 68 号

慈雲老街 B3

🌐 慈云老街　🅿 cíyún lǎojiē　🇰 ツーユン　ラオジエ

慈雲老街は弾子石と竜門浩の中間にあり、若干インパクトに欠ける老街だ。しかしここでは朝天門をバックに「I ❤ CHONGQING」の撮影ができるため、重慶を愛する者は訪れざるを得ない。また、この老街の近くに非常に古いまま残されている英国の化学会社ブランナーモンド社（現 ICI）の事務所兼倉庫跡がある。このブランナーモンドの建物は廃墟マニアにとっては、興味をそそられるのではないだろうか。

📍 重庆市南岸区南滨路 116-119 号
📍 重慶市南岸区南濱路 116-119 号

竜門浩老街 B3

Ⓒ 龙门浩老街 Ⓟ lóngménhào lǎojiē
Ⓚ ロンメンハオ　ラオジエ

竜門浩老街は元イタリア大使館が置かれており、ま
たアメリカのバーがあった場所。キャッチフレーズ
は「new born oldstreet」。この老街にはなんと地
下鉄撮影ポイントなるものが設置されており、長江
を渡る地下鉄を 3m ほどの至近距離で撮影できるた
め「鉄」ならずともぜひ訪れたい。この老街は人も
あまり多くないため、ゆっくりできる。

📍 重庆市南岸区南滨路 105 号
📍 重慶市南岸区南濱路 105 号

東水門老街 F9

Ⓒ 东水门老街 Ⓟ dōngshuǐmén lǎojiē
Ⓚ ドンシュイメン　ラオジエ

こちらの東水門は重慶城の重慶十七
門のうち現存する数少ない門の一つ。
600 年以上の歴史がある本来の意味で
の老街である。中国の城は街ごと城壁
で囲うため城壁が非常に長くなり、重
慶城の場合は 17 の門があった。朝天
門や臨江門など現在でも地名に門が着
くのはこの頃の名残である。ここには
一つ非常に風情のある建物が残ってお
り、国家級重点歴史文化街区に指定さ
れたが 2016 年まではゲストハウスと
して使用されていた。

📍 重庆市渝中区长滨路 58 号
📍 重慶市渝中区長濱路 58 号

新生老街をすべて回る欲張りルート

解放碑（小什子）→（徒歩 20 分・途中下り階段あり）→東水門老街→（徒歩 15 分）→朝天門埠頭→（渡
し船 15 分）→弾子石老街→（徒歩 30 分・バス 375 路 5 分）→慈雲老街→（徒歩 20 分）→竜門浩老街→
地下鉄・上新街駅（竜門浩老街の上層部は地下鉄駅すぐ）
このルートだとちょうど長江を挟んで時計回りの一周となる。北の弾子石から南の竜門浩まで 3km 程なの
で、長江沿いを散歩しても良いだろう。

本来の老街

もちろん新生老街だけではなく、いわゆる日本人が想像する老街もある。これら 2 つの老街はきっと満足いただけると思う。

魯祖廟 G7

- 魯祖庙 Ⓟlǔzǔmiào
- Ⓚ ルーズーミャオ

解放碑から徒歩 5 分にも関わらず生活感あふれる通りとなっている。この辺りは「花市」と呼ばれ、入り口付近はその名の通り花市場、奥に入ると肉や野菜なども売られている市場となり、非常に活気がある。量り売りの白酒や唐辛子・花椒なども売っている。繰り返しになるが高層ビルが林立する解放碑から徒歩 5 分でこの熱気は重慶らしい。重慶一有名な小面「花市豌雑面」はその名の通りここが本店であるし、重慶一有名な火鍋・莽子老火锅もこの通りにある。

- 📍 重庆市渝中区民生路 85 号 5-1
- 📍 重慶市渝中区民生路 85 号 5-1

水土鎮 重慶全図

- 水土镇 Ⓟshuǐtǔzhèn Ⓚ シュイトゥジェン

北碚という郊外の区にある老街。改革開放の波に乗り開放してみたものの、そのまま時が止まってしまったかのような老街だ。ここでは是非名物の米線を食べたい。この雰囲気はなかなか中国他都市でも味わえないので、時間が許すなら是非訪れて欲しい。

- 📍 重庆市北碚区水土镇
- 📍 重慶市北碚区水土镇

工場マニア

廃工場

重慶は臨時首都となった 1940 年代に沿岸部から工場が移転、60 年代の三線建設で発展が加速、「工業は重慶に学べ」とまで言われたほどの工業都市であった。しかし残念ながら改革開放の波に取り残され、重慶の工業は衰退する。そんな歴史を持つ重慶には廃工場が多数現存するため、是非足を運んで貰いたい。通常中国でもこの手の廃工場を観ようと思ったら田舎や郊外に行かなくてはならず、そうなると飯が不味いとか宿がボロいといった日本人にはなかなか厳しい問題が発生するが、重慶の場合 30 分ほどでササっと繁華街に戻って来られるのも魅力だ。（三線建設については「三線建設マニア」P210 参照）

重慶特殊鋼公司 `A1`

Ⓒ 重庆特殊钢公司　Ⓟchóngqìng　tèshūgāng　gōngsī　Ⓚ チョンチントゥースーガン　ゴンスー

抗日戦争時の兵工署第二十四工廠で航空爆弾や手榴弾・銃身を製造していた。現在は所々使用されているが基本的には廃墟となっており、自由に参観できる。60 年代重慶の鉄鋼は繁栄を迎え、重慶特殊鋼公司は西南全ての工業之母とまで言われた。最盛期には工員 1 万人、家族合わせて 3 万人が暮らしており学校・病院なども設置され、当時の人気 No.1 企業であった。1919 年、西南地区初の鉄鋼企業として前身の重慶電力製鉄所が成立、四川の混乱により建設が停止されるが、軍事物資を高価な外国産に頼っており、独自の軍事工場を欲していた四川軍閥劉湘に接収された。その後、1937 年 1 月国民政府軍政部兵工署に接収され、1939 年 7 月正式に軍政部兵工署第二十四工廠となった。1940 年から 1941 年にかけて日本軍に数度爆撃され、工員 10 名死亡。中華人民共和国成立後は国家機密軍需工場となり、「2307 信箱」と番号で呼ばれ、ロケットや衛星の特殊鉄鋼を生産していたが、97 年債務超過に陥り、2005 年破産した。

📍 重庆市沙坪坝区宏城名都 C 区后门
📍 重庆市沙坪壩区宏城名都 C 区の後門付近

兵工署第二十一兵工廠火工所 重慶全図

Ⓒ 兵工署第二十一兵工廠火工所
Ⓟbīnggōngshǔ dìèrshíyī bīnggōngchǎng huǒgōngsuǒ
Ⓚ ビンゴンシュー ディーアーシイー ビンゴンチャン
　フォゴンスオ

1941年8月に建設された軍政部兵工署廃品整理廠を経て、1945年4月兵工署第二十一兵工所の火工所となる。兵工署第二十一兵工廠の前身洋炮局は清朝李鴻章の命にて1862年上海で成立したフランス等の技術を導入した、中国初の西洋式軍需工場である。上海から南京に移った後、金陵兵工廠となり、抗日戦争時に上海・蘇州などを経由して重慶に移り、第二十一兵工廠となった。同時に湖南株洲炮兵技術研究所も重慶に移り、第十兵工廠となる。第二十一兵工廠は柄付き手榴弾や信号弾を製造し、全国の60%以上の軍需物資を担った。中華人民共和国成立後1951年、第二十一兵工廠は456廠、第十兵工廠は152廠となった。その後の軍需品の民生品への転向により456廠は国営長安機器制造廠、152廠は国営江陵機器廠となった。1994年、両者が合併長安汽車となる。第二十一兵工廠は第二十四工廠から供給された銃身を使用していた。

📍 重庆市大渡口区西小路和红小路之间
📍 重慶市大渡口区西小路と紅小路の間（非常に難易度が高い。小南海駅の付近に南北に4本の線路が通っているが、小南海駅側から数えて3本目の線路沿いを長江から北へ向かうと右手に現れる）

重慶嘉陵機器廠 A1

Ⓒ 重庆嘉陵机器厂　Ⓟchóngqìng jiā líng jī qì chǎng
Ⓚ チョンチンジャーリンジーチーチャン

兵工署第二十五兵工廠。清政府曾国藩・李鴻章により洋務運動のさなか1865年、上海で設立された兵器工場、江南機器制造総局を前身とする。抗日戦争時1938年に重慶に移転。兵工署第二十五兵工廠となり、主に弾薬の製造を担当。1979年、軍用品の民用品転用政策によりバイクを生産、中国のバイク製造をリードする。1979年10月1日、建国30周年の際に天安門で嘉陵機器廠の50型バイクが披露され、一大センセーションを巻き起こしたようだ。50型バイクは北京、上海、成都など全国で人気を博し、重慶では解放碑に乗り付けるのがステータスだった。1987年に中国嘉陵集団となり、後に本田と合弁で嘉陵本田を設立する。

📍 重庆市沙坪坝区宏城名都C区后门
📍 重慶市沙坪壩区宏城名都C区の後門付近

重慶華隆特殊鋼股份有限公司 A1

Ⓒ 重庆华隆特殊钢股份有限公司
Ⓟchóngqìng huálóng tèshūgāng gǔfènyǒuxiàngōngsī
Ⓚ チョンチン ファーロン トゥースーガン グーフェンヨ
　ウシエンゴンスー

歴史を感じる非常に魅力的な煙突を備える工場なのだが1995年創業。まだ創業35年なのだが、このボロさ。重慶華隆特殊鋼股份有限公司だけではないのだが重慶の建物は劣化が早いため、とても築30年そこらの建物には見えない。重慶の90年代と言えば本当に時代が異なり前世紀、大昔なのだ。現役で稼働しているらしく見学は不可、外観しか見ることが出来ない。

📍 重庆市沙坪坝区石井坡大河沟312号
📍 重慶市沙坪壩区石井坡大河溝312号

重慶奥克美業集団 C2
⊙ 重庆奥克实业集团　Ⓟchóngqìng àokè shíyèjítuán
Ⓚ チョンチン　アオクー　シーイエジートゥアン

1996年成立の民間のセメント企業。レトロな看板は一見の価値あり。

📍 重庆市九龙坡区九渡口8号
📍 重慶市九竜坡区九渡口8号

再開発工場

廃工場マニアに引き続き工場マニアである。近年の懐古ブームに乗りこれらの工場は再開発されて、若者で賑わっている。中国の若者は貧しかった時代の本当の汚い廃工場は嫌いだが、綺麗に整備された工場跡地は大好きだ。

二廠文創公園 G4

⊙ 二厂文创公园　Ⓟèrchǎng wénchuàng gōngyuán　Ⓚ アーチャン　ウェンチュアン　ゴンユエン

元々は中華民国中央銀行印刷所であり、税票・切手・有価証券などを印刷していた。中華人民共和国成立後は重慶第二印刷所として重慶のカラー印刷を担っていた。2012年の印刷所移転後、現在は文化公園として再開発され、レストランやカフェなどがオープン、ネオ重慶の象徴として多くの観光客で賑わっている。中国での観光地の成功には写真が映えるというのが必須、当然二廠も映える。映画『从你的全世界路过』の撮影地となり、映画で使用された壁画も残っており、観光客で賑わっている。

📍 重庆市渝中区鹅岭正街1号
📍 重慶市渝中区鵝嶺正街1号

謎の廃工場 A1
完全に廃墟となっており、以前の姿を知る由も無いが
冒険心をそそられる廃工場がこちら。

後街 G6
🌐 后街 ⓟhòujiē Ⓚ ホウジエ

重慶第一印刷所。こちらは観光客で賑わう二廠とは異なり、まだあまり知られていない。重慶及び四川東地区の教科書の印刷を一手に引き受けていた。建物に関しては二廠よりも古いものが残っているのだが、毛沢東時代の団結調の壁画など描かれており、重慶人にとってもあの時代を懐かしむ余裕が出てきたのだろう。二廠の方が先に有名になってしまったが、二があるなら一はどこ？という素朴な疑問に答えてくれるスポットである。后街にある郭園は第七戦区（劉湘）第 23 軍（潘文華）144 師団長郭勲祺の邸宅跡。印刷所時代は油やその他材料の倉庫として使用されていた神仙洞に 1970 年代に拡張され、なんと中山一路まで繋がっているという。

📍 重庆市渝中区枇杷山后街 79 号
📍 重慶市渝中区枇杷山後街 79 号

重慶工業文化博覧園 重慶全図
🌐 重庆工业文化博览园

ⓟchóngqìng gōngyèwénhuà bólǎnyuán

Ⓚ チョンチン ゴンイエ ウェンファ ボーランユエン

重慶鋼鉄は 1890 年、清政府により設立された漢陽鉄廠を前身とする 100 年企業。抗日戦争時漢陽鉄廠・大冶鉄鉱・六河溝鉄廠・上海煉鋼廠などからなる企業連合・鋼遷会が成立（後に兵工署第二十九工廠）鋼材を生産し、各兵工署へ供給していた。そのため日本軍にも爆撃されている。中華人民共和国成立後 1955 年、重慶鋼鉄と改名。2011 年に重慶長寿に移転し、跡地は四川美術学院と共同で再開発、工場の原型を残した重慶工業文化博覧園という工業テーマパークとしてオープン。特に重鋼 8000（HP）馬力蒸気エンジンが目玉とされている。中国では新中国を象徴するかのように 2018 年 1 月に清朝末期の洋務運動以来の工業遺跡の保護を目的とした中国工業遺産保護名録が制定され、重慶鋼鉄も指定されている。

📍 重庆市大渡口区李子林钢铁路 66 号
📍 重慶市大渡口区李子林鋼鉄路 66 号

火鍋マニア

重慶と言えば火鍋発祥の地である。これは重慶人も誇りを持っている非常に重要な点であり、間違っても「四川火鍋」などと言ってはいけない。「四川火鍋」ではなく「重慶火鍋」である。四川には重慶火鍋を謳う店はたくさんあるが、重慶には四川火鍋などと書かれた火鍋店は無い。旅行者の「重慶には観光地が無い、階段ばっかりで疲れる、街が古い」などのクレームには無反応な重慶人も、火鍋に関してだけは譲れないのだ。重慶は 2007 年に中国料理協会より「火鍋の都」の称号を授与されている。当時の市内レストラン 8 万件の内、なんと 5 万件以上が火鍋店、実に 62% を占めていたからという授与理由は驚きである。大人数で囲め、重慶で火鍋嫌いなどは許されないため、とりあえず火鍋にしておけば安牌ということで春節前の忘年会シーズンなどになると、週 5 日火鍋などということもあり得る。また日本では鍋は冬の食べ物だが、重慶では一年を通して食べられる。夏は汗をかき、体温を下げ、冬は身体を温めるということだろう。

火鍋の歴史

火鍋の誕生は重慶の都市の成り立ちに関係している。20 世紀初頭・民国初期まで金持ちは内臓を食べなかったため、捨てていた。そこで船場で働いていた水夫たちがなんとかして内臓を食べられないかと考案、当初は「水八塊」といわれ牛の内臓八種をスープとして提供。中でも人気のあった具材が毛肚（センマイ）だったようだ。それを基に辣椒花椒など数種のスパイスを入れた本格的な鍋として提供する店が現れ 1921 年、屋台の食べ物だった火鍋がついに店内で提供されるようになり、今の形に昇華した。このような歴史から今でも重慶の火鍋には毛肚を売りにしている店も多い。また鴨やアヒルの腸・豚の腎臓といった牛以外の動物の内臓もよく食べられる。中国の他の地域では「鴛鴦」と呼ばれる二色鍋も食べられるが、観光地を除いて重慶では基本的に赤一色の紅湯のみである。さらに日本人としては鍋は何となく夜食べるものというイメージがあるが、会社のランチで火鍋ということもあるのが重慶だ。

九格火鍋

重慶の火鍋は二色鍋ではなく、「紅湯」と言われる麻辣味の一色鍋だけ、紅湯一色が大前提でその中から辛さを選ぶことになる。重慶の火鍋屋では鍋を9つに仕切る枠が用意されているが、これは火鍋初期のころは他人とも同じ鍋をつつき、1人1枠ないし2枠を使用していたためである。真ん中は「公海」と言われ公海に入ってしまった具材は誰が食べても良いということだったらしい。最大8人が同じ鍋底をつつけたことになる。同じ釜の飯を食った仲というが重慶版では同じ鍋の飯を食うのは他人である。現在ではこの習慣はなくなったが、鍋がどす黒く具材がどこに行ってしまったか分からなくなるのを防ぐためという、実用的な理由で枠が使用されている。

「当店では二色鍋は提供しない。微辛が最後の妥協点だ。」非常に重慶らしい看板である。

火鍋マウンテン C3

🇨 枇杷园食为鲜火锅　🇵 pípáyuán shíwéixiān huǒguō
🇰 ピーパーユエン　シーウェイシェン　フォーグオ

長江の南岸、南山には1山まるごと火鍋店、山城と火鍋という重慶の二つの名物を一度に味わえる店がある。一卓ごとに東屋で個室になっており、山の中に個室が点在している。当然客は階段を何段も登ることになるが、日本では考えられないスケールに圧倒されて欲しい。

火鍋ストリート（1）重慶火鍋第一街 A2

🇨 重庆火锅第一街　🇵 chóngqìng huǒguō dìyījiē
🇰 チョンチンフォーグオ　ディーイージエ

重慶北駅南広場周辺には重慶火鍋第一街（竜頭寺火鍋一条街）という火鍋ストリートがある。重慶は至る所に火鍋屋があるのだが、ここはまさに火鍋のメッカ。重慶火鍋第一街に店を構えているのはどこも有名店のため、味はお墨付き。火鍋ストリートというと観光地のようだが、この辺りは普通の住宅地だ。夜7時にはどの店も満席になるため、地元重慶人が日常的に火鍋を食べている事、そして重慶人の火鍋に対する愛を感じることが出来るだろう。

火鍋ストリート（2）渝航路 重慶全図

🇨 渝航路　🇵 yúhánglù　🇰 ユーハンルー

重慶江北空港近くの隠れた火鍋ストリート。あまりないと思うが、トランジットで重慶に寄り、火鍋を食べたい場合には便利だろう。渝航路の看板は派手派手派手、とにかく迫力があるので火鍋のためというより写真撮影のために行くのもあり。

三耳火鍋博物館
- 🇨 三耳火锅博物馆　🅿sān r huǒguō bówùguǎn
- 🅺 サンアー　フォーグオ　ボーウーグアン

博物館は閉館しているが、大量の自家製の豆瓣酱は見学可能。

周君記火鍋基地 C1
- 🇨 周君记火锅基地　🅿zhōujūn jǐhuǒguō jīdì
- 🅺 ジョウジュンジー　フォーグオ　ジーディー

事前に団体ツアーへの申し込みが必要だが、火鍋工場の見学も OK だ。この周君記という企業は火鍋の素を始め各種調味料を造っている企業で、市内には火鍋底料体験館というアンテナショップも運営している。ただし想像通り火鍋の素を味見という訳にもいかず、商品が陳列されているだけだ。

火鍋弁当
- 🇨 火锅便当　🅿huǒguō biàndāng
- 🅺 フォーグオ　ビエンダン

中国では「美团」や「饿了么」などの宅配が非常に発達しており、1 日中オフィスや家から出ないという話を聞いたことがあるかもしれないが、重慶では火鍋弁当なる物も宅配してくれる。個人的に火鍋と米は合わないと思うのだが、しっかりとごま油と大蒜も同封されており、火鍋自体には満足だ。ただこれをオフィスで同僚が食べていてもなんとも思わないのか疑問である。

カップ火鍋
- 🇨 方便火锅　🅿fāngbiàn huǒguō
- 🅺 ファンビエン　フォーグオ

水さえあればどこでも温かい火鍋が食べられるこの商品。カップ火鍋というべきかレトルト火鍋というべきかは置いておいて、意外としっかり具材が入っているのがポイントだ。ごま油に漬けるのではなくそのまま食べるように作られているため、正確には火鍋とは似て非なるものだがこれはこれであり。水だけあれば食べられるので何個か買っておき、災害用に常備しておくと良いだろう。男性でも十分な量であるがそれでも足りない場合、市販の麺を茹でた後、投入すると麻辣面の出来上がりとなる。日本に持ち帰りたいと思うが加熱材が入っているため、機内持ち込み不可。預け入れ荷物となるが、航空会社によっては預け入れさえ不可の事がある。

火鍋祭り

C 重庆火锅节　**P** chóngqìng huǒguōjié
K チョンチン　フォーグオジエ

毎年国慶節明けの 10 月 20 日前後に開催される。
重慶四川どころか中国全土から鍋屋（文字通り火
鍋用の鍋屋）や花椒辣椒農家、火鍋の素業者など
各種火鍋商が集まる。真ん中に渝中半島を配した
千人鍋は必見。重慶の老舗火鍋店・徳庄のブース
である。この千人鍋、鍋の外枠は一人火鍋がセッ
トされており、50 元程度で参加することが出来
る。

火鍋温泉
C 融汇温泉　**P** róng huì wēn quán
K ロンフイ　ウェンチュエン

重慶は元々温泉が湧き、入浴文化があるがついに
火鍋色の温泉まで登場した。中国全国紙でも「つ
いに重慶人は自分も火鍋で煮ることにした」と大
絶賛。重慶人の火鍋好きもここまでくると狂気で
ある。入浴しても身体がしびれることは無いが、
各種スパイスは入っているとのことだ。

火鍋の素
C 火锅底料　**P** huǒ guō　dǐ liào
K フォーグオ　ディーリャオ

重慶のお土産でよく購入されるのが火鍋の素だ。お湯
で溶かし、辣椒花椒を入れると家庭でも重慶火鍋が楽
しめる。磁器口では多くの店が自家製の火鍋の素を
作っていて購入可能。大釜でぐつぐつ煮られている火
鍋の素は迫力満点。日本のカレールーをほうふつとさ
せる外見だ。

火鍋像

共産圏は銅像を配置するのが好きなのだが、重慶は火鍋の都なので所々に火鍋像が配置されている。腹だしで火鍋を食べる満面の笑みのおっさん。非常にいい銅像ではないだろうか。

串串

◉ 串串 **℗** chuànchuàn **Ⓚ** チアンチュアン

基本的に火鍋は大人数で食べるものである。そのため1人旅の場合どうしても入りづらいし、何皿も注文するわけにもいかず、多くの食材を楽しめないという弱点がある。重慶に来て麻辣火鍋を食べないというのは非常にもったいないし、1人だからという理由であきらめるなんて以ての外だ。そこで1人の場合にお勧めなのが串串である。串串というのはその字の通り1本1本串に刺さった食材が冷蔵庫に置かれていて、好きな串を取ることができる。つまり1人だと火鍋では3-4種の食材が精いっぱいだが、串串なら1人でも10種類以上の食材を楽しむ事が出来る。それに加え、串を冷蔵庫から取って来て勝手に煮るだけなのでメニューを読む必要がないため、中国語が読めなくても安心だ。重慶人に言わせると火鍋とは別々の料理とのことだが、感覚として鍋の素は大差ない。

注意点として串串は1人用鍋という訳ではないため、鍋自体は通常の火鍋用のサイズで出て来るし、大人数料理を1人で食べるというプレッシャーの点では火鍋と変わらない。串串をお勧めする理由は多くの食材を食べられるという一点において火鍋より、優れているからだ。串串は実は成都発祥で、既に記したように安く色々な食材を食べることができるという利点により便利な食べ物として好まれていた。それに対し重慶人は「ケチくせえこと言うな」と拒否していたが、重慶でも少人数で食事することが徐々に増え、少人数での火鍋ではやはり数種類しか食べることが出来ず、串串も徐々に受け入れられるようになったという歴史を持つ。1人で行く場合には1本1本具材を吟味してもいいが、重慶人と一緒に行くと彼らがさっと1束1束串を持ってくる。豪快な重慶人の最後の抵抗だろう。

火鍋の食べ方

1．席に着いたらまず聞かれるのが鍋の辛さ

日本ではまず飲み物を注文し、その間に料理を決定するのが一般的だが、火鍋の際はまず鍋の素をオーダーする。辛い物が好きな方でも最初は微辛を頼むことをお勧めする。通常は微辣（微辛）<< 中辣（中辛）<< 特辣（激辛）の３種から選ぶのだが、近年の観光客増加に伴い、どうしても紅白二色鍋は出したくないが観光客は取り込みたい重慶火鍋界が妥協として微微辣（超微辛）なるものを考案。どうしても辛いものが苦手な場合は「微微辣」をオーダーしよう。

2．店員さんが鍋を持ってくる間に具材を決定

注文は紙にチェックを入れていく。店員さんがテーブルに張り付いてプレッシャーを感じることがあるかもしれないが、今日のお勧めなど会話するために張り付いているだけなので慌てなくてよい。のんびり注文しよう。張り付かれるのが嫌だったら飲み物を先に持ってきてもらっても OK。

3．飲み物が来たら注文を渡す

２人だと６品、３人だと 10 品くらいが限界。４人だと更に１〜２品追加しても大丈夫だろう。

4．調味料を調整する。

火鍋と言えばパクチーやごま、酢など自分でスパイスを選んで好みの調味料を配合というのを思い浮かべるかもしれないが重慶火鍋の場合、ごま油と塩、にんにくのみである。油に浸けて食べるの？と思われるかもしれないが、今では食べられなくなってしまったが日本のレバ刺しのタレを想像してもらうと分かりやすい。ごちゃごちゃスパイスを入れるより断然美味しいので、重慶ではにんにく塩ごま油を試してみよう。

5．肉類から先に入れ野菜は最後。

最初に肉・魚を投入し、水やでんぷんが出る野菜は最後、肉を食べ終わってから入れるというのが重慶式。肉を茹でている間に鴨腸・鵝腸・毛肚などのしゃぶしゃぶ系具材を食べよう。ここで注意！　重慶人に連れて行ってもらう場合、鴨腸・鵝腸・毛肚は 10 秒しゃぶしゃぶで食べられるよと言われるが、我々は重慶人ではない。目安として鴨腸・鵝腸はクルクルになったら、毛肚はビシッと引き締まってきた時が食べごろだ。これで翌日の腹痛は避けられる。ただ翌日お尻が痛くなるのだけは避けられないので、火鍋の宿命だと思って我慢して欲しい。

さて辛さの方はどうだろうか？ごま油に漬けて麻辣を洗い落としているため、思っていたよりも辛くない事に気が付くと思う。ところがこれが罠で最初は綺麗な黄金色をしていたごま油だが、具材に絡んで付いてきた火鍋の素と混ざり、徐々に赤みを帯び、最後はどす

黒くなってくる。これが「越吃越辣（食べれば食べるほど辛くなる）」と言われる所以だ。

① センマイ　Ⓒ毛肚 máodù　Ⓚマオドゥ
牛のセンマイ。日本のように千切りではなく１枚で出て来る。しゃぶしゃぶ系具材。

② 鹅肠 or 鸭肠
　Ⓒ鹅肠　Ⓟécháng　Ⓚアーチャン
　Ⓒ鸭肠　Ⓟyācháng　Ⓚヤーチャン
ガチョウの腸 or 鴨の腸。しゃぶしゃぶ系具材。

③ 豚天　Ⓒ酥肉　Ⓟsūròu　Ⓚスーロウ
豚肉の花椒入り天ぷら。そのまま食べてもいいし火鍋に入れてもいい。現炸酥肉と書かれている事もあるが、現炸とは現場で揚げているという意味で、揚げたてが提供される。

④ じゃがいも　Ⓒ土豆　Ⓟtǔdòu　Ⓚトゥードウ
火鍋の味がしっかりと染み込むじゃがいもは必須

⑤ ウズラの卵
　Ⓒ鹌鹑蛋　Ⓟānchúndàn　Ⓚアンチュンダン
これもしっかりと煮て味を染み込ませたい具材。

⑥ 苕粉　Ⓟsháofn　Ⓚサオフェン
薩摩芋で出来たもちもちぷるぷるの麺。〆の麺はこれで決まり。

⑦ 豚の脳　Ⓒ猪脑　Ⓟzhūnǎo　Ⓚジューナオ
最初に入れておいて、最後に食べるくらい煮込めば安心。

見たまんま脳みそだが白子のようなクリーミー触感。ネタとしても食べておきたい。

⑧ 豚の腎臓　Ⓒ腰花　Ⓟyāohuā　Ⓚヤオファ
レバーと思って貰えば大差ない。

おまけ

・鸭血　Ⓒ血旺　Ⓟxuèwàng　Ⓚシュエワン
鴨の血を固めて作るゼリー。精力が湧いてくるのを実感できる。独特の臭みがあるため万人受けはしないだろう。

・海老餃子　Ⓒ虾饺　Ⓟxiājiǎo　Ⓚシャージャオ
日本人はみんな大好き海老餃子。

以上８種がこれを食べなきゃ始まらない！　火鍋で必食の具材となる。

店員さん（おばちゃん）への呼びかけ
中国で店員さんを呼ぶときは「服務員（フーウーユエン）」「美女（美女メイニュー）」が一般的だが重慶火鍋店では「嬢嬢（ニャンニャン）」である。「ニャンニャーン」と呼びかけるとおばちゃんがやってくるというギャップが堪らない。（注）おばちゃんという意味なので、若い店員さんへの呼びかけには厳禁。

火鍋のメニュー

中国語		日本語	中国語		日本語
内臓類			**野菜**		
水牛毛肚	スイニュウマオドゥ	水牛のセンマイ	干贡菜	ガンゴンツァイ	山クラゲ
毛肚	マオドゥ	センマイ	方竹笋	ファンヂュースン	根曲がり竹
鹅肠	アーチャン	ガチョウの腸	苕粉	サオフェン	さつまいもで作った麺
鸭肠	ヤーチャン	鴨の腸	鸡腿菇	ジートォイグォ	ササクレヒトヨタケ
肥肠	フェイチャン	牛もつ	花生苗	ファーシェンミャオ	ピーナッツの苗
猪黄喉	ジュホアンホウ	豚の喉	小木耳	シャオムーアー	きくらげ
牛黄喉	ニュウホアンホウ	牛の喉	土豆粉	トゥードウフェン	じゃがいもで作った麺
牛肝	ニュウガン	牛レバー	豆干	ドウガン	豆腐干
千层肚	チエンツェンドゥ	白センマイ	海白菜	ハイバイツァイ	アオサ
猪脑	ジュウナオ	豚の脳みそ	海带	ハイダイ	昆布
猪天堂	ジューティエンタン	豚の上歯茎	黄花	フォアンファー	菊の花
大刀腰片	ダーダオヤオピエン	豚の腎臓	金针菇	ジンヂェングォ	エノキ
鸭血	ヤーシュエ	鴨の血ゼリー	茶叶菇	チャーイエグォ	茶葉茸
肉類			蘑菇	モーグォ	マッシュルーム
肥牛	フェイニュー	牛肉スライス	小葱	シャオツォン	万能ねぎ
粑牛肉	バーニュウロウ	味付け牛肉	豆皮	ドウピー	湯葉
嫩牛肉	ネンニューロウ	漬け込み牛肉	冬瓜	ドングアン	冬瓜
香辣排骨	シャンラーパイグー	スペアリブ	香菇	シャングォ	椎茸
老肉片	ラオロウピエン	豚ロース	平菇	ピングォ	平茸
带皮牛肉	ダイピーニュウロウ	皮付き牛肉	黄瓜	フォアングァ	きゅうり
白卤	バイルー	煮豚	莴笋	ウォースン	ステムレタス
牛蹄筋	ニューティジン	牛筋	莴笋尖	ウォースンジエン	ステムレタス
午餐肉	ウーツァンロウ	ランチョンミート	豆芽	ドウヤー	豆もやし
鸡翅尖	ジーチージエン	手羽先	莲白	リエンバイ	キャベツ
无骨凤爪	ウーグーフォンヂャオ	鳥の足（骨無し）	苕皮	サオピー	さつまいもで作った平麺
魚類			荷心（藕片）	オウピエン	蓮根
鳝鱼	シャンユー	田ウナギ	青菜尖	チンツァイジエン	青菜
耗儿鱼	ハオアーユー	カワハギ	空心菜	コンシンツァイ	空心菜
鱿鱼	ヨウユウ	イカ	花菜	ファーツァイ	カリフラワー
泥鳅	ニーチウ	どじょう	**飲み物など**		
带鱼	ダイユー	太刀魚	国宾	グオビン	重慶ビール
鲳鱼	チャンユー	マナガツオ	纯生	チュンシェン	生（瓶）ビール
发鱿鱼	ファーヨウユー	松笠切りのイカ	江小白	ジャンシャオバイ	白酒
加工食品など			郎	ラン	白酒
脆皮肠	ツェイピーチャン	ウインナー	可乐	クールァ	コーラ
虾饺	シャージャオ	海老餃子	雪碧	シュエビー	スプライト
虾滑	シャーホア	海老団子	酸梅汤	サンメイタン	梅ジュース
香菜丸子	シャンツァイワンズ	パクチー肉団子	豆奶	ドウナイ	豆乳
广式香肠	グアンシーシャンチャン	広東式ソーセージ	王老吉	ワンラオジー	涼茶
酥肉	スーロウ	豚の天ぷら	糍粑	ツーバー	黒蜜きな粉餅
鹌鹑蛋	アンチュンダン	ウズラの卵	凉糕	リャンガオ	米で出来た餅ゼリーの黒蜜かけ

猪脑　　　　无骨凤爪　　　血旺　　　　鸭肠

毛肚　　　　虾饺　　　　　酥肉　　　　胡麻油

茗粉　　　　藕片　　　　　土豆　　　　泥鳅

牛蹄筋　　　大刀腰片　　　冬瓜　　　　五花肉

鱿鱼　　　　鹌鹑蛋　　　　莴笋　　　　肥牛

重慶マニアお勧め火鍋店

岡上渣渣老火鍋 G4

- Ⓒ 岗上渣渣老火锅　Ⓟgǎngshàngzhāzhā lǎohuǒguō
- Ⓚ ガンシャン　ザーザー　ラオフォーグオ

地元重慶人お勧めの、いつも行列の絶えない两路口の老舗。店内は激ボロの老重慶スタイル。しっかりと深みのある麻辣火鍋が食べられる。鍋の素に味の奥行きがあるかないかが美味い火鍋の見分け方だ。日本で火鍋を食べて辛いだけだったというのは、牛脂をケチっている事が多いからである。

- Ⓥ 重庆市渝中区体育路花园大厦北
- Ⓥ 重慶市渝中区体育路花園大厦北

味蒸老火鍋 F7

- Ⓒ 味蒸老火锅　Ⓟwèizhēng lǎohuǒguō
- Ⓚ ウェイジェン　ラオフォーグオ

解放碑近くの臨江門にある比較的綺麗な火鍋店。メニューがタブレット端末で写真付きのため、外国人も安心。もちろん味の方も折り紙付き。ここでは辣椒花椒がセットになった火鍋の素を購入できるので、気に入ったら購入して是非日本でも火鍋を楽しんで頂きたい。パッケージもおしゃれだ。

- Ⓥ 重庆市渝中区民生路 218 号
- Ⓥ 重慶市渝中区民生路 218 号

莽子老火鍋 F7

- Ⓒ 莽子老火锅　Ⓟmǎngzi lǎohuǒguō
- Ⓚ マンズ　ラオフォーグオ

ここも解放碑近くの老舗なのだが、味の上下が激しい。鍋の素の調子が良い時は上記 2 店を上回ってくるのだが、調子が悪いと薄っぺらいチェーン店以下の味に落ちるため、若干ギャンブル的要素がある。旅行でトライするのは少々リスキーかもしれない。こちらのお店も店内激ボロだ。

- Ⓥ 重庆市渝中区鲁祖庙 7 号
- Ⓥ 重慶市渝中区魯祖廟 7 号

近年綺麗な火鍋屋も増えてきているが店構えの良さと味とは全く関係が無いし、雰囲気を含めての食事という意味では火鍋はやはりボロボロの老舗店で食べる方が美味しく感じる。どの店でも食べて飲んで一人 100 元程度。

喫煙について＝激ボロと書いた店では灰皿は無い。地面にダイレクトに捨てるのが重慶スタイルだ。

ビールについて＝中国では冷たいものを飲まない習慣があるため、常温のビールが出て来ることがあるが、基本的に重慶では夏は冷たいビールが出て来るので安心して欲しい。もし常温の物が出来たら「冰的（ビンダ）」と言えば、冷えたビールを持ってきてくれる。重慶の火鍋にビールは最高だ。

小面マニア

火鍋と並ぶ重慶の名物が小面と呼ばれる重慶式ラーメンだ。基本的にスープは麻辣。トッピングも異なり、日本ではチャーシューを使用するが重慶では牛肉、卵は味玉ではなく目玉焼きとなる。重慶のソウルフードともいうべき小面を是非食べて欲しい。

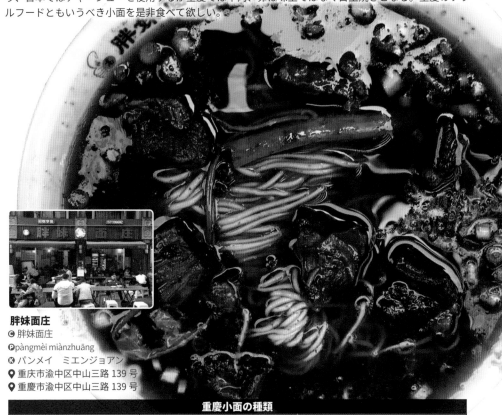

胖妹面庄
- 🏠 胖妹面庄
- 🅿 pàngmèi miànzhuāng
- 🇰 パンメイ　ミエンジョアン
- 📍 重庆市渝中区中山三路 139 号
- 📍 重庆市渝中区中山三路 139 号

重慶小面の種類		
名称	**読み方**	**種類**
小面	🅿xiǎo miàn　🇰シャオミエン	普通の素ラーメン
牛肉面	🅿niúròu miàn　🇰ニュウロウミエン	牛肉ラーメン
肥肠面	🅿féicháng miàn　🇰フェイチャンミエン	もつラーメン（こてっちゃん入りラーメン）
豌杂面	🅿wānzá miàn　🇰ワンザーミエン	そぼろ肉とひよこ豆がのった汁なしラーメン
抄手	🅿chāo shǒu　🇰チャオショウ	ワンタン。麺は無し。
分量　一両は通常無いため、普通盛りか大盛を選ぶことになる。		
二两	🅿ér liǎng　🇰アーリャン	普通盛り
三两	🅿sān liǎng　🇰サンリャン	大盛り
トッピング		
加蛋	🅿jiā dàn　🇰ジャーダン	目玉焼き
清汤	🅿qīng tang　🇰チンタン	辛くない白いスープ
微辣	🅿wēi là　🇰ウェイウェイラー	微辛
中辣	🅿zhōng là　🇰ジョンラー	中辛（激辛）
特辣	🅿tè là　🇰トゥラー	特激辛

注文方法＝牛肉面二两加蛋など、麺の種類、量、トッピングを組み合わせれば OK。
美味しく食べるには＝汁あり・汁なしに関わらず重慶小面では丼の底に調味料が入っているため、食べる前にしっかりと混ぜることが重要だ。

シチュエーション別お店紹介

濃厚な花椒の痺れを楽しみたい

¥小面 7 元、豌雑面 16 元

花市豌雑面 `G8`
- 花市豌杂面 - 花市本店
- ℗ huāshì wānzámiàn
- Ⓚ ファーシーワンザーミエン
- 🕐 7:00 ～ 21:00
- 📍 重庆市渝中区民生路 85 号
- 📍 重慶市渝中区民生路 85 号

汁なしの麺・豌雑面が名物。しっかり痺れの利いた花椒、甘辛のそぼろとひよこ豆、もちもち麺の三位一体、神のコラボレーションを楽しめる。重慶滞在時間が限られ、小面巡りが出来ない場合はこの花市豌雑面一択となる。すぐ近くに綺麗な支店（偽物ではなく正規の支店）があるが、味が大幅に異なるため、本店に行って欲しい。

痺れよりも辛さを楽しみたい

¥小面 10 元、牛肉面 30 元

十八梯眼鏡面 `H8`
- 十八梯眼镜面 - 渝中店
- ℗ shíbātī yǎnjìngmiàn
- Ⓚ シーバーティイェンジンミエン
- 🕐 7:30 ～ 20:00
- 📍 重庆市渝中区解放西路 171 号
- 📍 重慶市渝中区解放西路 171 号

「なんでこんな辛いんだよ !!」というレベルの辛さ。日本でよくある辛さの中にほのかな甘味などは一切なく、純粋に辛い。口から火を噴くような刺激を求めるならここ。そしてこちらのもう 1 つの売りはゴロゴロ入った肉の塊だ。牛肉はよく煮込んであり、箸で簡単に切ることが出来るほどホロホロ。

女性一人でも入りやすい

¥担担面 8 元（一両）、牛肉面 18 元（二両）

正東担担面 `F8`
- 正东担担面
- ℗ zhèngdōng dāndānmiàn
- Ⓚ ジェンドン　ダンダンミエン
- 🕐 7:30 ～ 21:00
- 📍 重庆市渝中区五四路国泰广场 LG 层
- 📍 重慶市渝中区五四路国泰広場 LG 階

ショッピングモール内にあり、店内も清潔なため女性でも入りやすい。名物の担々麺はピーナッツの甘味が良いアクセントになっている。担々麺は一両（小盛り）しかないため、するっと食べることが出来る。この店舗では回鍋肉や青椒肉絲などお馴染みの定番もあるため、本場中華定食をトライしてみるもの良いだろう。1936 年創業の重慶市名小吃、中華名小吃、更に重慶市無形文化遺産に指定されている老舗店。

火鍋後の〆に食べたい

¥小面 6 元、豌雑面 10 元

大衆面館 `F8`

Ⓒ 大众面馆
Ⓟ dàzhòng miànguǎn
Ⓚ ダージョンミエングァン
🕐 24 時間
📍 重庆市渝中区青年路 34 号
📍 重慶市渝中区青年路 34 号

めちゃくちゃ狭くて古く、まるで廃墟のようだが、重慶ではこうした店が意外と美味かったりするので侮れない。24 時間営業のため飲んだ後の〆小面が出来るのも好ポイントだ。

ローカルの雰囲気を味わいたい

¥小面 6 元、目玉焼きトッピング（加蛋）2 元

板凳面庄 `A2`

Ⓒ 板凳面庄 - 松北支路店
Ⓟ bǎndèng miànzhuāng
Ⓚ バンダァン　ミエンジュアン
🕐 5:00 ～ 14:30
📍 重庆市渝北区松石支路 112 号附 30 号 -31 号
📍 重慶市渝北区松石支路 112 号附 30 号 -31 号

唯一解放碑以外からのエントリー。解放碑からは地下鉄を乗り継いで 1 時間弱と少し遠いが、地元重慶人に人気の店。重慶人は朝食に小面を食べるためせっかく行くなら朝、地元の人に交じって食べて欲しい。観光地ではない重慶の朝の雰囲気が味わえるだろう。ほとんどの人が小面に目玉焼きをトッピングしている。ここの小面は焦がし唐辛子が絶品。

豆腐と麺のコラボレーション

¥小面 6 元、豆花面 13 元

豆花面 `F8`

Ⓒ 豆花面
Ⓟ dòuhuāmiàn
Ⓚ ドウファミエン
🕐 8:00 ～ 22:00
📍 重庆市渝中区临江路 72 号附 3 号
📍 重慶市渝中区临江路 72 号附 3 号

ラーメンの中に重慶の隠れた名物である豆腐を入れてしまった豆花面を売りにしており、店名がずばり豆花面というお店。30 年の老舗である。豆腐をスプーンで掬って食べることになるが、その際どうしてもスープも一緒に飲んでしまうためか、ここのスープはあまり辛くない。

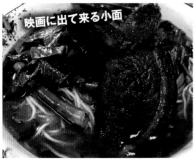

映画に出て来る小面

¥小面 6 元、大肉面 16 元、特色麻将抄手 8 元

恵氏抄手 `G8`

Ⓒ 惠氏抄手
Ⓟ huìshì chāoshǒu
Ⓚ フイシ　チャオショウ
🕐 6:30 ～ 20:00
📍 重庆市渝中区较场口 118 号
📍 重慶市渝中区较场口 118 号

重慶を舞台にした映画『从你的全世界路过』の中で食べていた小面はこちらのお店の物。出演者にも度々提供していたという。映画の中では麺を食べていたがワンタンが名物。大肉麺も一枚板のような肉が入っておすすめ。

焼き魚マニア

長江の街・重慶には焼魚（Ⓒ烤鱼　Ⓟkǎoyú　Ⓚカオユー）と呼ばれる魚料理がある。重慶第二の都市万州の名物料理であるが、重慶中心部でも食べることが出来る。焼き魚という料理名だが豪快に焼いた後、辣油で煮込む。日本では川魚を食べる機会は少ないと思うので是非食べてみて欲しい。水槽で活きている魚を選び、その場で調理してもらうため新鮮、麻辣で臭みを消しているのか臭みは感じさせない。思いのほかぷりっぷりの身、カリカリなのにしっとりの皮に感動すること間違いなし。天然と養殖に関しては中国では水質の問題があるため、養殖の方が好まれる。さすがの中国人もあの川の色を見ると心配のようだ。焼魚では通常は草魚という鯉が使用される。

まずは店員がその場でいきなり生きた魚を棒で殴るシーンは衝撃だが、そうしないと重さを量れないのである。1斤あたりの価格なので、客は店員と共に重さの確認をしてから席に座ることになる。30〜40分くらいはかかるので重慶ビールでも飲んで待とう。ジャガイモの薄切り（Ⓒ土豆片　Ⓟtǔdòupiān）をトッピングするのがお勧め。厚切りのポテトチップスが麻辣をよく吸って、ビールによく合う。

注文方法

1. 通常は1種類のため、選ぶ必要は無いが魚の種類を選ぶ場合もある。
   でっぷりとした鯉のような魚を選べばOK。
2. 人数を言うと店員が適度な大きさの魚を選んでくれる。
3. 店員から1斤〇〇元と確認される。1斤＝500g。
4. 店員がその場で棒で殴って気絶させて重さを量る。

焼き魚ストリート B1

© 烤鱼一条街　℗kǎoyú yītiáojiē
Ⓚ カオユーイーティヤオジエ

重慶大学近くにある焼き魚の店が軒を連ねるストリート。基本的な味付けはどこの店で食べても変わらないので、店の雰囲気で選んで欲しい。ローカルのお勧めは九久頭一家万州烤鱼。混んでいると道路を渡った遠くの席に連れていかれるが、同一店なので味はもちろん同じ。安心してついて行って構わない。

九久頭一家万州烤魚
© 九久头一家万州烤鱼
🕘 9:00 〜 21:00
予算 1 人 50 元程
📍 重庆市沙坪坝区沙坪坝北街 92 号

飲み物マニア

重慶は自給自足精神に溢れているので、ビールも白酒も果てはコーラでさえも作ってしまう。ただし重慶ビールと江小白、ヨーグルトの一只酸奶牛は重慶でよく飲まれているのに対し、天府コーラだけは飲んでいる人をまったく見かけない。

重慶ビールの他に解放碑ビールもあるが、こちらは範囲を絞り過ぎてしまったためか、全く飲まれていない。

国賓（C国宾 Pguóbīn Kグオビン）重慶ビールの中で最もよく飲まれているのが国賓だ。

小麦白（C小麦白 Pxiǎomàibái Kシャオマイバイ）あまり置いている店は無いが、白ビールも出している。

重慶ビール

C重庆啤酒 Pchóngqìng píjiǔ Kチョンチン ピージョウ

重慶でビールといえば地元の重慶ビール（C国宾 Pguóbīn Kグオビン）だ。重慶ビールは「北に燕京、南に珠江、東に青島、西に重啤」と各地の特色ブランドに名を連ねており、日本でも有名な青島ビールや、中国全土で飲まれている雪花やハルピンビールは重慶ではあまり飲むことは無い。とりあえずビールの時はグオビンといえば OK だ。重慶ビールを置いていない店ではカールスバーグ傘下の TUBORG（C乐堡 Plèbǎo Kルーバオ）が飲まれる。重慶ビールもカールスバーグ傘下のため、国宾と乐堡のカールスバーグ勢がほぼ市場を独占している。中国では常温のビールを飲むと聞いたことがある方もいると思うが、重慶では基本的に冷えたビールが出て来る。

江小白

C江小白 Pjiāngxiǎobái Kジャンシャオバイ

重慶で白酒と言ったら近年日本にも進出した江小白、当然重慶地元の企業である。若者の白酒離れを止めるためかどうかは知らないが、重慶を舞台にした『我是江小白』というアニメを作成している。残念ながら日本語版は無い。

天府コーラ

Ⓒ 天府可乐　Ⓟ tiānfǔ kělè　Ⓚ ティエンフークーラー

ソフトドリンクでも地元の企業がある。それが天府コーラだ。天府コーラの歴史は 1981 年、重慶飲料廠と四川省中薬研究所が共同で配合を研究したことから始まる。その結果、原材料が全て天然の漢方成分という天府コーラが完成。1985 年、国家代表団が重慶を視察した際、「中国人自ら開発したコーラ」を飲んで絶賛、国務院機関事務管理局により国宴飲料に指定された。最盛期はなんと中国コーラ市場の 75% を占めるが、1994 年、ペプシとの合弁により市場から姿を消す。22 年の時を経て 2016 年、だれも望んでないなか復刻された。

天府コーラ博物館 G8

Ⓒ 天府可乐博物馆

📍 重庆市渝中区解放东路 351 号　📍 重慶市渝中区解放東路 351 号

一只酸奶牛 F8

Ⓒ 一只酸奶牛　Ⓟ yīzhǐ suānnǎi niú
Ⓚ イージースアンナイニュウ

中国全土に展開する重慶発祥のヨーグルトスタンド。重慶発祥にも関わらず、いや発祥の地だからこそかもしれないが、「一口酸牛奶」「只享鲜酸奶牛」など多くのコピー店がある。気付いたらコピー店で購入してしまったという場合には、本物と飲み比べをしてみるのもお勧めだ。

📍 重庆市渝中区八一路二期 9 号
📍 重慶市渝中区八一路二期 9 号

スイーツマニア

糍粑

糍粑　cíbā
ツーバー
きな粉と黒蜜という美味いに決まっている餅だ。火鍋の口直しとして食べることも多い。

火鍋の素ケーキ

火锅蛋糕 huǒguō dàngāo
フォーグオ　ダンガオ
重慶ローソン発祥の火鍋蛋糕。写真映えすること間違いなしの一品。味の方は麻辣ではなくきちんとしたシフォンケーキなので安心だ。意外かもしれないが重慶にも日系コンビニが進出していて、ローソンは結構攻めていて面白い反面、早くから出していたためローカル化している。一方セブンイレブンは後発ゆえに日本と同様のサービスを提供している。

金西梅

金西梅 jīnxīméi
ジンシーメイ
重慶発祥のフルーツ。とはいえ今更新種のフルーツが発見されるわけもなく、西洋スモモを蜜に付けただけの完全に映えだけを狙った代物だ。

冰粉

冰粉 bīngfěn
ビンフェン
薜荔（イタビカズラ）という食物から作る寒天のようなゼリー。干しブドウやピーナッツなど数種類の具を入れて食べる。こちらも火鍋と共に食べられる。

山城団子

山城汤圆
shānchéng tāngyuán
シャンチャン
タンユエン
重慶に限らず中国のヨー黒ゴマの入った白玉団子が、お湯に浸かっているだけという、シンプルなスイーツだけど寒い冬には必食。酸辣粉を食べてから〆の甘味として食べると good。

麻辣アイス

麻辣冰淇淋　málà
bīngqílín
マーラービンチーリン
いかにも Weibo（中国版 Twitter）映えを狙ったスイーツがこの麻辣ソフト。見た目通りソフトクリームに辣油がかかっている。当然美味しくはないのだが、確かに映える。

重慶飯マニア

四川料理

中国西南部の料理は全て辛いので「四川人は辛さを恐れず、湖南人は辛くても恐れず、貴州人は辛くない事を恐れる（四川人不怕辣、湖南人辣不怕、貴州人怕不辣）」などというジョークもある。重慶も以前は四川省だったため、麻婆豆腐や回鍋肉といった四川料理も食べられている。四川料理というと辛いが先に来ると思われがちだが、実際は痺れも重要な要素だ。湖南省は辛さ重視、貴州は酸っぱ辛いの酸辣、四川重慶は痺れ辛いの麻辣である。基本的に中国の料理店では最初に全てのオーダーを一括注文するのが普通であり、日本の居酒屋のように少しずつ追加というのはあまり無い。それ故、テーブルに料理が溢れかえるということが多々発生する。

重慶江湖菜

伝統的な四川料理から派生し、重慶の事情に合わせ進化したのが江湖菜である。江湖菜は四川料理を習得した料理人によるものではなく、素人が近所の河や農場から採れた素材で作ったのが始まりとされている。改革開放により私営の小料理店が乱立した1980年代、素人である小料理店店主は率直に重慶人に受け入れられる料理を追求した。重慶人は何を求めていたのか？　重慶は工業都市であり基本的に労働者の街のため、重労働の後に麻辣で脳を刺激し、疲労を回復することを求めていた。江湖菜も火鍋と同じく埠頭で働く労働者や長距離運送業者に愛されていた庶民の料理から始まったのだ。辣子鶏・酸菜魚・毛血旺など大皿でドーンと出てくる重慶の有名料理は全て江湖菜だ。

豆花飯

G 豆花饭　**P** dòuhuāfàn
K ドウファファン
小面と並ぶ重慶の朝ごはん。冷奴ではなく、湯豆腐だ。タレは当然豆板醤と辣油。

豚バラにんにく
G 蒜泥白肉　**P** suànní báiròu
K スンニーバイロウ
居酒屋に並ぶ料理も当然茶色一色である。お勧めはご飯がすすむ一品だが、白酒も進む一品だ。

紅焼
G 紅焼　**P** hóngshāo　**K** ホンシャオ

中華風の醤油煮。一般的には甘く煮られるが、重慶の紅焼肉は甘くなく、どちらかというとしょっぱい。辛くないので辛い物が苦手、胃を休めたい際などにお勧めだ。代表的なのが豚肉の紅焼肉、他にも牛肉の紅焼牛肉やもつ煮の紅焼肥腸もある。

冷麺鶏
Ⓒ 冷面鸡　Ⓟ lĕngmiànjī
Ⓚ ランミエンジー
重慶名物の麺と麻辣タレで味わう
鶏料理

毛血旺
Ⓒ 毛血旺　Ⓟ máoxuèwàng　Ⓚ マオシュエワン
重慶磁器口名物の鴨の血で作ったゼリーとセンマイ
の麻辣煮込み。代表的な江湖菜。

辣子鶏
Ⓒ 辣子鸡　Ⓟ làzijī
Ⓚ ラーズジー
唐辛子と鶏肉の炒め
物。山盛りの唐辛子
の中から鶏肉を探し
て食べる。

よだれ鶏
Ⓒ 口水鸡　Ⓟ kŏushuǐjī
Ⓚ コウシュイジー
たっぷりの麻辣ダレに付
け込んだ蒸し鶏。郭沫若
が自著腓波曲の中で「幼
年期に食べた真っ白な鶏
肉が真っ赤な辣油に浸か
る白砍鶏を思い出すだけ
でよだれが出る」と書い
たことから、よだれ鶏と
呼ばれるようになった。
郭沫若については P159
参照。

串焼き
Ⓒ 烧烤　Ⓟ shāokǎo　Ⓚ シャオカオ
大体夜10時頃から現れる屋台。隠れた重慶名物である。
1本1本具材が串に刺さっていて自由に選ぶ。他の都
市では通常串のまま焼かれて串のまま提供されるのだ
が、重慶の場合は焼いた後に辣油を絡めて少し炒める。
串焼きだったはずなのに、辣油炒めになって出て来る
のだ。串に刺している意味ないのでは？となるのだが、
これがビールに良く合う。季節を問わず外で飲むのが
重慶スタイル。

純陽老酒館 G6

- 纯阳老酒馆
- chúnyáng lǎojiǔguǎn
- チュンヤン　ラオジョウグアン

酒館というのは中国式の居酒屋だ。大皿ではなく日本の居酒屋と同じように小皿料理なので、数種類頼むことが出来る。もちろんほとんどの料理は赤い。

- 🕐 11:00 ～ 14:30、17:00 ～ 24:00
- 📍 重庆市渝中区纯阳洞 1 号负 2 楼
- 📍 重慶市渝中区純陽洞 1 号地下 2 階

順風 123 G8

- 顺风 123
- shifang123
- シーファン 123

日本人基準で見てもこぎれいで安心して重慶江湖菜、四川料理を食べることが出来る。冷麺鶏と蒜泥白肉がおすすめ

- 🕐 7:30 ～ 21:00
- 📍 重庆市渝中区 250 路八一广场 5 楼
- 📍 重慶市渝中区 250 路八一広場 5 階

順水魚館 G7

- 顺水鱼馆
- shùnshuǐ yúguǎn
- シュンスイ　ユーグアン

魚の鍋を食べるならここ。鍋の素は数種類から選択できるが痺れと酸味が効いた酸菜がお勧め。

- 🕐 10:00 ～ 14:00、17:00 ～ 21:00
- 📍 重庆市渝中区民权路 88 号日光中心广场 L 层
- 📍 重慶市渝中区民権路 88 号日月光中心広場 L 階

郷村基 F8

- 乡村基
- xiāngcūnjī
- シャンツンジー

至る所にあり重慶のやよい軒のような存在で一年で一億食以上食べられている。中華系ファーストフードでは湖南省の大米先生と双璧をなしている。

- 🕐 9:00 ～ 20:30
- 📍 重庆市渝中区八一路 168 号 商业大厦 B1 楼
- 📍 重慶市渝中区八一路 168 号 商業大厦 B1 楼

小吃マニア

小腹が空いたときにサクッと食べることのできる軽食が小吃（Ⓒxiǎochī Ⓚシャオチー）。解放碑の八一路や観音橋の好吃街、磁器口など重慶にも手軽に食べ歩きができるスポットがたくさん。重慶ならではの小吃もたくさんあるので是非、トライしてみて欲しい。下手な店に入るより食べ歩きの方が楽しく美味しい場合も多い。

九園包子 F8

Ⓒ 九園包子　Ⓟjiǔyuán baozi
Ⓚ ジョウユエン バオズ
民国時代 1931 年創業の中国十大包子の 1 つ。ここで食べるべきは麻辣牛肉包。火鍋の素がそのまま肉まんになったようなショッキングな味だ。火鍋が餡になったのではなく火鍋の素が餡になっているかのような味付けなのだ。
🄿 重庆市渝中区邹容路 108 号国泰广场 B2 楼
🄿 重慶市渝中区鄒容路 108 号国泰广场 B2 楼

好又来の酸辣粉 G8

Ⓒ 酸辣粉　Ⓟsuānlàfěn　Ⓚスアンラーフェン
重慶に来たら誰もが一度は食べるのが好又来の酸辣粉。薩摩芋から作られた酸っぱ辛いプルプルもちもち麺が酸辣粉だ。重慶は痺れ辛い麻辣がメインだけど、趣向を変えて酸っぱさを楽しんでみるのも良いだろう。汁を飲むのは厳禁！豪快に咽かえる。
🄿 重庆市渝中区八一路
🄿 重慶市渝中区八一路

兎の頭
Ⓒ 兔头　Ⓟtùtóu　Ⓚトゥートウ
重慶や四川省では伝統的に兎が食されている。牙が生々しいが頭もしっかりと食べることが出来る。

豚足
Ⓒ 猪蹄　Ⓟzhūtí　Ⓚジューティ
豚足も焼いたものや煮たものなど至る所で食べられている。重慶人の肌が綺麗なのは、頻繁に豚足を食べてコラーゲンを摂っているからかも。

冷鍋
Ⓒ 冷锅　Ⓟlěngguō　Ⓚ ラングオ
1串1元～2元で好きな具材を選ぶと、店員が数種類の調味料と混ぜて提供してくれる。

千と千尋の神隠し
にそっくりマニア

磁器口と並ぶ重慶の2大観光地の1つが洪崖洞。設計士は洪崖洞完成後、『千と千尋の神隠し』のようだと話題になって初めて『千と千尋の神隠し』を知ったとのことだ。映画上映は2001年、洪崖洞の完成は2006年である。さて、日本上映から18年の時を経て2019年、デザイナー黄海による中国版ポスターや千尋役の声優に人気女優周冬雨を迎えるなど、豪華陣容で中国リマスター版の『千と千尋の神隠し』が上映された。海賊版DVDやダウンロードなどで日本版を観たことがあるが、中国版として蘇ったことで改めて劇場で観たいと

いう需要を掘り起こし、上映開始から2週間で62億円の興行収入を突破した。中国版映画上映により宮崎駿非公認モデルの洪崖洞も再注目されるだろう。洪崖洞は2006年完成だが、その歴史は古く、かつて重慶十七門の1つ洪崖門があった。その後、吊脚楼という重慶の伝統建築法で建てられた建物が乱立していた。老朽化が進み、倒壊の危険性があったため、2006年に吊脚楼の建築法を活かしつつリニューアルされた。吊脚楼というのは斜面に建物を建築する際に高さを合わせるため、柱を長く突き立てて高低差を埋める建築法で

© 千与千寻官方微博

洪崖洞 TIPS
（1）洪崖洞の撮影スポットは 2 箇所。上から撮影するなら洪崖洞脇の千廝門大橋から。対岸の大劇院から 20 分程散歩しながら橋を渡ってくるのもお勧めだ。この場合、千廝門大橋の右側を渡ろう。下から撮影するなら洪崖洞 1 階まで降りて嘉陵江濱江路側から。
（2）洪崖洞には 1 階嘉陵江側と 11 階の解放碑側と 2 つの入り口があるが、通常は 11 階から入り、下りながら見学していくと思う。1 階まで降りてさあ戻ろうと思ってもあまりの観光客の多さにエレベーターにはなかなか乗れない。そこで歩いて戻る事になり、1 階にも「解放碑はこちら」と案内標識が出ているが、この道を進むと朝天門付近までぐるりと大回りし、2km 程上り坂を歩くことになる。そこでお勧めなのが天空橋に登場した高盛創富から解放碑に戻るルートだ。洪崖洞から嘉陵江を右手に見ながら西に歩くこと 5 分〜10 分程で高盛創富に出る。あとはエレベーターに乗って 22 階へ行き天空橋を渡れば、そこはもう臨江門だ。

ある。再建後は商業施設となり、火鍋や冰粉お土産物などの地元重慶企業のみならず、スターバックスや各国料理、北京ダック名店の全聚徳、ホテルまで入った一大スポットとなっている。

洪崖洞 E8
🔵 洪崖洞　🅿 hóngyádòng　🅺 ホンヤードン
📍 重庆市渝中区嘉陵江滨江路 88 号
📍 重慶市渝中区嘉陵江濱江路 88 号

デパートマニア

中国におけるデパートの第一の利用価値はトイレである。習近平の「先進国のトイレは綺麗である。中国のトイレも整備するように」という通知以来、中国各地でトイレ革命が進められているが、まだまだ日本人にとっては厳しいトイレも多い。そんな中デパートのトイレ環境は比較的良好なため、デパートを訪れる際は積極的に利用したい。もちろんデパートの利用価値はトイレだけではない。日本とは異なるデパート文化を覗いてみよう。

新光天地 A2

- 🇨 新光天地　🅿 xīnguāng tiāndì
- 🇰 シングアン　ティエンディ

台湾の新光三越をご存知だろうか？　日本の三越と台湾の新光の合弁で運営されている台湾のデパートだ。その新光グループが重慶に開店したのが新光天地で、三越の資本も入っている。地下がスーパーやフードコート、日本でいうデパ地下となっており、各地の料理を手軽に、清潔な環境で食べることができる。重慶に数店舗出店している「上井」という日本料理店、「乾杯」という日式焼肉や抹茶の「辻利」も入っているため、重慶の麻辣攻めに疲れた場合の逃げ場にもなる。どことなく小奇麗にまとまっていて、1階〜4階までは日本のデパートと同じ感覚で利用できるため、非常に安心である。やっぱり台湾は日本と同じ島国、感性が近い。ところがである。さすが新光〜と安心しきっていたら突如中国色を出してくる。5階以上に上がると数10メートルの巨大な吹き抜けのスケート場が現れ、さらに上層階に足を進めると、なんとキラキラなド派手な室内メリーゴーランドが？台湾企業と言えども重慶は中国、派手でないと受け入れられない。そう、重慶新光天地はまさに日中台のコラボレーションデパートなのだ。

- 🕙 10:00 〜 22:00
- 📍 重庆市渝北区龙溪街道嘉州路 99 号
- 📍 重庆市渝北区竜溪街道嘉州路 99 号

爱琴海買物公園 重慶全図

Ⓒ 爱琴海购物公园　Ⓟ àiqínhǎi gòuwù gōngyuán

Ⓚ アイチンハイ　ゴウウー　ゴンユエン

愛琴海というのはエーゲ海。まったくエーゲ海とは関係ないが、こちらのショッピングモールの売りは何と言っても「夫預け処（老公寄存処）」だ。日本のデパートには託児所はあるが、夫預けはないだろう。嫁が品定めをしている間、重慶の夫はここでしっかりと英気を養うことになる。品定めが完了し、嫁がレジに到着する直前から夫の仕事が始まる。支払いをし、荷物を持つために夫はレジに向かうのだ。狙い通りもちろん客層は家族連れがメインである。夫預け処は無料だが、このショッピングモールは解放碑から少々遠く、出店している店も普通のため、夫預け処以外に見どころは無い。

🕐 10:00 ～ 22:00

📍 重庆市渝北区金开大道 1003 号

📍 重慶市渝北区金開大道 1003 号

竜湖時代天街 B2

Ⓒ 龙湖时代天街　Ⓟ lónghú shídàitiānjiē

Ⓚ ロンフーシーダイ　ティエンジエ

建築面積 60 万㎡という重慶で一番大きなショッピングモール。A 区～ D 区に分かれており、筆者はいつも迷う。モール自体も巨大で楽しいが、最寄りの石油路駅から延々と続く飲み物屋やお菓子屋などは日本女子にもうけそう。広東省で撤退したダイソーも元気に営業中。客層は 20 代～ 30 代が多い。

📍 重庆市渝中区长江二路 174 号

📍 重慶市渝中区長江二路 174 号

もちろんこれら 3 箇所のショッピングモール以外にも解放碑・国泰広場、観音橋・北城天街、南坪・万達など各エリアにデパートがあるので最新の重慶事情を覗いてみて欲しい。

書店マニア

元々中国の書店は座り読みが自由という緩さがあったのだが、近年重慶でも蔦屋書店のようなおしゃれにコーヒーを飲みながら本を探せる書店が増えてきた。想像以上に読書している人が多い事に驚くかもしれないが、中国は科挙を生み出した国であるため人々の知識欲は日本以上だ。また、近年中国でも書店の危機が叫ばれていたが、テナント料の優遇などもあり、自宅と会社以外でゆったりと時間を過ごせる第三の場所として復活している。

鐘書閣 A2

ⓟ 钟书阁

上海発祥の中国で最もおしゃれと言われる書店。鏡張りの店内はトリックアートのようだが、毛沢東から習近平までしっかり各同志の語録が置かれている。

10:00 〜 22:00

📍 重庆市九龙坡区杨家坪正街中迪广场三楼
📍 重慶市九竜坡区楊家坪正街中迪広場三階

精典書店 B3

◎ 精典書店

1998 年創業。重慶人である創業者の「精典書店は本を売るだけではなく、社会責任や社会的態度を表明しなければならない」という理念のもとに開店。地元創業だけに重慶関連の本が非常に充実している。

🕐 10:00 〜 22:00

📍 重庆市南岸区南滨路东原 1891D 座 L2 层
📍 重慶市南岸区南濱路東原 1891D 座 L2 層

方所 B2

◎ 方所

広州発祥の書店。斜めの通路や梯子を配置するなど山城重慶らしさを表現した内装が特徴的。それでいてシンプルなところも好感度が高い。

🕐 10:00 〜 22:00

📍 重庆市江北区观音桥新世纪百货奥特莱斯 L1 层
📍 重慶市江北区観音橋新世紀百貨 OUTLET L1 層

ISYPHE BOOKS
西西弗书店 & 矢量咖啡

西西弗書店 G8
🔵 西西弗书店
西西弗書店も沙坪壩の三峡広場店が一号店という重慶発祥の書店だが、こちらは全国展開している。おしゃれ書店チェーンとしては中国最大規模であり、シンボルカラーでもある緑は万人向け、紅はファミリー層、黒は高級路線と3ライン展開している。重慶発祥にもかかわらず、残念ながら重慶に黒ラインは無い。
10:00 ～ 22:00
📍 重庆市渝中区民权路 26 号英利・大融城 F3
📍 重慶市渝中区民権路 26 号英利・大融城 F3

新山書屋 A2
🔵 新山书屋
設計や芸術関係の洋書に力を注いでいる。24 時まで営業しているので、秋の夜長など深夜ひっそりと本を探したくなった時に重宝する。
🕐 12:00 ～ 24:00
📍 重庆市渝北区嘉州路 92 号新光里商场 2F
📍 重慶市渝北区嘉州路 92 号新光里商場 2F

現代文学

寒い夜（寒夜）/ 巴金
抗戦時の重慶の普通の人を描いた作品。主人公は母と嫁と三人暮らし。相手を思いやる振りをして、最後はいつも被害者ぶる主人公。自由奔放でありながらも思いやりのある若々しい嫁。重慶男女の性格をよく表しているが、戦時中のためにとにかく暗い。終戦後に出版されたため、勝利気分に水を差すと不評だったようだ。暗すぎるため日本人には読み続けるのが辛いかもしれない。ただ、重慶を舞台にしているため嫁の勤める銀行は交通銀行かな聚興誠銀行かな、「国際」というコーヒーショップはどこだろうなどと勝手に妄想しながら読み続けると楽しい。これがこの本の唯一の推奨読書法となる。

赤 28-3
岩波文庫

温泉マニア

世界温泉の都
重慶は温泉資源も豊富で、2005年に市政府より「温泉の都」として売り出す事が政策決定。2007年「五方十泉」、2008年「一圏百泉」、2009年「両翼多泉」、2010年「温泉旅遊主題年」と立て続けにキャンペーンを打ち立てた甲斐があり、2010年12月「中国温泉の都」の称号を授与されている。そして日本人には完全に寝耳に水だが、2012年に世界温泉及び気候養生連合会より「世界温泉の都」の称号まで授与されている。現在重慶市内では131か所で温泉が湧いている。

重慶型温泉と日本型温泉の違い
重慶の一般的な温泉では水着着用の男女混浴だ。また森の中に湯船が点在していることもあり、園内はスリッパ着用で移動することになっている。温水プールを想像すると分かりやすいと思う。温水プールなのでスマホの持込も可能で、至る所でWeibo映えする写真を撮っている女性を目にする。このような和気あいあいとした雰囲気なので、日頃の疲れを取るというより遊びに行くという要素が強い。また日本の温泉より温度が低いという点でも温水プールと言えるだろう。水着はデザインを気にしなければ現地で50元くらいから購入可能なので、手ぶらで行っても大丈夫。

北温泉
重慶郊外の北碚、重慶の温泉文化の始まりである南北朝時代423年建設の温泉寺がある。その後、温泉寺は1432年に再建され、明から清にかけても多くの旅行者が参拝、温泉に浸かったとされている。また民国時代に整備された北温泉公園は、中国初の平民用公園とされている。シンガポールの高級ホテルバンヤンツリー重慶も北温泉にある。

東温泉
1400年代初頭、明の永楽期より湯上村として栄え、現在では中国で一番の湯量を誇っている。1日当たり5000万リットル出るという温泉の水温は52度と、四季を通じて入浴可能。ここでの注目点は世界で唯一というカルスト高温洞窟。長さ126mの洞窟内は43度となっている。東温泉は500年の歴史がある白沙禅寺などと共に東温泉風景区となっている。

西温泉
蒋介石、宋美齢、張群、張治中等国民党要職も逗留している。

南温泉
南温泉公園は1927年に建設され、南泉と呼ばれる歴史地区も付近にあり、蒋介石や国民党主席・林森も別荘を構えていた。

市内中心部の温泉
融汇温泉 **B1**
24時間 199元（金曜土曜）
10時〜22時 169元（日曜〜木曜）
砂風呂・塩風呂・サウナ・岩盤浴から波の出る温泉まで完備している一大温泉
📍 重庆市沙坪坝区汇泉路6号梨树湾
📍 重庆市沙坪壩区汇泉路6号梨树湾

重慶と成都比較マニア

本書は『重慶マニア』であるため触れる必要は無いかもしれないが、重慶に比べると知名度がある四川省・成都について少し触れておきたい。

男性だけのグループでは重慶単独でも十分楽しめるが、カップル・夫婦・女子旅となると重慶のみの旅行では説得が困難と思われる読者もいるだろう。「重慶行こうよ」で難色を示された場合に説得材料として使えるのが四川省だ。赤ちゃんパンダが観られるパンダ基地や幻想的な神秘の世界、九寨溝・黄龍を有する四川省を旅行プランに付け加えると「行ってもいいかも」となるかもしれない。なんだかんだ言って重慶も四川盆地の東側に位置し、直轄市以前は四川省であり、重慶～成都間は300km高速鉄道で2時間という近さである。

それでは重慶と成都は何が違うのかについて触れたい。新興の観光都市である重慶と伝統的な観光地である成都はそもそも都市も人も雰囲気が異なる。成都が劉備の頃より都であるのに対し、重慶は古来より戦闘用の城だ。この都市の生い立ちは近年でも引き継がれ、成都は文化都市である一方、重慶は工業都市である。成都の川沿いでは新聞を読みながら優雅にお茶を飲んでいる姿を見かけるが重慶の川沿いで見かけるのは上半身裸の棒棒だけだ（「棒棒マニア」P114参照）。このような風土のため重慶人は二面性といった「装う」ということが大嫌い。日本ほどではないが裏表のある成都人は信用できないと大多数の重慶人は感じている。一般的に「成都人は感情を表に出さないため時として冷淡に見える。一方、重慶人は熱情的で爽快だが時として怒りっぽいように見える。」と言われる。大阪と京都の関係だと思っていただければ分かりやすいだろう。もしかしたら読者の中には「重慶と成都は似たようなものでしょ？」と思われている方もいるかもしれないが、近所ほど仲が悪いものだ。読者の方が重慶を訪れ、重慶を気に入ったら思いっきり重慶を褒めて頂きたい。逆に成都の方が気に入ったとしたら成都を褒めればいい。あなたをではなく、成都をボロカスに言われるだろうが、負けずに言い返せばいい。本当は成都の方が好きなのに重慶人と一緒に成都の文句を言うのは最悪の対応である。重慶では空気を読む・オブラートに包むといったことがないため否定系の言葉を使っても関係がこじれるといった事はないだろう。逆に成都ではオブラートに包む必要がある。

2018年	重慶	成都
GDP	20363億元	15342億元
1人当たりGDP	66217元	95618元
面積	82400k㎡	14335k㎡
人口	3101万人	1633万人
外国領事館	10か国。第五位。 日本・英国・カナダ・オランダ・イタリア・デンマーク・ハンガリー・フィリピン・カンボジア・エチオピア・	16か国。第四位。 米国・ドイツ・韓国・タイ・フランス・シンガポール・パキスタン・スリランカ・オーストラリア・ニュージーランド・イスラエル・チェコ・ポーランド・スイス・オーストリア・ネパール
国際航空路線	84路線	121路線
外国人在住者	0.8万人（邦人360人）	1.74万人（邦人450人）
地下鉄の路線の長さ・駅の多さ	8路線	6路線
5つ星ホテルの数	17	21
美女	綺麗	可愛い
中国500強企業	14社	14社（四川省）
大学	重慶大学（6星級）など	四川大学（7星級）など
外国人観光客の数	280万人	369万人（四川省）
延べ観光客数（年）	54230万人（第一位）	21301万人（第五位）
別名	山城	天府
高層ビル（200m越）	52棟	24棟

重慶建川博物館マニア

重慶建川博物館集落 C2

ⓖ 重庆建川博物馆聚落　**Ⓟ**chóngqìng jiànchuān bówùguǎn jùluò　**Ⓚ** チョンチン　ジエンチョアン　ボーウーグアン　ジュールオ

国民政府兵工署第一兵工廠（前・漢陽兵工廠）跡地を利用した8つの博物館からなる民営の博物館群。国民政府兵工署第一兵工廠は日本軍の空襲を避けるため防空壕内に建設された兵器工場であり、全部で51の防空壕が現存しているがその一部を利用、全ての博物館が防空壕内にあるという珍しい博物館である。重慶の博物館めぐりは午前中に三峡博物館で古代から近代まで見学し、午後はこの重慶建川博物館集落で近代以降の見学をお勧めしたい。未来を観たい場合は重慶市計画展覧館が良い。（P86 参照）

抗戦文物博物館

ⓖ 抗战文物博物馆

抗日戦争時の文物の博物館。この抗戦文物博物館で見るべきは1937年8月中旬の南京での国民党と中共による紅軍改編合意を受けて、中共中央革命軍事委員会により8月25日付で発布された紅軍の国民革命軍第八路軍への編入命令である。第二次国共合作が実現し、紅軍（中共）は中華民国国民政府（国民党）の第八路軍として日本軍と対峙することになる。また、中華人民共和国国歌である義勇軍行進曲が描かれた初の陶器も展示されている。その他資料としては当時の日本側の新聞や、満洲国・南京政権などについても奸賊として展示されている。

兵工署第一工廠旧址博物館

◎ 兵工署第一工厂旧址博物馆

兵工署第一工廠を博物館として修繕。兵工署第一工廠の前身である漢陽兵工廠（汉阳兵工厂）は清末 1904 年、列強進出が相次ぐなか、洋務運動で創業した兵器企業だ。抗日戦争時、湖北省漢陽から湖南省辰溪を経て重慶に移転（抗戦時期に西方に移ってきた 20 以上の兵器企業の内 14 が重慶に移ってきている）。重慶移転後、各軍事工場は元の名称から規模を推測されることを避けるため番号で管理され、さらに移転前は各種兵器を製造していたが移転後は分業制が取られた。漢陽兵工廠は軍政部兵工署第一工廠と改名され、ピストルやライフルなどの製造を担当していた。防空壕内に建てられたため、世界初の

地下兵器工場と言われている。1957 年に再編されバイクなど民生品を作る工場となり、その後分割され、長安汽車・嘉陵集団・重慶鋼鉄など重慶工業の基礎となった。

兵器発展史博物館

◎ 兵器发展史博物馆

古代青銅から近代兵器まで各時代の武器が展示されている。

中医薬文化博物館

◎ 中医药文化博物馆

中国漢方に関する博物館

中国囍文化博物館

◎ 中国囍文化博物馆

結婚についての博物館。結婚のことを喜びが 2 つで「双喜・囍」という。そして慶事が重なると「重慶」という。中華民国時代や中華人民共和国成立直後の結婚証、当時の嫁入り道具など中国の結婚様式について知ることが出来る。

民間祈福文化博物館

◎ 民间祈福文化博物馆

道教や仏教含め、民間宗教についての博物館。壁一面に配置された仏像は圧巻である。

票証生活博物館

◎ 票证生活博物馆

約 40 年続いた配給切符の博物館。文革時期に全人民が着けていたというバッジなど切符だけではなく、生活物資も展示されている。

重慶故事博物館

◎ 重庆故事博物馆

重慶ビールや火鍋などの食文化、重慶特有の職業である棒棒や重慶の各港などの陸水運、工商局の登記証まで重慶文化について紹介されている。

重慶建川博物館集落

◎ 重庆建川博物馆聚落
🕐 9:00 ～ 17:00
¥ 50 元
🏢 重庆市九龙坡区谢家湾街道付家沟 1 号
📍 重庆市九龙坡区谢家湾街道付家溝 1 号

中国の展示では機械に人間の模型を設置しているため、どのように使用していたのか分かりやすい。

渝中マニア

渝中 ⑥渝中 ⑫yúzhōng ⑭ユーヂョン

古代重慶城の範囲に重慶における中共の聖地・紅岩村までを加えたのが今も昔も重慶の中心地、「母城」と呼ばれる渝中区。渝中区は山城の名の通り中央の鵝嶺が海抜 379m、東端の朝天門が 160m と高低差220m もある。渝中半島自体が山であるため東西だけではなく、南北でも高低差があり、民国時代まで上半城（中山路）、下半城（長江浜江路）と街が上下に別れていた。このような地形のため中国他都市のように自転車に乗る人はいないし、近年都市の中心部で禁止されている電動自転車やバイクなども無問題。重慶では使える動力は何でも使う必要がある。

朝天門周辺 ⑥朝天門 ⑫cháotiānmén ⑭チャオチエンメン

港湾都市重慶のシンボルが渝中区の先端に位置する朝天門だ。

朝天門埠頭 D9
⑥ 朝天门码头 ⑫cháotiānmén mǎtóu
⑭ チャオティエンメン　マートウ

長江と嘉陵江の合流地点にある重慶で最も重要な埠頭。两江游と呼ばれる遊覧船や渡し船、三峡下りの客船も朝天門埠頭から発着。茶色の長江と緑の嘉陵江と水質が異なるため、2 色の水流が合流する様子は「鸳鸯鍋（二色鍋）」とも呼ばれる。重慶火鍋には二色鍋は無いのにこんな時だけ鸳鸯鍋の名称を使用するのは少しずるい気もする。のけ反るような建物はシンガポールのラッフルズによる建築。

📍 重庆市渝中区长滨路 1 号
📍 重慶市渝中区長濱路 1 号

重慶市計画展覧館 E9
⑥ 重庆市规划展览馆 ⑫chóngqìngshì guīhuà zhǎnlǎnguǎn
⑭ チョンチンシ　グイファ　ジャンラングアン

朝天門埠頭にある重慶市の今後の発展計画を見ることができる展示館。三峡博物館が歴史を展示しているのに対し、こちらは未来を展示といったところだろう。重慶市の 26 区・8 県・4 自治県全て詳細に紹介されている。巨大なジオラマは必見、知名度は低いが思いのほか楽しめる展示だ。

¥無料　🕘9:00 ～ 17:00
📍 重庆市渝中区朝东路 1 号　📍 重慶市渝中区朝東路 1 号

重慶歴史名人館 E9
⑥ 重庆历史名人馆 ⑫chóngqìng lìshǐ míngrénguǎn
⑭ チョンチン　リーシー　ミンレン　グアン

重慶市計画展覧館の隣にある重慶にゆかりのある人物を集めた博物館。重慶の名前の由来となった趙惇や詩人李白に交じり、緑川英子（長谷川テル）が唯一日本人として展示されている。

📍 重庆市渝中区朝东路附 1 号
📍 重慶市渝中区朝東路附 1 号

東水門老街 F9
⑥ 东水门老街 ⑫dōngshuǐmén lǎojiē
⑭ ドンシュイメン　ラオジエ

湖広会館の隣にある老街。明代に築かれた城壁の跡が残っている。重慶 17 門の内現存しているのは東水門・通遠門などごくわずかである（詳しくは「老街マニア」P44 参照）。

📍 重庆市渝中区长滨路 58 号
📍 重慶市渝中区長濱路 58 号

湖広会館 F9

ⓒ 湖广会馆　**ⓟ** húguǎng huìguǎn　**Ⓚ** フーグアンフイグアン

清代初期、荒れ果てた四川を再建するため耕した土地は自分の物になるという政策を実施し、移民を促進。その四川移民政策および貿易のために重慶に来た各省の人々の会所として作られたのが八省会（湖広江西広東など八省）で、その最大のものが湖広移民の湖広会館だ。1980年代まで住居や倉庫として使用されていたが重慶城の再評価に伴い、重慶市、及び渝中区により2005年9月に修繕・再建された。

🕘 9:00 ～ 17:00　￥30元

📍 重庆市渝中区长滨路芭蕉园1号　**📍** 重慶市渝中区長濱路芭蕉園1号

飯江湖 F9

ⓒ 饭江湖　**ⓟ** fànjiānghú　**Ⓚ** ファンジャンフー

江湖菜の名店。江湖菜というのは大皿でドーンと出てくる豪快な料理である。基本的に中華は大皿料理であるが、その中華料理の中でも群を抜く大皿なのが重慶の江湖菜だ。

📍 重庆市渝中区长滨路芭蕉园1号 湖广会馆旁
📍 重慶市渝中区長濱路芭蕉園1号 湖広会館となり

長濱路 G9

ⓒ 长滨路　**ⓟ** chángbīnlù　**Ⓚ** チャンビンルー

重慶には長濱路・南濱路・北濱路という3つの川沿いの道があるが、歴史が一番古く雰囲気があるのが長江沿いのこの長濱路（長江濱江路）。現在でもこの通り沿いには運送業者が軒を連ねている。この通りから長江を運航する貨物船や対岸の南山を眺めつつ黄昏れるのも一興だ。対岸の南濱路からは長江越しに解放碑の高層ビル群を望める。一方、北濱路からは嘉陵江越しに解放碑が望める。長江から、また嘉陵江からと異なる解放碑の高層ビル群を眺めるのもよいだろう。

📍 重庆市渝中区长滨路　**📍** 重慶市渝中区長濱路

小什字周辺　**ⓒ** 小什字　**ⓟ** xiǎoshízì　**Ⓚ** シャオシーツー

湖広会館などは長江沿いであるが、山の手側が小什字だ。抗日戦争時は金融街として栄え、現在は衣服の卸売りが多数ある。

羅漢寺 F9

ⓒ 罗汉寺　**ⓟ** luóhànsì　**Ⓚ** ルオハンスー

解放碑の高層ビルの間に所狭しと仏殿が並んでいる。羅漢寺は酒池肉林のエロ坊主が追放されたり、占い詐欺坊主が捕まったりと話題に事欠かない寺だ。これら不都合な真実もあるが、羅漢寺の500体の仏像は必見。

📍 重庆市渝中区罗汉寺街7号
📍 重慶市渝中区羅漢寺街7号

解放碑 F8

⑤解放碑 ⑫jiěfàngbēi ⑬ジエファンベイ

正式名称は抗戦勝利記念碑及び人民解放記念。重慶の
中心の中の更に中心地。抗日戦争を戦い抜くための象
徴として 1941 年 12 月 31 日、抗日戦開始日の盧溝
橋事件（7 月 7 日）にちなみ、7.7 丈（約 25.6m）の
精神堡塁として建設。その後、抗戦勝利記念碑として
改装、1947 年 8 月竣工。重慶解放後は人民解放記念
が加わり、抗戦勝利記念碑及び人民解放記念碑となる。
中国で唯一の抗日戦争勝利記念碑である。碑の周りは
高級ブランドが軒を連ねるショッピングエリアとなっ
ている。特に希望のエリアが無い場合、解放碑周辺に
宿泊することを強くお勧めする。この地を基に市街地
が広がって行ったため、どこに行くにも便利であり、
なにより重慶らしさを一番味わえるのがこのエリアで
ある。

● 重庆市渝中区民族路 177 号
● 重慶市渝中区民族路 177 号

重慶国泰芸術中心 F8

⑤重庆国泰艺术中心 ⑫chóngqìng guótài yìshù zhōngxīn
⑬チョンチン　グオタイ　イーシュー　ジョンシン

国泰大劇場と重慶美術館で構成されている。何本もの
梁が出ている方が国泰大劇場で四角いカプセルの方が
重慶美術館。梁の先端には「国」「泰」の字がそれぞ
れ刻まれている。

● 重庆市渝中区临江路 1 号
● 重慶市渝中区臨江路 1 号

洪崖洞 E8

⑤洪崖洞 ⑫hóngyádòng ⑬ホンヤードン

伝統的な吊脚楼という建築方法で建てられた夜景で有名な重慶一の観光地。国慶節
など中国の大型連休には入場制限されることも（「千と千尋の神隠しにそっくりマ
ニア」P 参照 76）。

● 重庆市渝中区嘉陵江滨路 88 号　● 重慶市渝中区嘉陵江濱路 88 号

七星岡周辺 ⓒ七星岗 ⓟqīxīnggǎng ⓚチーシンガン

木造建築が多く火災が多発、かつ日照りが続いた際の貯水池として七つの鉢（缸）が置かれた事から七星缸と呼ばれていた。いつしか「缸」と同じ発音の「岗」が使用されるようになった。

通遠門 G7
ⓒ 通远门 ⓟtōngyuǎnmén ⓚトンユエンメン
東水門と共に最も保存状態の良い門が通遠門。こちらでは攻城戦の様子を再現した像が配置されていて、城外から見ると攻城兵、城壁から見ると防御兵のそれぞれの目線が楽しめる。
📍 重庆市渝中区金汤街 14 号附近
📍 重慶市渝中区金湯街 14 号附近

菩提金剛塔 G6
ⓒ 菩提金刚塔 ⓟpútí jīngāngtǎ ⓚプーティ ジンガンター
通遠門の外側・七星岡は古来より墓場だったが、市街地拡大により 43 万の墓を移転することになった。そのためチベットより僧を呼び慰霊碑として作成されたのが菩提金剛塔だ。ところが『失踪的上清寺』という小説に金剛塔内部に宝物があると書かれ、多数の市民トレジャーハンターが殺到、激しく破損、封鎖されてしまった。
📍 重庆市渝中区观音岩菩提金刚塔
📍 重慶市渝中区観音岩菩提金剛塔

人民大礼堂周辺周辺 ⓒ人民大礼堂 ⓟrénmín dàlǐtáng ⓚレンミン ダーリータン

解放碑が重慶経済の中心地なら人民大礼堂は重慶政治の中心地

重慶市人民大礼堂 E5
ⓒ 重庆市人民大礼堂
ⓟchóngqìngshì rénmín dàlǐtáng
ⓚチョンチンシ レンミン ダーリータン
中華人民共和国成立初期に「建設大西南」を合言葉に会議場および招待所不足の解消のために建造された 4 〜 5 千人規模収容の会議場。北京の天壇に似ているが、アジア 20 世紀の経典建築に選ばれている。
📍 重庆市渝中区人民路 173 号
📍 重慶市渝中区人民路 173 号

重慶中国三峡博物館 E5
ⓒ 重庆中国三峡博物馆
ⓟchóngqìng zhōngguó sānxiá bówùguǎn
ⓚチョンチン ヂョングオ サンシャー ボーウーグアン
三峡と名がついているが三峡だけではなく、古代から 1997 年の直轄市昇格に至るまでの重慶の歴史を展示している。もちろん三峡移民について理解する事も出来るし、抗日戦争時専門のコーナーも設置されており、見応えがある。元々は万州区に「三峡博物館」があったのだが「万州区博物館」と改称。重慶市博物館に三峡の名を冠し「重慶中国三峡博物館」になった。
📍 重庆市渝中区人民路 236 号 📍 重慶市渝中区人民路 236 号

中山四路 E5

重慶で最も美しい道と言われている。通常街路樹というのは道路を造ってから植えるのだが重慶の場合「森の中に道路を通しただろ」というほど道路脇に木々が茂っていることが多いのだが、中山四路はきちんと街路樹が植えられ、確かに重慶一美しい道路である。この辺りは抗日戦争時からの重慶の政治の中心地だ。

周公館 E5

Ⓒ 周公館　Ⓟ zhōugōngguǎn　Ⓚ ジョウゴングアン

周恩来が執務を取っていたため、周公館と呼ばれている（「中共中央南方局マニア」P196参照）。この辺りをまとめて観光する場合は、三峡博物館と重慶市政府の間に軌道2号線曾家岩駅のA出口があるのでそこから駅方面に戻り、C出口からエレベーターに乗るのがお勧め。奥にはカフェや書店があり重慶関係の書籍が置かれている。

📍 重庆市渝中区中山四路50号
📍 重慶市渝中区中山四路50号

桂園 E4

Ⓒ 桂園　Ⓟ guìyuán　Ⓚ グイユエン

抗日戦争勝利後、蒋介石と毛沢東による停戦協定である双十協定が結ばれた場所。（「重慶談判マニア」P202参照）

📍 重庆市渝中区中山四路65号
📍 重慶市渝中区中山四路65号

重慶市政府 E5

Ⓒ 重庆市政府　Ⓟ chóngqìngshìzhèngfǔ
Ⓚ チョンチンシージェンフ

参観不可だが、重慶の権力トップなので外観だけでも見て欲しい。

📍 重庆市渝中区中山四路36号
📍 重慶市渝中区中山四路36号

戴笠公館 E5

Ⓒ 戴笠公館　Ⓟ dàilìgōngguǎn　Ⓚ ダイリゴングアン

国民党軍統局局長戴笠が使用していた館。周公館の目と鼻の先であり、当時は中共の活動を見張っていた。重慶解放後は数十軒の家族に貸し出された。現在は巴渝文化会館となっている。

📍 重庆市渝中区中山四路85号
📍 重慶市渝中区中山四路85号

中国民主党派歴史陳列館・特園 F4

Ⓒ 中国民主党派历史陈列馆・特园
Ⓟ zhōngguó mínzhǔdǎngpài lìshǐchénlièguǎn
Ⓚ ヂョングオ　ミンジュダンパイ　リーシーチェンリエグアン

中共と共に革命に参加した各党のことを中国民主党派という。民革、民盟、民建、民進、農工党、致公党、九三学社、台盟の8党の歴史について展示されている。各党は少数政党であったが、多党VS国民党一党独裁という図式を作るのに利用価値があった。特園は鮮英の邸宅であったが抗日戦争時に館を開放していた。

📍 重庆市渝中区嘉陵桥东村35号
📍 重慶市渝中区嘉陵橋東村35号

両路口周辺　　❻ 両路口　　🅿liǎnglùkǒu　　🅚 リャンルーコウ

臨時首都時代に新市街地として栄えたのが両路口。付近には宋慶齢宅や米国大使館、国際村などもあり当時の流行の発信地でもあった。東西を結ぶ1号線と南北を結ぶ3号線の交わる現在でも重要な交通の要所。紛らわしいことに、重慶には両路口と両路が存在するので間違えないように。

重慶宋慶齢旧居陳列館　G5

❻ 重庆宋庆龄旧居陈列馆　　🅿chóngqìng sòngqìnglíng jiùjū chénlièguǎn
🅚 チョンチン　ソンチンリン　ジゥジュ　チェンリエグアン
孫文夫人、宋慶齢の住居跡。
📍 重庆市渝中区两路口新村5号　　📍 重慶市渝中区両路口新村5号

鵝嶺公園　B2

❸ 鹅岭公园　　🅿é lǐng gōngyuán　　🅚 アーリン　ゴンユエン
英国大使公邸であり、蒋介石も別荘として使用していた飛閣、トルコやデンマーク大使館跡などに加え、重慶の友好都市広島の名を冠した広島園という日本庭園もある。また鵝嶺公園は渝中半島で一番の高台のため重慶を一望でき、渝中半島が長江と嘉陵江に挟まれた非常に狭い山ということが理解できる。
📍 重庆市渝中区鹅岭正街176号　　📍 重慶市渝中区鵝嶺正街176号

二厂文創公園　G4

❸ 二厂文创公园　　🅿èrchǎng wénchuàng gōngyuán
🅚 アーチャン　ウェンチュアン　ゴンユエン
映画『从你的全世界路过』の撮影地。元々は民国時代の中央銀行の印刷所であり、現在は文化公園として再開発され、レストランやカフェなどがオープン。映画で使用された壁画も残っており、観光客で賑わっている。
📍 重庆市渝中区鹅岭正街1号
📍 重慶市渝中区鵝嶺正街1号

江北マニア

江北 ● 江北 ● jiāngběi ● ジャンベイ

重慶で一番おしゃれな街である観音橋・金融街の江北嘴・夜遊びスポット九街があるのが江北区。解放碑が古代よりの重慶の中心なら、江北は最新の重慶を味わえるスポットだ。お勧め訪問時間は夕方〜夜となる。

観音橋 B2

● 观音桥 ● guānyīnqiáo
● グアンインチャオ

重慶美女を打望（街で美女を眺めることを打望という）も良いのだが、旅行者として観音橋で見るべきものは美女よりも広場ダンスをお勧めしたい。橋の前の広場で毎晩行われるダンスは総勢300人以上の参加者がいる。現代っぽく爆音のテンポ速めの曲に合わせて重慶のおばちゃんが躍る様は一見の価値あり。飛び入り参加もOKだ。また、歩行者天国には火鍋の都らしく唐辛子のオブジェが設置されているので、是非記念写真を撮ろう。
● 重庆市江北区观音桥步行街
● 重庆市江北区观音桥步行街

江北嘴 B3
ⓒ 江北嘴 **ⓟ** jiāngběizuǐ **ⓚ** ジャンベイズイ

近年急速に開発された金融街。解放碑の夜景を見るならここだろう。重慶 IFS にはパンダが顔を出していたり、江北嘴は新重慶の象徴的な地区となる。パンダは四川の原産だが重慶も以前は四川だったため、都合の良い時だけ四川アピールである。ややこしいが江北にあるビルが重慶 IFS で、解放碑にあるのが重慶 WFC である。

ⓥ 重庆市江北区江北嘴庆云路 1 号
ⓥ 重慶市江北区江北嘴慶雲路 1 号

北倉図書館 A2
ⓒ 北仓图书馆 **ⓟ** běicāng túshūguǎn
ⓚ ベイツァン　トゥーシューグアン

繁華街観音橋と歓楽街の九街の間に位置する、喧噪とは無縁のチルアウトスポットが北倉図書館だ。図書館となっているが、重慶で最も美しいと言われる図書館の他にも日本食やカフェなどもあり、まったりできる。

ⓥ 重庆市江北区塔坪 55 号
ⓥ 重慶市江北区塔坪 55 号

九街 A2
ⓒ 九街 **ⓟ** jiǔjiē

クラブが並ぶ重慶の夜遊びスポット。クラブも生演奏もライブハウスも中国語では全て「酒吧」という。中国のクラブは入場料無料、席を確保する際に酒をボトルで頼むというのが一般的。踊る事より酒を飲むことがメインのため、フロアよりもソファの方が多い。そして中国の飲み屋で欠かせないのがサイコロ。クラブでもバーでもカラオケでもどこにでもサイコロが置いてある。「サイコロマニア」P123 参照。

ⓥ 重庆市江北区北城天街 46 号
ⓥ 重慶市江北区北城天街 46 号

重慶大劇院 D8
ⓒ 重庆大剧院 **ⓟ** chóngqìng dàjùyuàn
ⓚ チョンチン　ダージューユエン

江北嘴の最先端にある奇抜な外観のグランドシアター。江北嘴開発の中では比較的早期の 2009 年に完成した。

ⓥ 重庆市江北区江北城文华街东路
ⓥ 重慶市江北区江北城文华街东路

沙坪壩マニア

沙坪壩　Ⓒ沙坪坝　Ⓟshāpíngbà　Ⓚシャーピンバー

1000 年古鎮の磁器口、重慶大学・重慶師範大学・四川外国語大学など多くの大学が集まり、西の郊外には大学城と呼ばれる大学集積地もある学生街、沙坪壩。重慶は四川省に属していたため、四川外語や四川美術学院など四川の名前がついている大学がある。これらを重慶外語や重慶美術学院にしようという動きもあるが、伝統との兼ね合いでなかなか実現しない。

磁器口周辺　Ⓒ磁器口　Ⓟcíqìkǒu　Ⓚツーチーコウ

磁器口は中華民国臨時首都時代にその繁栄ぶりを見た国民政府主席、林森により「小重慶」と呼ばれた。

磁器口 A1

Ⓒ磁器口　Ⓟcíqìkǒu　Ⓚツーチーコウ

解放碑から地下鉄で 30 分。嘉陵江沿いにある重慶一の古鎮・磁器口。金蓉門から入るとちょっとした坂になっていて、小さなお茶屋さんなどが並び重慶らしい雰囲気を味わえる。古鎮のメイン通りの両側では自家製の酸辣粉、店先で餅をついている餅屋、小麦粉を練り上げ油で揚げたお菓子・麻花などなど食べ歩きから磁器口名物の毛血旺まで様々な飲食店が並んでいる。
Ⓥ重庆市沙坪坝区磁南街 1 号　Ⓥ重慶市沙坪壩区磁南街 1 号

宝輪寺 A1

Ⓒ宝轮寺　Ⓟbǎolúnsì　Ⓚバオルンスー

磁器口の街を奥へ進むと突如現れる急な階段が、唐の時代に建てられたといわれる宝輪寺の入り口だ。明の初代皇帝朱元璋の孫であり、第二代皇帝朱允炆（建文帝）が靖難の変で帝位を奪われた際に逃げ込んだとされている。後にそのことが世間に知れ渡るようになると宝輪寺は竜隠寺へ、白岩場（磁器口の一番最初の地名）は竜隠鎮と呼ばれるようになった。その後、明後期～清初期にかけて磁器の生産で栄え、磁器口と改名。磁器口の港から嘉陵江、長江を下り、中国各地へ磁器が運ばれた。
Ⓥ重庆市沙坪坝区横街 30 号
Ⓥ重慶市沙坪壩区横街 30 号

歌楽山周辺

G 歌乐山 **P**gēlèshān **K** グールーシャン
白公館が有名だがロープウェーも整備された。ハイキングコースとして市民の憩いの場となっている。

白公館 B1
G 白公馆 **P**bái gōng guǎn バイゴンアン
磁器口と並ぶ沙坪壩の二大観光地。中国人は誰もが知っている国共内戦時の悲劇の舞台（詳しくは「国共内戦マニア」P207 参照）。
📍 重庆市沙坪坝区壮志路治法三村 63 号
📍 重慶市沙坪壩区壮志路治法三村 63 号

大学城周辺

G 大学城 **P**dàxuéchéng **K** ダーシュエチャン

中国でも大学の郊外移転が進み、2003 年以降重慶大学や重慶師範大学などが一部学部を移転した。

中国一大きい毛沢東像 重慶全図
2008 年、重慶医科大学に高さ 20m、台座を合わせると 37m という中国一大きい毛沢東像が建設された。中国では各地に毛沢東像が建てられているが 2000 年代に入ってから建てられるのは稀だ。2008 年当時の重慶市書記は薄熙来。薄熙来は「共同富裕」を唱え、低所得者向け住宅を整備したり、毛沢東時代の革命歌を歌わせたりして、建国時の共産党への懐古を誘い、当時の胡錦涛総書記・温家宝首相の鄧小平開放路線と一線を画し、重慶を独立王国化した。このような流れの中、毛沢東回帰への一環として建設されたのがこの毛沢東像である。ただしこの像よく見ると顔が四川出身の鄧小平に似ており、顔は鄧小平、体は毛沢東というハイブリッドな像となっている。
📍 重庆市沙坪坝区大学城中路 61 号
📍 重慶市沙坪壩区大学城中路 61 号

四川美術学院虎溪校区 重慶全図
G 四川美术学院虎溪校区
Psìchuān měishùxuéyuàn hǔxīxiàoqū
K シーチョアン　メイシューシュエユエン　フーシーシャオチュー
せっかく大学城まで足を運んだら、四川美術学院の大学城キャンパスに足を運んでみてもいいだろう。棚田のような広場
は一見の価値あり。
📍 重庆市沙坪坝区大学城南路 28 号
📍 重慶市沙坪壩区大学城南路 28 号

九竜坡マニア

九竜坡 ⚓九龙坡 Ｐjiǔlóngpō Ｋジョウロンポー

九竜坡区は東京でいうと台東区。重慶動物園や四川美術学院などがあり、中心部楊家坪はどこか下町の雰囲気、九竜坡地区では古き良き重慶を楽しもう。渝中区とは異なる古さが好みの分かれるところだが、渝中区は商業地区、九竜坡地区は工業地区なので色が違って当然なのだ。

重慶動物園 C2

⚓重庆动物园 Ｐchóngqìng dòngwùyuán Ｋチョンチン ドンウーユエン

九竜坡ではまず重慶動物園でパンダに癒されよう。本場四川が近いだけに10頭ほどのパンダが飼育されている。パンダを見るなら午前中がいいという噂もあるが、重慶のパンダは四六時中食べているからいつ行っても活発に動いてくれる。地元なので見慣れてるのかと思いきや、重慶人にとってもやはりパンダは可愛いようだ。45ヘクタールという東京ドーム約10個分・上野動物園の約3倍の広大な敷地を有する動物園。動物園に行く際にヒルを履く方はあまりいないと思うが、重慶なのでもちろん動物園も山道坂道のため、動きやすい靴で行くのがお勧め。ゆっくり回って2時間くらい。

🕐8:30 ～ 17:00

¥25元（12月のみ20元）

📍重庆市九龙坡区西郊一村1号

📍重庆市九龙坡区西郊一村1号

> **動物園 TIPS**
> 動物園駅で降りて正門から入場、時計回りに回って東一門から出ると、徒歩10分くらいで楊家坪の街へスムーズに抜けられる。

四川美術学院黄桷坪校区 C2

ⓒ 四川美术学院黄桷坪校区　ⓟsìchuān měishù xuéyuàn huángjuépíng xiàoqū

Ⓚ シーチョアンメイシューシュエユエン　フォアンジュエピン　シャオチュー

パンダの後は美大の散策。さすが美大の街らしく周囲のアパートにも絵が描かれている。校内にも自由に入れるため、重慶近代美術を覗いてみよう。程よくさびれた戦車が置いてあったりして、人気の撮影スポットとなっている。外周の壁にも落書きが書かれているが、近所でスプレーを買って壁に自由に絵を書いて OK。学院周辺の黄桷坪正街や 501 美術基地を散歩するのも楽しい。

◉ 重庆市九龙坡区黄桷坪街 158 号　◉ 重慶市九竜坡区黄桷坪街 158 号

交通茶館 C2

ⓒ 交通茶馆　ⓟjiāotōng cháguǎn

Ⓚ ジャオトンチャーグアン

戦後のバラックではない。30 年の歴史を持つれっきとした茶館である。カードゲームに興じる地元のお年寄りを眺めつつ 90 年代の重慶を味わい、ゆっくりと時間が過ぎるのを楽しもう。

🕐7:00 〜 19:00

◉ 重庆市九龙坡区黄桷坪街 4 号 - 附 5 号

◉ 重慶市九竜坡区黄桷坪街 4 号 - 附 5 号

南岸マニア

重慶の中でも特に山が多いのがこの南岸区。解放碑から南岸を眺めるとほぼ山山山。
それゆえに温泉あり、夜景スポットあり山城の中の山城が南岸なのだ。

南岸
- **C** 南岸　**P** nánàn　**K** ナンアン

長江の南岸にあるのが南岸区。長江沿いを走る南濱路
は重慶では貴重な平地で、重慶マラソンは南濱路にあ
る南濱公園がスタート及びゴール地点となっている。
長江越しに解放碑摩天楼を眺めながら走るのは気持ち
よさそう。

老君洞 B3
- **C** 老君洞　**P** lǎojūndòng　**K** ラオジュンドン

唐の時代に仏教寺院として開山し、明の時代に道教寺
院となった1000年の歴史を持つ寺院。南山の山の中
にあり、公共交通機関もないため、ひたすら階段を上
ることになるが、赤い門は非常に写真映えする。
- **Q** 重庆市南岸区南山街道老君坡29号
- **Q** 重庆市南岸区南山街道老君坡29号

海昌湯都 B3
- **C** 海昌汤都　**P** hǎichāng tāngdū
- **K** ハイチャン タンドゥ

温泉の都・重慶に乗り込んだ日本式のスーパー銭湯。
男女別全裸という日本スタイルのスーパー銭湯だ。も
ちろん露天風呂やサウナもあるので、重慶の山道に疲
れたら寄ってみるものお勧め。一棵樹で夜景を観てか
ら、1日の最後に行くのが流れ的にはベスト。日本人
はやっぱり湯舟に浸かりたい。
- **O** 11:00 〜 23:00
- ¥88元
- **Q** 重庆市南岸区崇文路35号
- **Q** 重庆市南岸区崇文路35号

南山一棵樹 B3

🇨 南山一棵树　🇵 nánshān yīkēshù　🇰 ナンシャンイークーシュー

重慶の夜景スポットといえばここ。南山の高台から見下ろす長江・解放碑は絶景だ。香港が100万ドルの夜景なら、小香港の重慶は10万元の夜景である。

🕐 09:00 ～ 22:00　¥30 元

📍 重庆市南岸区南山风景区南山一棵树　📍 重慶市南岸区南山風景区南山一棵樹

南濱公園 19

🇨 南滨公园　🇵 nánbīn gōngyuán
🇰 ナンビンゴンユエン

お年寄りが凧を揚げたり、カップルが夜景を見ていたりと長江沿いの市民の憩いの場。すぐ目の前には中国らしく、金のツインタワー重慶シェラトンが聳える。

📍 重庆市南岸区南滨路南滨公园
📍 重慶市南岸区南濱路南濱公園

重慶遊楽園 B2

🇨 重庆游乐园　🇵 chóngqìng yóulèyuán
🇰 チョンチンヨールーユエン

解放碑側から見ると南岸に観覧車が見えると思う。この観覧車は残念ながら安全上の理由から営業停止になってしまい、ジェットコースターも稼働しているのか不明な、若干廃墟感の漂う遊園地。廃墟マニアにお勧め。

📍 重庆市南岸区江南大道西側
📍 重慶市南岸区江南大道西側

北碚マニア

© 北碚　℗běibèi　Ⓚ ベイベイ

重慶中心部から北西へ嘉陵江をさかのぼる事、約1時間の郊外に広がるのが北碚区。北碚は中華民国を代表する実業家盧作孚が腕を振るった街だ。恐竜マニアもしくは老街マニアにお勧めの街である。

重慶自然博物館　重慶全図

© 重庆自然博物馆　℗chóngqìng zìrán bówùguǎn
Ⓚ チョンチン　ツーラン　ボーウーグアン

地球の歴史や重慶の歴史をその生誕から未来まで様々な角度から学ぶことのできる博物館。ここでは重慶だけでなく、中国で発見された恐竜の化石が惜しげも無く実物大で展示されている。やっぱり中国は展示方法が上手。子供から大人まで幅広い年齢層が楽しめるだろう。建築面積3万㎡展示面積1.6万㎡。

🕐9:00～17:00（月曜閉館）
¥無料
📍重庆市北碚区金华路398号
📍重慶市北碚区金華路398号

北温泉

© 北温泉　℗běiwēnquán　Ⓚ ベイウェンチュエン

重慶における温泉文化発祥の地。中国南北朝時代の西暦423年開山の臨済宗の寺。
高級ホテルチェーンのバンヤンツリー重慶もある。
📍重庆市北碚区渝南路北温泉公园
📍重慶市北碚区渝南路北温泉公園

本物の老街・水土

© 水土　℗shuǐtǔ　Ⓚ シュイトゥ

老街マニアでも少し触れたが、北碚には水土というタイムスリップしたかのような本物の老街が残っている。水土は清朝時代に水土鎮が置かれた後、民国時代に国民党中央警備署が置かれるなど一時は発展。しかし改革開放で取り残されたため、前世紀のままの雰囲気を色濃く残している。古鎮とも異なる近代中国の村に興味がある方には特にお勧めだ。
📍重庆市北碚区九龙正街　　📍重慶市北碚区九竜正街

お土産マニア

花市豌雑面のお土産
重慶で一番と言っても過言ではない小面の花市豌杂面のお土産。もちもちの麺と痺れを自宅でも味わえる。もちろん豌杂面の特色である豆も挽肉もたっぷり入っている。店頭で購入可能。豌杂面と牛肉面の二種類あり。共に店で食べるより高い23元と25元。

好又来酸辣粉
解放碑八一好吃街の名物、好又来もお土産を出してきた。好又来の酸辣粉も重慶で必ず食べるべき名物なので、食べてみて気に入ったらお土産購入だ。こちらも店で食べると8元だがお土産は15元。

味蒸老火鍋の火鍋の素
お勧めの火鍋店・味蒸老火鍋でも火鍋の素が購入可能。こちらは花椒辣椒も入ったセット・火鍋の素だけの2パターンあり。
火鍋の素:45元

狗屎糖
狗屎糖は直訳すると犬の糞飴。ペット散歩の際の糞袋のようなパッケージも良いセンスだ。
中身ももちろん犬の糞そっくりだが、きな粉飴のような味。20元。

火鍋の素
やっぱり重慶といえば火鍋。お土産として外せないのももちろん火鍋の素だ。重慶火鍋について何も知らない人に渡したら絶句、家で作ったら家族が絶句という代物だ。最近は一人鍋用の小分けされたパックもあるので、ばらまき用に購入しても良いだろう。一斤（500g）36元

カップ火鍋
水だけあれば火鍋が食べられるという画期的な商品。レトルトなのに具材の多さにびっくり。その手軽さから数年前から一大ブームを巻き起こし、種類も豊富だ。作り方はイラストで描かれているので、中国語が読めなくても大丈夫。機内持ち込み不可、航空会社によっては預け入れも不可という事もある。

張飛牛肉
重慶のビーフジャーキー。張飛といえば四川な気もするが一応重慶名物でもある。表示されている価格は一斤（500g）量り売り。

花椒・辣椒
重慶料理に欠かせない唐辛子や山椒ももちろんお土産に最適だ。土産物屋では綺麗なパックに入ったものもあるが、市場で実際に香りを確かめて買うのがお勧め。

牛肉絲
牛肉を煮込んで干した後、千切りにし麻辣に漬け込んだもの。小分けになっているのでこちらもばらまき用として使える。

永川秀芽
中国ではお茶を楽しみにしている方もいると思う。重慶にも永川特産の緑茶がある。銘柄としては1963年に開発されたもの。試飲してから購入したい。

小麺
火鍋と並ぶ重慶名物・小麺。人気店ではお土産も置いてあるので、お気に入りの店が見つかったら購入してみよう。お土産屋にもおしゃれなパッケージで売られているものもある。調味料も売られているため麺は日本で調達というのも OK だ。

スマホケース
重慶の各区の名物が描かれたスマホカバー。重慶ラブな女子にお勧め。

香脆椒
唐辛子とピーナッツを揚げたビールに合う一品。重慶人は磁器口では麻花ではなく、この香脆椒を買う。

重慶弁トランプ
重慶弁を習得したい方にお勧め。

辣子鶏
重慶名物の辣子鶏が小分けにパッキングされているためばらまき用におすすめ

重慶
喫煙者へはもちろん重慶タバコがおすすめ。30 元

アニマルバッグ
2480 元（約 4 万円）と非常に高価だが、目立つこと間違いなしだ。

鉄道マニア

重慶市内には気軽に乗れる高速鉄道や列車、時刻表に存在しない列車など個性あふれる列車が走っている。10分〜20分の小旅行に出かけるのもお勧めだ。

公交化動車

🄒 公交化动车　🄟gōngjiāohuà dòngchē
🄚 ゴンジャオフア　ドンチャー

公交というのは市内交通（通常は市営バス）、動車は高速鉄道の事である（中国高速鉄道は動車と高鉄の二種類。動車は在来線を走る特急、高鉄が専用線を走る高速鉄道であり、日本の新幹線に相当する）。動車に限らず中国の列車は通常は都市間を結ぶものであるが、重慶では公交化した動車というものが走っている。それが重慶北〜重慶西の2駅間を結ぶためだけの高速鉄道だ。乗車時間は20分である。重慶北は北京や上海方面、重慶西は広州や昆明方面と目的地により発着駅が異なり、中国の高速鉄道駅は郊外に建設されるため、自宅が重慶北周辺で広州など南方に行く場合は重慶北から重慶西に移動し、重慶西→広州のルートになる。市内交通とは言え、中国国鉄運営のため切符の購入・乗車には身分証が必要。

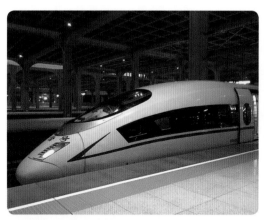

	重庆北站 重慶北駅	重庆西站 重慶西着		重庆西站 重慶西発	重庆北站 重慶北駅
D6142	8:05	8:28	D6141	7:19	7:45
D6152	9:37	10:00	D6151	10:29	10:53
D6154	11:29	11:52	D6153	12:08	12:32
D6156	12:49	13:12	D6155	13:27	13:51
D6158	14:18	14:41	D6157	14:56	15:20
D6160	15:36	15:59	D6159	16:16	16:40
D6162	16:54	17:17	D6143	17:22	17:47
D6164	18:55	19:18	D6161	17:53	18:17
D6166	20:51	21:14	D6163	20:04	20:28
			D6165	21:47	22:11

列車（火车）

10 時間乗ってもまだ重慶

重慶は北海道ほどの大きさがある巨大な市なので、10 時間乗ってもまだ重慶市内という列車も走っている。それが重慶北～秀山の列車だ。ただこの秀山という町には高速鉄道は通っておらず、飛行場も近くに無いため、いったん秀山に行くとなると帰りも列車で帰ってくることになる。最速の列車でも重慶北まで 5 時間半はかかるため、気軽には行けないだろう。

鉄道・長距離バスのチケットの買い方

中国の鉄道は全席指定・個人名記載の切符となる。駅に入場する際に切符と身分証を照合されるので、他人名義の切符では乗車できない。駅の窓口で購入する場合は「日時・乗車駅・降車駅・列車番号・座席の種類」を言えば購入できる。また寝台列車では上段・下段（硬臥の場合は上段・中段・下段）の指定も可能だ。窓口でお目当ての列車を紙に書いてパスポートと共に渡せばモニター上に該当列車が出て来るので、確認後「好（ハオ）」と言えば OK。

緑皮車

◎ 緑皮車

中国では続々と高速鉄道が開通しているため、昔ながらの列車に乗る機会が減ってきているのだが、重慶では緑皮車と呼ばれるエアコン無しのレトロな列車が走っている。九竜坡区に重慶南という小さな駅があり、重慶南～重慶間の 10 分間、緑皮車お試しの鉄道旅を楽しむことが出来るのだ。料金は 2 元である。高速鉄道の重慶北～重慶西はどちらの駅も新しく綺麗だが、この重慶～重慶南はどちらも昔ながらの駅である。重慶南は市内の駅とは思えないほど小さいので是非行ってみて欲しい。現在は 1 日 3 本のみ停車という重慶南駅であるが以前は九竜坡空港であり、重慶談判時毛沢東はここに降り立った（「重慶談判マニア」P105 参照）。さらに是非早いうちに乗っておくべき理由として、重慶駅が高鉄対応するため改修に入るという噂もある。

重慶南 TIPS

この駅から乗車する人はまずいないので他の駅のように改札が無い。また切符売り場も開いていないため、あらかじめ切符を購入しておく必要がある。

重慶（列車番号 5612 次）9:58　→　重慶南 10:08
重慶南（列車番号 5611 次）18:02　→　重慶 18:13
重慶南（列車番号 5630 次）19:05　→　重慶 19:16

重慶北駅南広場 A2

Ⓒ 重庆北站南广场

Ⓟchóngqìngběizhàn nánguǎngchǎng

Ⓚ チョンチンベイジャン　ナングアン
チャン

3 号線・10 号線・環状線に接続。元々
重慶北駅はこの南広場のみであった
が、高速鉄道の増加により北広場が
開業。従来の重慶北駅は重慶北駅南
広場となった。改装工事中で 2021
年春節に再オープン予定。

重慶西駅 C1

Ⓒ 重庆西站　Ⓟchóngqìngxīzhàn

Ⓚ チョンチンシージャン

バスのみ。地下鉄 5 号線・環状線建設中。

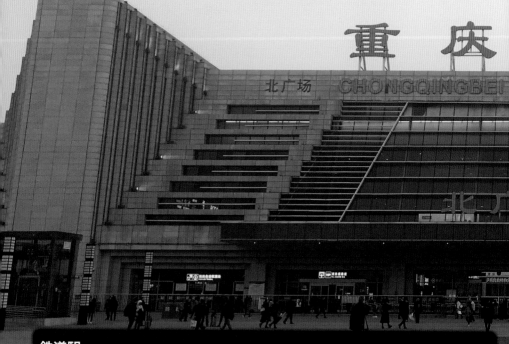

鉄道駅

重慶北駅は北広場と南広場に分かれているため注意が必要だ。地下鉄も重慶北駅北広場・重慶北駅南広場と 2
つの駅があり、日本の南口・北口という気軽なものではなく、別の駅と思って頂きたい。列車は以前からある
南広場発着、高速鉄道は北広場から発着と住み分けられていたが、2019 年 7 月より南広場は改修工事に入っ
ているため、重慶北駅発着の高速鉄道・列車は全て北広場を使用している。

重慶南駅 C2
© 重庆南站 Ⓟchóngqìng nánzhàn
Ⓚ チョンチン　ナンジャン
バスもしくは徒歩のみ。マニア以外に使用用途の無い駅であるが、毛沢東が重慶談判の際に降り立った九竜坡空港を改築して鉄道駅とコンテナターミナルにしたため、当時に想いを馳せたいマニアにはお勧め。

沙坪壩駅 B1
© 沙坪坝站 Ⓟshāpíngbàzhàn
Ⓚ シャーピンバージャン
1号線・環状線に接続。

重慶駅 H5
© 重庆站 - 菜园坝火车站
Ⓟcàiyuánbà huǒchēzhàn
Ⓚ ツァイユエンバー　フォーチャージャン
1号線3号線両路口から階段もしくはエスカレーター。2021年までに高速鉄道の駅に改築することが決定済。

重慶北駅北広場 A2
© 重庆北站北广场 Ⓟchóngqìngběizhàn běiguǎngchǎng
Ⓚ チョンチンベイジャン　ベイグアンチャン
4号線・10号線に接続

交通マニア

重慶北駅北広場バスターミナル A2
🇨 重庆北站北广场汽车站　🅿chóngqìngb izhàn b iguǎngchǎng　qìchēzhàn
🇰 チョンチンベイジャン　ベイグアンチャン　チーチャージャン
場所：重慶北駅北広場横
主な行き先：空港

重慶北駅南広場バスターミナル A2
🇨 重庆北站南广场汽车站　🅿chóngqìngb izhàn nánguǎngchǎng　qìchēzhàn
🇰 チョンチンベイジャン　ナングアンチャン　チーチャージャン
場所：重慶北駅南広場横
主な行き先：大足
一般的に通称の竜頭寺バスターミナル（🇨 龙头寺汽车站　🅿lóngtóusì qìchēzhàn
🇰 ロントウスー　チーチャージャン）で呼ばれる。

四公里旅游集散中心 C3
🇨 四公里旅游集散中心　🅿sìgōnglǐ　lǚyóu　jísǎn　zhōngxīn
🇰 スーゴンリー　リューヨウ　ジョンシン
主な行き先武隆・奥陶纪・釣魚城
場所 3 号線・環状線四公里
重慶周辺の観光地へのバスが多数発着するバスターミナル

重慶ならではの交通手段

朝天門渡し船 D9
🇨 朝天门轮渡　🅿cháotiānmén lúndù
🇰 チャオティエンメン　ルンドゥ
朝天門から江北の大劇院を経由し、弾子石まで 15 分
で結ぶ渡し船。朝天門 7:30 ～ 18:00 まで日中 1 時間
に 1 本出ている。運賃 5 元。

両江游 D9
🇨 两江游　🅿liǎngjiāngyóu　🇰 リャンジャンヨウ
朝天門から昼夜出ている遊覧船。長江と嘉陵江という
重慶を流れる二大河川を 1 時間ほどかけて遊覧する。
数社が運航しており、毎 30 分ほどの間隔で出航して
いるため、現地に着いてからのチケット購入で問題な
い。

バス・地下鉄モノレール　全て交通カードで乗車可能。バスは 1 回 2 元、地下鉄モノレールは距離制となって
いる。交通カード利用時は地下鉄モノレール～バスを乗り継ぐ際に最大 2 元の乗り継ぎ割引が適用される。
タクシー　基本的に遠回りなどのぼったくりは無いが、暴走はよくあるので車酔いする方は注意が必要

両路口皇冠大エスカレーター G5

Ⓒ 两路口皇冠大扶梯　Ⓟliǎnglùkǒu huáng guān dàfútī
Ⓚ リャンルーコウ　フォアングアン　ダーフーティ

1996年、ロシアの技術により两路口ケーブルカーの跡地にアジアで2番目に長いエスカレーター两路口皇冠大扶梯がオープン。アジア最長のエスカレーターは平壌地下鉄にあり、中国で1番長いエスカレーター两路口皇冠大扶梯。中国で1番深い地下鉄駅紅土地、重慶にある2つの中国No.1は共に平壌の後塵を拝している。共産圏の地下鉄は防空壕を兼ねているので地中深くに作られ、エスカレーターも長いのだが、モスクワや平壌などではあくまで地下鉄に乗るためのエスカレーターであり、無料である。しかし两路口皇冠大扶梯はこれだけで単独の公共交通機関として、有料で運用されている。

近年、重慶北駅や重慶西駅の高速鉄道開通によりエスカレーター下部の重慶駅の利用率が著しく低下しているため、エスカレーターも影響を受け、利用者も激減、打開策として長江ロープウェーに続き観光地化を目論んでいる。上の乗り場は两路口駅、下の乗り場は重慶駅からの地下道に繋がっている。￥2元

長江ロープウェー F9

Ⓒ 重庆索道　Ⓟchóngqìng suǒdào
Ⓚ チョンチン　スオダオ

半島である渝中区の先端と対岸の南岸を結ぶロープウェー。2014年までは完全に南岸区民の通勤手段だったが東水門大橋が開通したため、利用者は観光客のみとなった。夕方は夜景を見ようと観光客が殺到し1～2時間待ちとなる。朝7:30～9:00くらいまでは観光客も少ないため30分もかからず乗れる。どうしても夕方に乗りたい場合は南岸側からの方が比較的空いている。以前は反対側嘉陵江にもロープウェーが架かっており、洪崖洞付近と江北を結んでいた。こちらも現存していれば非常に人気のスポットになったと思われるが、残念ながら重慶が観光開発に乗り出す前に廃止された。

凱旋路エレベーター G8

Ⓒ 凯旋路电梯　Ⓟkǎixuánlù diàntī
Ⓚ カイシュエンルー　ディエンティ

都市交通としてのエレベーターはなかなか他都市では見られない光景だ。1元

空港マニア

重慶市内には重慶江北空港（重慶中心部）・万州五橋空港（万州区）・黔江武陵山空港（武陵山）・巫山空港（巫山机場）と4つの空港があり、重慶江北空港〜黔江武陵山空港間、重慶江北空港〜巫山空港間には市内フライトが設定されている。

重慶の航空路線の歴史

1916年、護国運動の鎮圧に来た曹錕を乗せて重慶に初めて飛行機が飛んできた。しかしこの時は着陸出来ず上空からの視察のみであった。その後1929年、雲南軍閥龍雲が創立した雲南商業航空委員会が困窮している雲南の経済を救うべく、四川のアヘン貿易に関わろうと昆明〜重慶・成都線を企図するも、雲南勢が四川経済に入り込むことを恐れた重慶の劉湘、成都の劉文輝は共に拒否。結局、昆明線の開設は1935年まで待つことになる。1931年10月21日、漢口を飛び立った水上機が途中沙市・宜昌・万県を経由、891kmを経て長江上の珊瑚壩水上空港に着陸した。この中国航空による重慶初の商業路線は漢口発水土・重慶発木日と週2便の定期便となる。中国航空公司重慶事務所は1931年、白象街に開設、1938年1月、本社が小什子の川塩銀行に事務所を構える。1941年、珊瑚壩へ移転。重慶事務所は甲級とされ、最大247人が勤務していた。もう一方の欧亜航空も1939年に移転してきており、3月24日重慶〜新疆ハミ線を開設している。漢中・蘭州・涼州・粛州を経由して翌25日ハミへ到着。

> **中国航空公司**
> 中国初の民間航空は1930年7月国民政府交通部と米国航空発展公司による合弁中国航空公司であり、南京→徐州→済南→天津→北平に就航。
>
> **欧亜航空**
> 中華民国は1931年2月ドイツ・ルフトハンザとの合弁欧亜航空も設立しており、上海→南京→済南→北平→西林→満洲里に就航。そもそも新疆経由でベルリンと結ぶ目的で設立されたが、抗戦時期ソ連空軍の援助を受けていた中華民国は、ソ連が西安空港を使用する都合もあり、独ソ関係を考慮し欧亜航空は昆明に移される。そのため西北路線から撤退を余儀なくされ、路線の大半が中国航空と被ってしまう。第二次大戦勃発後は香港乗り入れ禁止、ドイツ人パイロットの飛行制限、ルフトハンザ機の新疆通過拒否などドイツ系である事が裏目に出る。
> 結局1941年のドイツによる汪兆銘政権承認により資産凍結され、1943年には凍結されていた資産が接収され、中央航空運輸公司に再編された。
>
> 臨時首都時代には両航空会社共に重慶に移転し、重慶〜昆明、重慶〜蘭州など大後方の空輸を担う。

空港

1929年の広陽壩空港開設以来、抗日戦争時重慶には珊瑚壩（1933年）・白市駅（1936年）・大中壩（1939年）・九竜坡（1940年）と5つの主要空港が続々と開業。その他、珊瑚壩水上空港・千廝門水上空港（1931年）、臨時の溪壩空港（1933年）、北碚滑空場（1942年）なども建設される。まだ鉄道の開通していなかった重慶にとって、空路及び航路が他省と繋がる重要な交通手段であった。

広陽壩空港

🌐 广阳坝机场　🔊 guǎngyángbà jīchǎng　❌ グアンヤンバージーチャン
国民革命軍第21軍軍長兼四川省主席劉湘はフランスより軍用航空機4機、訓練用飛行機4機、イタリアより2機、英国より4機購入。航空機を購入した劉湘は1929年、広陽壩に四川初の空港を開港する。1931年、第21軍航空司令部及び航空学校が広陽壩空港で成立。1938年2月18日の日本軍最初の重慶爆撃は広陽壩空港に対するものであった。1949年の重慶解放後は川東軍区に接収され、1956年、重慶市体育運動委員会航空倶楽部となる。その後、市体育委員会の訓練基地を経て1958年、農場となる。

白市駅空港
Ⓒ 白市驿机场　Ⓟ báishìyì jīchǎng　Ⓚ バイシーイージーチャン

1926 年、上海龍華空港・1937 年、昆明巫家壩空港に続き 1937 年 12 月 4 日、中国で 3 番目、四川で初の国際線となる香港線就航。中国航空公司による重慶〜桂林〜広州〜香港であった。二大航空の一方、欧亜航空は 1938 年 2 月ヤンゴン線の試飛行を経て、3 月フランス領インドシナ・ハノイ線に就航。1939 年 12 月には新疆で中ソ合弁の中ソ航空公司がハミ・アルマトゥイ線を開設したことにより、重慶 - (欧亜航空) - ハミ - (中ソ航空) - アルマトゥイ - (アエロフロート航空) - モスクワの接続が実現。5 日間でモスクワに到達できるようになった。この欧亜航空は中国で始めてキャビンアテンダントを公募しており、応募資格は年齢 20-25 歳、容姿端麗、身長 150-170cm、体重 40-59kg、中国語・広東語・英語能力であった。1938 年 1 月、6 名のキャビンアテンダントが誕生した。さて白市駅空港、抗日戦争後の国共内戦に敗れた蒋介石は 1949 年 11 月 29 日、白市駅空港から成都経由で台湾に脱出した。中華人民共和国成立後は軍民併用の空港となり、1990 年の江北空港開港まで重慶の窓口となる。江北空港開港後は軍用基地となり、現在も人民解放軍空軍 33 駐屯地となっている。

珊瑚壩空港 H6
Ⓒ 珊瑚坝机场　Ⓟ shānhúbà jīchǎng
Ⓚ シャンフーバージーチャン

1933 年 6 月 1 日に中国航空公司が重慶〜成都便を開設した際に広陽壩空港は遠過ぎ、また水上空港は不安定という理由により、長江中洲の珊瑚壩に長さ 750m 幅 45 の滑走路が建設期間 50 日という突貫工事で建設された。重慶初の商業空港となるが 1937 年以後は軍用空港として使用される。1942 年、米国ボランティア部隊飛虎隊は珊瑚壩空港に着陸している。長江の水位の影響で枯水時にしか使用できない季節性の空港であり、1950 年の長江増水時に完全に閉鎖、白市駅空港に集約された。

九竜坡空港 C2
Ⓒ 九龙坡机场　Ⓟ jiǔlóngpō jīchǎng　Ⓚ ジョウロンポージーチャン

現在の重慶南駅にあった空港。基本的には要人専用とされていたが、珊瑚壩空港が浸水時には九竜坡空港に着陸していた。1945 年重慶談判に来た毛沢東はこの九竜坡空港に着陸。1950 年に使用停止され、九竜坡駅（現重慶南駅）となる。

大中壩空港
Ⓒ 大中坝机场　Ⓟ dàzhōngbà jīchǎng　Ⓚ: ダーヂョンバージーチャン

大中壩空港も長江上の小島に建設された空港。空軍のために建設されるも抗日戦勝利後あっさり放棄され、重慶解放後、1957 年農場となる。

重慶江北国際空港 重慶全図

Ⓒ 重庆江北国际机场　Ⓟ chóngqìng jiāngbi guójì jīchǎng　Ⓚ チョンチン　ジャンベイ　グオジー　ジーチャン

1990 年開港。開港時の主要乗員は政府高官であり、目的地も北京・上海・広州などに限定、しかも毎日運航されていたわけではなかった。1992 年頃から一般の乗客が増え始め 1995 年に対外開放、1997 年には重慶中旅集団による初の国際線バンコク行きチャーター便が開通する。一人当たり GDP が 76641 円（5253 元）の時代のことである。当時の日本の一人当たり GDP は 423 万円なのでなんと 55 倍もの差があったのだ。霧の都から 1 番近い南国タイは今でも重慶人の人気旅行先となっており、初海外がバンコクという重慶人も多い。2007 年 6 月 16 日、地元の重慶航空が初就航。2011 年カタール航空により初の長距離国際線ドーハ線が開通。これにより国際線は 12 地区となった。2012 年、フィンエアーにより初の大陸横断線ヘルシンキ線が開通。フィンエアーは北京・上海・香港に次ぐ中国 4 箇所目の就航地として重慶を選択している。ドーハといいヘルシンキといいなかなかマニアックである。江北国際空港は重慶のメイン空港であり、年間 4000 万人が利用する中国八大区域ハブ空港の 1 つである。2040 年までに 7000 万人の利用を目指して拡張を続けている。また空港ランキング上位常連のシンガポール・チャンギ空港と友好合作協定を結び、空港運営のノウハウを得ている。国内 107 都市、ニューヨーク・ロンドン・パリなど国外 27 か国 62 都市に就航。また、市内交通として 300km 離れた黔江武陵山へも飛ばしている。2016 年、天津航空が初の西欧便が重慶〜ロンドンを開通。2017 年、海南航空がニューヨーク便・ロサンゼルス便を開通。

2017 年、江北空港第三ターミナルがオープン
日本からの国際線含めほとんどの航空会社がこのターミナルを利用する。非常に綺麗な空港であるが、だだっ広いというイメージは拭いきれない。

職員食堂

重慶の空港なのでもちろん火鍋（といっても既に煮られているものだが）や小面など重慶料理を楽しめる。そして中央政府が中国全土の空港でのレストラン料金の高さを問題視し、指導が入っているためぼったくり料金という事はない。重慶江北空港では職員用食堂も開放されているため、敢えてトライするのも一興だろう。空港という華やかな場所で働く人々の裏の一面が見られるという点で貴重である。もっとも特別に美味いわけではないし、出て来る食事も地味なので重慶最後の食事を楽しむには不向きな食堂であるが。文字通りレストランと食堂という差を実感させられてしまう。出発ロビーには火鍋などが 3J 付近、小面が 3B、もう重慶飯は嫌だという場合は KFC が 3A にある。行き方 2 階の国内線到着ロビーを出ると「餐厅」の看板が見える。

これは重慶名物。中国でイエローキャブなのは重慶だけ。

アクセス

【地下鉄・軌道】
10 号線利用で解放碑まで 50 分・3 号線利用で 1 時間半
第三ターミナル・地下鉄 10 号線
第二ターミナル・軌道 3 号線・地下鉄 10 号線
スムーズに市内に入るなら 10 号線で「紅土地」まで行き、6 号線に乗り換え「小什子」下車徒歩 10 分で解放碑。
乗り換え回数が多いが、解放碑最寄り駅「臨江門」に行くなら 10 号線で「重慶北駅南広場」まで行き、3 号線に乗り換え「牛角沱」で 2 号線に乗り換え「臨江門」下車徒歩 3 分で解放碑。

【空港バス】
解放碑・観音橋・南坪・重慶北駅北広場など。15 元。
重慶西駅のみ 20 元
解放碑発 5:30 〜 21:00
空港発 8:30 〜最終便到着 30 分後
所要時間 1 時間半〜 2 時間

【タクシー】
解放碑まで通常時 40 分・夕方のラッシュ時は 1 時間。60 〜 70 元。重慶のタクシーは黄色で統一されていて、空港に並ぶタクシーはなかなか壮観である。駅ではこれほどまで並ぶことはないため、タクシー以外の手段で市内に入る場合も是非見に行って欲しい。黄色の基本カラーは維持されるがスズキが重慶から撤退したため、今後は韓国ヒュンダイ車へと切り替わっていく。

重慶 TIPS
空港到着後市内に入らず世界遺産大足・武隆に行く方法
【大足】空港バス 9:50、 11:30、 13:10、 15:10、 16:40、 18:00、 19:30
【武隆】列車かバスとなる。
列車空港バスもしくは地下鉄 10 号線で重慶北駅北広場。北広場から 14:50、 19:01、 19:49
バス空港バス K05 路で四公里バスターミナル。四公里バスターミナルより武隆行き最終バス 19:40

重慶弁マニア

日本の23倍もの面積がある中国では多くの言語が話されていて、代表的な言語として北方語、広東語、江浙語、福建語、湖南語、江西語、客家語の7つが挙げられる。北方語は官話とも言われ、現在の標準中国語・普通話の基礎となるが、この官話はさらに華北東北・西北・西南・江淮の4つに分かれる。重慶弁は四川・雲南・貴州弁と共に約2億人が話す最大の方言・西南官話に属している。官話に属しているため広東語のようにそもそも別言語ということはなく、主に発音や単語の違いとなる。まずは肯定のヤオデイ（要得）、否定のメイデイ（没得）、分からないのブーサオデイ（不暁得）の3つを覚えれば十分だろう。語尾についている「デイ」は「てやんでえ」の「でえ」のような語気である。最もよく耳にすると思われる没得？（メイデイ？）は普通語の了吗？　了没有？「○○した？」の意味であり、普通語の你吃饭了吗？（Ⓟnǐ chīfàn le ma Ⓚニーチーファンラマ）は重慶弁だと你吃饭没得？（Ⓟnì cí fàn mēi dèi Ⓚニーツーファンメイデイ）となる。また理由は不明だが、重慶ではカタカナ中国語でも理解してもらえる事が多いので、渡航前にせっかく練習したのに全く通じなかったという事はないだろう。

日本語	普通語	重慶弁
OK（1）	好的 Ⓟhǎode　Ⓚハオダ	要得 Ⓟyáo déi　Ⓚヤオデイ
OK（2）	可以 Ⓟkě yǐ　Ⓚクーイー	可以 Ⓟkuǒyǐ　Ⓚクオイー
タクシー	出租车 Ⓟchūzūchē　Ⓚチューズーチャー	出租车出租车 Ⓟcūzūcē　Ⓚツーズーツェ
ワンタン	混沌 Ⓟhùndùn　Ⓚフンドゥン	抄手 Ⓟcāosōuer　Ⓚチャオショウ
粥	粥 Ⓟzhōu　Ⓚジョウ	稀饭 Ⓟxīfàn　Ⓚシーファン
いくら？	多少钱？ Ⓟduōshǎoqián Ⓚドゥオシャオチェン	好多钱？ Ⓟhǎoduōqián Ⓚハオドゥオチェン
おばさんの店員	服务员 Ⓟfúwùyuán　Ⓚフーウーユエン	孃孃 Ⓟniāngniang　Ⓚニャンニャーン
美女ウォッチング	看美女 Ⓟkànm ǐnǚ　Ⓚカンメイニュー	打望 Ⓟdǎwàng　Ⓚダーワン
可愛い	好可爱 Ⓟhǎokě ài　Ⓚハオクーアイ	好乖 Ⓟhǎoguāi　Ⓚハオグアイ
分からない	我不知道 Ⓟwǒ bùzhīdào Ⓚウォーブーチータオ	我不晓得 Ⓟwǒ bú xiǎo déi Ⓚウォーブーサオデイ
ここ	这里 Ⓟzhèlǐ　Ⓚジャーリー	勒里 Ⓟlèli　Ⓚレイレー
どう？	怎么？ Ⓟzěnme　Ⓚゼンマ？	啷个？ Ⓟlàngge　Ⓚランガ？
このように	这样 Ⓟzhèyàng　Ⓚジャーヤン	楞个 Ⓟlèngge　Ⓚランガ
肝心な時に逃げる （爽快さを好む重慶でこれをやると嫌われる）	临阵脱逃 Ⓟlínzhèn tuōtáo Ⓚリンジェン　トゥオタオ	闪骰子 Ⓟsǎnsézi　Ⓚサンセーズ

棒棒マニア

　重慶では棒を担いだ男達を一度は目にするだろう。彼らこそが重慶の侍・棒棒である。人によっては重慶で一番印象に残るのがこの棒棒かもしれない。車が入れない細い道が多く、またエレベーターの無いタワー団地が数多く存在するなど、なにかと人の手が必要なシーンが多く存在する重慶。そこで天秤棒のように荷物を左右に担ぐ荷物持ち「山城棒棒軍（棒棒）」という職業が存在する。棒棒は重慶開港時から既に存在していたとされるが、抗日戦争時に大量の軍事物資を陸揚げする必要から大きな棒棒ブームが起きた。

　その後 80 年代後半〜 90 年代初期に最盛期を迎え、数 10 万人の棒棒がいたとされる。周辺農村部から出てきた人が棒 1 本で勝負できる職業であるが近年交通が発達し、また第三次産業が発展してきたこともあり、新規で若者が棒棒になることは少なくなったため、棒棒の平均年齢は高齢化してきている。90 年代初期に数 10 万人いた棒棒も 2018 年には 5 万人にまで減ってしまい、重慶の主城区以外ではほぼ見ることは無くなってしまった。

　そんな棒棒の減少を象徴するかのような映画『最后的棒棒（最後の棒棒）』が 2018 年上映された。今後数年でさらに先細る事が確実な職業ではあるが、市内のすべての場所が再開発されるわけではなく、今後も細い道は残り階段のみの住居も多数あるため、重慶にはまだまだ必要な職業であることは間違いない。

　基本的に夏は上半身裸で「ライライライ！　来来来」と叫びながら運ぶ。裸に木の棒が食い込むと痛いと思うのだがなぜ上半身裸なのかは不明だ。重慶の街の至る所で目撃するが、彼らが特に多い地域が小什字〜朝天門にかけてのエリアである。この辺りは船で運ばれてきた物資を重慶市内及び近隣四川省・貴州省へ運ぶ運送業の倉庫や衣類の問屋が多いため、問屋で買った衣服を地下鉄駅まで運ぶという需要もある。更に三峡クルーズなどで朝天門に到着した観光客も船を降りたらいきなり階段であるため、棒棒を利用することがある。スーツケース 1 個なら 10 〜 20 元程度で運んでくれる。

重慶スタイルマニア

中国男はなぜ上半身裸なのか

日本では男性は家ではTシャツにパンツ（トランクスやボクサーブリーフ）という「上は着るけど下は履かない」というスタイルの方もいると思うが、中国男性の場合は逆で「上は着ないで下は履く」というのが一般的なのだ。そのため、中国の緩さも手伝ってそのまま街に出てしまうというのが理由の一つだ。なんせ中国では布団を道端に干したり、パジャマのまま近所を歩くのは至極一般的だったが、北京オリンピックや上海万博の際に当地の市政府により禁止された。そのような歴史的経緯があるため、男性も普段着のまま外に出てしまうのだろう。確かに外出時のことを考えると、下を履かないより上を脱いでいる方が抵抗は少なそうだ。

バンブーベイビー

これは重慶ならではのスタイルだろう。階段の昇り降りが日常的に発生するため、おんぶが一般的だ。よく見ると赤ちゃんが立つのに疲れたら座る事が出来るように椅子仕様になっているのが素晴らしい。このようなスタイルはもしかしたら他地域でも農村に行けば見かけるのかもしれないが、重慶では都心部でも目撃する。重慶は直轄市ではあるが田舎の大都会なのだ。もちろんベビーカーを利用している親子も見かけるが、個人的には重慶には竹籠スタイルの方が親子共に楽だと思う。

ビニールハット

これも重慶ならではのスタイルと言えるだろう。重慶は霧の都である。そして大雨が降る事は少ないが比較的短時間でやむ小雨は多い。そこで考え出された重慶人民の知恵がこちらだ。ポリの袋を利用した雨具である。なんと防寒対策にもなるらしい。これを再利用して商品を入れるのかどうかまでは不明。ちなみに雨がばらつきだすと、どこからともなく傘売りが現れる。中国人は商魂たくましいというか、困っている人はお金を払うという商売の原則通りに動いてくれるので、非常に便利でありがたい。

この本で取り上げる以上は現在重慶で見られるスタイルであるが、若い世代はこのようなスタイルを好まない事も事実だ。そのためあと何年このようなスタイルが見られるかは不明である。見られる内に見ておいた方がいいだろう。

ラーメン屋の店主。裸エプロンだ。

子供に良い影響があるのか悪影響なのかは不明だが、親にとっては確実にベビーカーより楽である。

商売人なら誰もが持っているポリ袋を利用した雨具。一枚取って被るだけという即効性が好まれている。

エロマニア

中国では AV・エロ本の類は出版不可、売春も違法である。性表現が禁止されているが故か、中国人の不倫率は世界一という調査もあるほどのむっつりエロ大国だ。では重慶の性事情を垣間見てみよう。

華生園金色ケーキ夢幻王国 重慶全図

Ⓒ 华生园金色蛋糕梦幻王国
Ⓟhuáshēngyuán　jīnsè dàngāo mènghuàn wángguó
Ⓚ フォアシェンユエン　ジンスー　ダンガオ　メンホワン　ワングオ

華生園という重慶の食品・レストラン・旅行を扱う企業が 1 億 5200 万元を費やして作った結婚式場 3 箇所、1000 人収容可能な宴会場などからなるテーマパークで、国家級 AAA 旅遊風景区、かつ国家級小中学生素養育成基地に指定されている。実際に市内の 30000 名以上の小中学生が訪れ、工場見学やケーキ作り等を体験している。園内の社史紹介によると運営企業の華生園は清代に創業し、途中文化大革命で停止に追い込まれながらも 1983 年に改革開放政策に乗り、復活した 100 年以上の歴史を持つ企業だ。ところが国家級素養育成基地とは思えない動物の奇行の数々。重慶では小中学校からこのような性教育があるのだろうか。

🕘9:00 ～ 17:00　¥20 元

コンドーム配給機

観音橋にはコンドーム配給機が設置されていて、18歳〜70歳までの重慶人は身分証をタッチすれば週に1回配給を受けることが出来る。1箱に6袋入っているので週1回の配給は妥当だろう。一人っ子政策が実施されていたこともあり、中国は避妊具には非常に好意的だ。資本主義国民である我々日本人は政府行政機関から常時配給を受けることは無いので、共産主義とはこのようなものかと実感できる。

自販機

中国ではエログッズの販売も盛んだ。ここでも日本のAVの影響が見られる。AVなど実写は不許可だがアダルトグッズはOKなのだ。もちろんWeChatPayなどの電子マネーも使用可能なのだが、履歴を管理されていることを考えると現金で購入したいところである。

ラブホマニア

あまり知られていないが中国はラブホテルの宝庫である。派手好きの国民性もあり、中国のラブホテルはゴージャス・豪華。お部屋に巨大なお風呂どーん、ベッドどーんと派手！　とにかく派手！　バブルを知らない若い世代には新鮮に、そしてバブルを知っている世代には懐かしく思えるだろう。日本のラブホと異なる点として、通常のホテルと同じく宿泊登記が必要なため、お忍びでという訳には行かず、フロントも若い女性の事が多く、淡々と手続きが進められるため、逆に一人でも宿泊できるというメリットも。また、窓がある部屋が多いのも好感できるポイントである。通常中国の宿泊施設ではシャワーのみの事が多いが、山歩きを余儀なくされる重慶で疲れを癒すために湯船に浸かりたいとなれば、ラブホ一択だ。

ラブホテルの見分け方

あまり知られていないが中国はラブホテルの宝庫である。派手好きの国民性もあり、中国のラブホテルはゴージャス・豪華。お部屋に巨大なお風呂どーん、ベッドどーんと派手！　とにかく派手！　バブルを知らない若い世代には新鮮に、そしてバブルを知っている世代には懐かしく思えるだろう。日本のラブホと異なる点として、通常のホテルと同じく宿泊登記が必要なため、お忍びでという訳には行かず、フロントも若い女性の事が多く、淡々と手続きが進められるため、逆に一人でも宿泊できるというメリットも。また、窓がある部屋が多いのも好感できるポイントである。通常中国の宿泊施設ではシャワーのみの事が多いが、山歩きを余儀なくされる重慶で疲れを癒すために湯船に浸かりたいとなれば、ラブホ一択だ。

ラブホテルの見分け方

ホテル名が〇〇情侶酒店と書かれていたらラブホテルだ。また「情」や「誘惑」といった字が使われていたらラブホテルの可能性が高いので、部屋をチェックしよう。その他のパターンとしては「主題酒店」というのもあり、こちらはテーマ型ホテルなので一概にラブホテルとは言えないが、面白い部屋が見つかる事もあるので、チェックすることをお勧めする。

予約方法

インターネットやアプリで予約、もしくは当日飛込でも宿泊可能。インターネットやアプリの場合、写真と完全に一致する部屋を予約することは困難だが、値引きされている事も多く、また部屋を確実に抑えられるという利点がある。一方、現地で飛込の場合、部屋を見て決めることが出来るという最大の利点がある。クラブ街である九街の九街高層（九街高層）は一棟のタワーマンションに数軒（うち外国人宿泊可能なのは3軒）のラブホが入っているため、中国の祝祭日でもない限り、満室で泊まれないという事は無い。クラブも集中しているので、重慶のナイトライフを楽しみたい方には九街のラブホも良い選択肢だろう。中国の旅行アプリでは外国人不可となっていても、実際に行ってみると宿泊可能なこともあるため、予定を立てる際にお気に入りのラブホが見つかったらトライしてみるものありだ。以下のホテルにもアプリ上では外国人宿泊不可となっているものも含まれるが、全て外国人宿泊可能だ。

予算

200元〜300元程度あれば湯舟付きの部屋に宿泊できる。祝前日は100元程度値上がることもあり。

九街ラブホタワー・九街高屋 A2

1314 主題酒店　🌐1314 主題酒店
重慶に数店舗あるラブホチェーン。チェーン店は比較的外国人の対応にも慣れているため、安心して利用できる。
📍 重庆市江北区北城天街 46 号九街高屋 A 栋 7 楼　📍 重慶市江北区北城天街 46 号九街高屋 A 棟 7 階

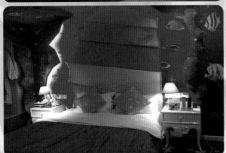

712 号室・金魚公主
この部屋は入室と同時に湯舟が広がるという大胆な部屋である。どちらかというと「金魚」よりも「船長」と名付けた方がよさそうだ。

721 号室・黒白旋律
白黒のモノトーンで統一された室内。派手さは無いが湯舟の大きさは目を見張るものがある。

奇幻度仮屋（重慶観音橋九街店）
こちらは 1314 酒店の中でも各部屋のテーマがよりはっきりしているラブホ。
📍 重庆市江北区北城天街 46 号九街高屋 A 栋 22 楼　📍 重慶市江北区北城天街 46 号九街高屋 A 棟 22 階

2111 号室・熱帯雨林
部屋のテーマ通りジャングルを意識した作りとなっている。

2212 号室・狂野之城
特徴としては電動ベッドがあげられるだろう。

重慶 Fate・設計師酒店　●重庆 Fate·设计师酒店 　F8

嘉陵江沿いにあり、夜景の見える部屋もあるため、宿泊
する際はリバービューの部屋をお勧めする。

- ♥ 重庆市渝中区嘉滨路 112 号高盛创富中心 B 栋 18 层
- ♥ 重庆市渝中区嘉濱路 112 号高盛創富中心 B 棟 18 階

1806 号室・东南亚风情

重慶人の思い描く東南アジアスタイルはどんなものだ
ろうと興味津々であったが、青空を意識した部屋で
あった。こちらもリバービューの湯舟がある。余談で
あるが重慶からは東京よりタイ・バンコクの方が近い。

1808 号室・圣诞月夜

直訳するとクリスマスの月夜という部屋であるが、湯
船に浸かりながら見る嘉陵江の夜景はクリスマスでな
くとも格別だ。

重庆时光码头江景酒店解放碑大溪沟店 E6

こちらはラブホテルではなくきちんとしたホテルなのだが、開放的なカップル・モノレールマニア・河川マニア・夜景マニアと全方位のマニアに対応できそうなホテルだ。

📍 重庆市渝中区大溪沟 73 号聚金大厦北门
📍 重慶市渝中区大溪溝 73 号聚金大厦北門

芸能マニア

TFBOYS

日本のジャニーズ Jr. のように練習生・TF FAMILY からアイドルを目指す形となっていて、2013 年中国初の国産少年アイドルとして TFBOYS が結成された。幼年期 TF FAMILY 時代はあまり人気が無かったが、成長しイケメンになり、今や中国の国民的アイドルグループとなった。メンバー 3 名の内 2 名が重慶出身で王俊凱（ワン・ジュンカイ）は 1999 年 9 月 21 日生まれの重慶市第八中学校出身、王源（ワン・ユエン）は 2000 年 11 月 8 日生まれで重慶南開中学出身。もう 1 人の易烊千璽（イーヤン・チエンシー）は 2000 年 11 月 28 日生まれの湖南省出身。2017 年には来日している。代表作はシングル『青春修炼手册』・テレビドラマ『我们的少年时代』など。

© 从你的全世界路过官方微博

从你的全世界路过

君のいる世界から僕は歩き出す・I belonged to you
当初、南京での撮影を予定していたが、重慶が誘致に成功、2016 年上映。イギリスやカナダなどでも上映され、2017 年に東京／沖縄・中国映画週間で日本でも上映された。3 組の男女が織りなすラブコメディー。火鍋・小面などの重慶グルメから、坂道、天空橋などこれでもかといわんばかりに重慶らしさを前面に押し出している。重慶の宣伝映画と言われるのも納得だ。

© 我是江小白官方微博

我是江小白

こちらは宣伝アニメと公言している作品。重慶の様々な聖地が描かれている。この手法は日本でアニメの聖地巡礼が一部流行していることから、インスピレーションを得たようだ。アニメはソフトなタッチで描かれているのだが、江小白は重慶の白酒で 40 度以上ある辛みの強い白酒だ。

火锅英雄

防空壕を利用した火鍋店を開業した主人公。店を拡大しようと防空壕を掘り進んだら銀行の金庫に通じてしまうというトンデモストーリー。全編重慶弁。

少年的你

TFBOYS の易烊千璽が主演、重慶を舞台にして撮られた。ひょんなことから不良少年と優等生女子が知り合い共に成長していくという典型的な青春映画。2019 年上映。

サイコロマニア

吹牛

© 吹牛　℗ chuīniú　Ⓚ チュイニュー

重慶に限らず中国の飲み屋ではゲームがよく行われる。じゃんけんのようなゲームからトランプまで数種類のゲームがあるが、中でもよく行われるのがダウトのようなサイコロゲーム・吹牛。クラブでもカラオケでもお酒がある所ではどこでもサイコロが用意されているから、目にしたことがあるかもしれない。1度覚えてしまえば中国全土で遊ぶことが出来るから、この機会に是非覚えて中国人との飲みを楽しんでほしい。

吹牛（chuiniu）ルール
全員のサイコロの目の数が申告した数より多ければセーフ。少なければアウト。という中華版ダウトゲーム。

サイコロ
これは2人分。1人1カップ。

人数
2人以上何人でも可

やり方
① 1人1人に5つのサイコロが入ったカップが配られる。カップの中でサイコロを振る。各自自分のサイコロの目は見ることができるが、他の人に見せたらダメ。気に入る目の組み合わせが出るまで何度振ってもOK。
② 親から順番に「4が5個」などカウントアップ。次の人は「4が6個」など前の人より多い数を言っていく。前の人より数が上回っていればいいので前の人が「4が5個」の場合「4が6個→個数が上回っている」「5が5個→数字が上回っている」のどちらかが可能。
③ どんどん個数が増えていき「5が11個」などになり、全員のサイコロの数を合計しても5は11個も無いだろう、嘘つきだなと思ったら「開（kai）」と宣言し、全員がカップを開ける。
④ 全員のカップを開けて5の目の数を数えてもし5が11個以上あれば「開」と宣言した人が負け。11個無かったら「5が11個」と宣言した人の負け。
⑤ 負けたらグラス一気飲み。
⑥ 負けた人が次の回の親となってゲームは続く。

注意点
① 「3が11個」は「11 个（ge）3」と中国語では日本語と語順が逆になるので日本語中国語混同でやると訳が分からなくなる。
② サイコロが1 2 3 4 6 など全てバラバラの場合は振り直し。
③ 人数+1以上の数以上から開始。3人なら4以上の数字から、4人なら5以上の数字から。「5が4個」など
④ サイコロの目1はジョーカー。1は何の数字にもなる。ただし親が「1が〇個」のように1の数を指定してきた場合、この回では1は1のままで他の数字に変化することはない。

地方差
男女ともに参加することが多く、広州や上海などでは女性が負けた場合「一口で良いよ」とかほんわかした雰囲気だが、ここは重慶、性格の強い重慶女性はスカッと一気飲みする。

重慶の日式カラオケ・クラブ
日式というのは日本語を話せる重慶美女がいる飲み屋。ママを口説くのもよし、重慶美女について相談するもよし、吹牛を試してみるもよし、地元の人ならではの裏話を聞いてみて欲しい。カラオケ・クラブというと男性が行くお店だと思いがちだけど、どのお店も女性でも大歓迎だ。

絶叫マニア

夢幻奥陶紀 重慶全図

Ⓒ 梦幻奥陶纪　Ⓟ mènghuàn àotáojì　Ⓚ モンフォアン　アオタオジー

重慶市中心部から約 120 キロの綦江区にある、スリルと絶叫を前面に押し出したテーマパークが夢幻奥陶纪だ。本来は地質公園のため所々に約 5 億年前の地質が見ることができるが、正直スリルでそれどころではないだろう。奥陶纪はオルドビス紀、4 億 8830 万年前から 4 億 4370 万年前までのオウムガイや三葉虫などの時代である。

四公里バスターミナル（重庆四公里旅游集散中心）より直通バス。四公里 8:40 発、現地発 17:00。バスチケットの購入にパスポートが必要。

ギネスブック公認！
究極のスリル体験

世　界　第　一

高空漫歩
Ⓒ 高空漫步　Ⓟ gāokōng　mànbù
Ⓚ ガオコン　マンブー

10cm 間隔で配置された金属製の棒で出来た橋を渡るというアトラクション。隣にある歩歩惊心・極限飛躍と並んで配置されているが、徐々に難易度が上がっていく。進むも引くも己次第だが、この高空漫歩が一番手頃だ。

歩歩惊心
Ⓒ 步步惊心　Ⓟ bùbù　jīngxīn
Ⓚ ブーブー　ジンシン

30m 間隔に置かれた板の上を渡る。崖下までの高さは 150m を超えるため、下を見ると足がすくみ、動けなくなることも。

懸崖秋千
C 悬崖秋千　**P** xuányá qiūqiān
K シュアンヤー　チーチュエン
これは崖っぷちでのブランコだ。最初に地面から90度引き上げられ、一時停止後、一気に大空に羽ばたくことになる。ブランコの軸の長さは21m・18m〜4mまで幅広く用意されているため、好みの長さに挑戦しよう。アルプスの少女もびっくりだ。

天空悬廊

天空懸廊
C 天空悬廊　**P** tiānkōng xuánláng
K ティエンコン　シュアンラン
ギネス公認、崖から70mせり出している片張りの吊り橋。雨天は床が滑り恐怖度が増す。

極限飛躍
C 极限飞跃　**P** jíxiàn fēiyuè
K ジーシエン　フェイユエ
こちらは歩歩惊心よりも更に間隔を広くしたもの。0.8m〜1.5m間隔で置かれた板の上を渡る（公式アカウントでは2.5mとなっているが筆者の見た感じでは1.5mの誤り。そもそも2.5mだと落ちる人が続出すると思われる）。1.5mともなると必然的にジャンプで渡らなくてはいけないので、歩歩惊心よりもはるかに恐怖を感じる。

民国街マニア

一般的に民国街と呼ばれているが、元々は
映画の撮影のために35万㎡の敷地に中華
民国時代の重慶を再現した街で、正式名称
は両江国際影視城という。

両江国際影視城

ⓒ 両江国际影视城　**ⓟ** liǎngjiāng guójì yǐngshìchéng　**Ⓚ** リャンジャン　グオジー　インシーチャン

2012年に映画『一九四二』の撮影のために建設され、その後も『兄弟兄弟』『大陸小島』『記得少年那首歌』『風雨楊開慧』『傻儿伝奇』『重慶談判』『カイロ宣言』など多くの映画が撮影されている。重慶の日光江戸村や京都太秦村と思っていただければ分かりやすいと思う。朝天門や重慶抗戦勝利記念碑（現解放碑）まで再現されていて、民国時代のコスプレをして写真撮影ができる。中国でのコスプレ撮影は恥ずかしがらず真剣に撮ることが求められる。実際に撮影時に使われたセットがそのまま残っており、コスプレ撮影することが出来るため、満足度は高いだろう。コスプレ目的以外ではあえて来る必要はないが、観光客もあまり多くないので市内の混雑に疲れてしまった時などに重宝する。

一九四二

映画『一九四二』は1942年日中戦争の最中、河南省で300万人が餓死し、1000万人が難民となった大飢饉の際に、日本軍が難民に食料を与えていたという実話に基づく馮小剛（フォンシャオガン）監督の映画。ただ映画では敵国日本による食糧供給が主題ではなく、国民党の無策・腐敗により苦しむ民衆を描いている。国民党軍の「この戦時下に軍人が死ねばそこは日本になる。しかし民衆が死んでもそこはまだ中国である」という発言は当時の国民党軍の圧政を示すものとして中国では有名。300万人という数字は日中戦争で死亡した中国軍とほぼ同数である。

スポット情報

📍 重庆市渝北区龙兴镇民生路　📍 重慶市渝北区竜興鎮民生路

3号線「双龙」下車、「绿梦广场」より980路バスに1時間弱乗車「龙兴影视城」下車

大足石刻マニア

1999年、重慶で初めて世界遺産となった大足石刻は、重慶の中心部から西へ100kmに位置し、唐代650年から宋代1252年にかけて彫られた石刻群。大足石刻が最盛期を迎えたのは892年～965年、1078年～1252年の2回でこの期間で全体の80%以上を占める。中国へは3世紀にインドから石窟美術が伝わり、4～5世紀の雲崗石窟（山西省）はインドの影響を色濃く残し、6～9世紀の龍門石窟（河南省）はインド中国文化の融合、9～13世紀の大足石刻は中国化が鮮明に出ているとされている。仏教と道教、儒教の三教が融合し、庶民にも分かりやすいようにと生活感を出すなど俗っぽさがあるため、仏教に興味が無くても楽しめるのが大足石刻の特徴である。大足石刻の世界遺産は宝頂山、北山、南山、石門山、石篆山の五山からなり、中でも宝頂山石刻が中核となり、重慶からのツアーでは宝頂山石刻と北山石刻を訪れることが多い。両方訪れる場合は観無量寿仏経変相や千手観音など、双方にある仏像を見比べてみると面白いかもしれない。スケールの宝頂山、繊細さの北山といったところだろうか。

北山石刻 重慶全図
Ⓒ 北山石刻　Ⓟ běishān shíkè　Ⓚ ベイシャン　シークー

北山は宝頂山より古く唐代末期892年から宋代1162年まで270年の年月を費やされて彫られたが、大足の街から比較的近いため、文化大革命時に破壊対象となり、破損が激しい。北山石刻は300年に渡り掘られ続けたため、時代背景と共に中国仏教の変遷の様子が垣間見える。宗派としては1/2は密教が占め、残りは三段教や浄土宗などからなり、年代としては10世紀の物(孔雀明王や水月観音など)が1/3以上を占めている。また北山石刻のもう一つの特徴として、平穏を願う民間の人々のお布施により彫られたという点が挙げられる。

観無量寿仏経変相
中央が阿弥陀如来、極楽浄土が彫られている。北山の観無量寿仏経変相は9世紀末、宝頂山12世紀にそれぞれ作成されており、見比べてみるもの面白い。

孔雀明王
あらゆる明王が憤怒の表情の中、唯一慈悲の表情を浮かべるのが孔雀明王。貪りの心、怒りの心、愚痴の心を除くと言われる。

宝頂山石刻 重慶全図

Ｇ 宝頂山石刻　**Ｐ** bǎodǐngshān shíkē　**Ｋ** バオディンシャン　シークー

宋代 1174 年から 70 余年の年月をかけて大足の僧侶、趙智鳳により開山した密教道場で大足石刻の中核。大佛湾を中心に小佛湾・傾塔など 13 箇所から構成される。元・明の時代に戦禍を被ったが、明・清代に二度再建された。現存する山門・天王殿・大雄殿などは清代に再建された物。

大足への行き方＝大足は高速鉄道の駅が中心部から 30km 離れているのでバスで行くのが無難。重慶北駅南広場バスターミナル（龙头寺汽车站）や江北空港からバスが出ている。

地獄変相

中国における地獄の概念は、紀元前から紀元後にまたがる東漢の頃に仏教が伝わり、古代インド文化と中国文化の中の多彩な鬼神霊魂が混ざり合うなか形成された。ここでもやはり 18 地獄が描かれている（「地獄マニア」P136 参照）。重慶は地獄のメッカと言えるだろう。

千手観音

中国一多くの手がある千手観音。北斗の拳のケンシロウもびっくりのアタタタタタだ。国家文物局により国宝中の国宝とされている。清代に金箔を貼りなおした際に、1 手修復につき竹串を 1 本ずつ桶に入れていき、全ての手を修復後、串の数を数えたら 1007 手であった。一方、2009 年からの修復の際に写真とパソコンで分析した際は 830 手であった。

華厳三聖

中央に大日如来、両側に文殊菩薩と普賢菩薩が並ぶ。文殊菩薩が支えている塔は 400kg あり、また三聖とも若干前方に 25 度傾いているが 800 年以上倒れていない。

六道輪廻

最大の見どころがこの六道輪廻。生前の業に対し輪廻転生する 6 道を示し、上半分は善道、中心が天道となり左は阿修羅道、右が人間道。下半分は悪道、中心が地獄道、左は畜生道、右が餓鬼道となる。

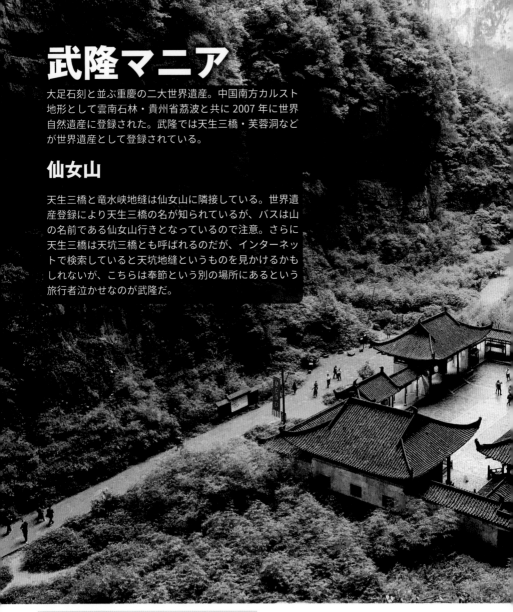

武隆マニア

大足石刻と並ぶ重慶の二大世界遺産。中国南方カルスト地形として雲南石林・貴州省茘波と共に 2007 年に世界自然遺産に登録された。武隆では天生三橋・芙蓉洞などが世界遺産として登録されている。

仙女山

天生三橋と竜水峡地縫は仙女山に隣接している。世界遺産登録により天生三橋の名が知られているが、バスは山の名前である仙女山行きとなっているので注意。さらに天生三橋は天坑三橋とも呼ばれるのだが、インターネットで検索していると天坑地縫というものを見かけるかもしれないが、こちらは奉節という別の場所にあるという旅行者泣かせなのが武隆だ。

天生三橋 重慶全図
- 天生三桥　ⓟtiānshān sānqiáo
- ⓚティエンシャン　サンチャオ

別名・天坑三橋。天坑というのは山の中腹や頂上にぽっかりと空いた穴。そしてその穴を塞ぐように架かっている陸地部分が天生橋といわれ、武隆天生三橋は天竜橋→天竜天坑→青竜橋→神鷹天坑→黒竜橋（天龙桥、青龙桥、黑龙桥）から成る。天竜橋は山頂から麓まで高さ 235m の溝・橋の下の空洞 96m、青竜橋は高さ 281m・橋の下の空洞 103m、黒竜橋は高さ 223m・橋の下の空洞 116m となっている。天竜橋の高さ・厚さ・幅は青竜橋と黒竜橋に次いでなんと世界の天生橋の第 2 位という。青竜橋と黒竜橋に次いで……第 2 位。それはさておきこの景色は日本では絶対に見ることのできない自然の驚異だ。天竜天坑は天竜橋と青竜橋の間、直径 522m 面積 19 万㎡の十字型に浸食された窪地。青竜橋と黒竜橋の間の窪地は神鷹天坑だ。崖の上方から鷹が底を観ているように見えることから名づけられた。

トランスフォーマー4

景区内を回る無料送迎バスを降りるといきなりトランスフォーマーが出迎えてくれるが、武隆はトランスフォーマー4の撮影地の1つである。時は2014年、まだ重慶が人気観光地となる前のこと。重慶市及び武隆政府は映画の中で「重慶武隆」の地名を出すことを条件に世界遺産での撮影を許可。しかし北京や広州などの地名が明示されるなか、武隆はおろか重慶の名さえ示されず、それどころか香港の裏山として描かれる屈辱。当然重慶市及び武隆は激怒、裁判沙汰となった。このような経緯から武隆のトランスフォーマーは正当なものであり、まがい物ではない。

竜水峡地縫

🌐 龙水峡地缝　🅿 lóngshuǐxiá dìfèng
🈁 ロンシュイシャー　ディフェン

地縫の名の通り、大地に幅60m～100m、深さ200m～500mの切れ目が入っている。大地の割れ目の底を歩くことができる。

行き方
バス
四公里バスターミナル→仙女山行き武隆遊客中心下車
8:20、75元
四公里バスターミナル→武隆バスターミナル60元、武隆バスターミナル→仙女山行き武隆遊客中心下車10元。乗車時間40分、満員になり次第発車。

列車
重慶北駅→武隆駅1日4本最速2時間24.5元
武隆駅→仙女山行き武隆遊客中心下車10元

天生三橋 TIPS
ツーリストセンター（武隆遊客中心）でチケットを買い、天生三橋入口へは無料送迎バスで送られる。一方、天生三橋の出口にいるバスはオプションのバスで15元。1キロほどの山道を徒歩で登るか、このバスに乗るかとなる。このバスは景区内のバス停までしか行かないため、体力が残っていれば乗る必要はない。天生三橋出口→（15元）→景区内バス停→（無料）→武隆遊客中心という流れだ。

王妃の紋章

天生三橋のもう一つのシンボルともいえる天福官駅は唐の時代に涪州と黔州を結ぶ通信・軍事要所であった。2006年張芸謀（チャン・イーモウ）監督による『王妃の紋章』の際に復元され、唯一の野外ロケ地として使用された。

芙蓉洞

C 芙蓉洞　**P** fúróngdòng　**K** フーロンドン　重慶全図

こちらも世界遺産「中国南方カルスト」の一部。総延長2.7km、最大幅69m、最高48mの空間が広がる世界三大鍾乳洞。1993年に付近の農民によって発見されたという。気温は年間を通して18度前後。中国らしくカラフルにライトアップされていて最初はうさん臭く思えるが、奥に進むにつれてその形状の豊富さに圧倒されていくこと間違いなし、まるでファイナルファンタジーの世界だ。所要時間1時間程度。

巨幕飛瀑
輝煌大庁でそのあまりの広さに驚いた後は高さ30mの巨幕飛瀑でまたまた度肝を抜かれる。高さだけではなく、鍾乳石のあまりの神秘的な姿に時を忘れて観てしまうだろう。

芙蓉洞の行き方

武隆バスターミナル外、目の前のバス停から江口行の路線バスで終点江口まで45分4元、江口から芙蓉遊客中心までバスがあるのだが人数が集まらないと出発しないため、徒歩を勧められる。近所にタクシーやバイクタクシーもいない場合、20分ほどの登山となる。列車で武隆に到着した場合、武隆バスターミナルまで行かず、蘇家河橋(苏家河桥)のバス停から乗車する方が近い。蘇家河橋のバス停には武隆→江口の表示は無いが停まるので安心して欲しい。復路はルートが異なるため蘇家河橋には停まらない。

芙蓉遊客中心からロープウェーで芙蓉洞。このロープウェーは半強制である。

入場料

3月～11月芙蓉洞120元、ロープウェー往復70元、セット券170元

12月～2月芙蓉洞65元、ロープウェー往復70元、セット券115元

武隆 TIPS

天抗地縫と芙蓉洞の両方を1日で回る場合、重慶中心部からタクシーをチャーター、もしくは武隆到着後タクシーチャーターが必要。武隆駅やバスターミナルを中心に北方に天抗地縫、南方に芙蓉洞という間逆の立地のため公共交通機関だけでは日帰りは不可能。

大小雁塔
西安にある大小雁塔は人工による建築美だが、芙蓉洞内には天然が作った大小雁塔がある。

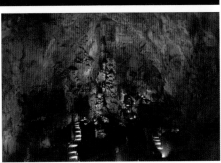

輝煌大庁
しばらく進むとどーーーんとした巨大な空間が突然開ける。芙蓉洞の面積の 1/3、1.1 万㎡の**輝煌大庁**だ。中心にそびえる高さ 48m の塔は必見。

定海神針
まるで海底の深さを測る針のように垂直に一本伸びるのが定海神針。

核兵器マニア

816 地下核工程 <small>重慶全図</small>

© 816 地下核工程　ℙ 816 dìxià hé gōngchéng　Ⓚ バーヤオリウ　ディーシャー　フーゴンチェン

史跡がどんどんリニューアルされる重慶にあって、これはマニア心をくすぐるのではないだろうか。816 地下核工程遺址は代表的な三線建設の工場だ。1960 年代、南でベトナム戦争、北ではソ連と対立していた中国にとって核開発が急務となる。しかし沿岸部は容易に侵略されやすいため、中国の常として内陸部に後方支援基地、そして沿岸部が攻撃占領された時の反撃拠点を設けることが決定。いわゆる「三線建設」である。遥か昔三国志の時代には諸葛孔明が劉備のために目をつけ、近年では清が英国の圧力に対し三峡の難所を頼り、さらに蒋介石が抗戦首都として選んだように、中国では中原が外敵に侵略された時、もしくは侵略されそうになった時には重慶四川に籠るという伝統がある。

816 地下核工程の具体的な建設場所については 3 年間の選定を経て周恩来により重慶・涪陵白涛が選定された。1967 年からの 8 年間に渡る採掘の後、1975 年以降は設備の建設に 9 年間を費やし、合計 17 年間、総勢 6 万人を動員したプロジェクトであった。当時はトンネル掘削機器もなかったため、24 時間昼夜問わず人力で掘り進めた。原爆の原料プルトニウム 239 を製造するためのこのプロジェクトは当時の軍事最高機密となり「4513 公司」、建設部隊は人民解放軍から集められ「8342 部隊」と命名された。部隊は 44 制が敷かれ 1 団 =4 営、1 営 =4 連、1 連 =4 排、1 排 =4 班と分けられ 1 班は 10 数人からなり、全 4 団に加え独立部隊が 2 隊、総勢 2 万人の部隊であった。ちなみに当時の北京中南海親衛隊、中共中央守衛特殊部隊が「8341 部隊」である。

国家機密を守るため「涪陵白涛」の地名は地図からも抹消され、外部には「国営建新化工機械工場」、住所は「4513 信箱」とだけ公開、何を製造しているのかも原料がどこからきているのかも一切が国家機密とされていた。建設初期に湖南省の兄弟がいて、兄は 8342 部隊、弟は内部の工房で勤務していたが、手紙を書く際に兄は 8342 の部隊名、弟は 4513 の信箱を記載していた。そのためお互い三線建設のどこかで勤務していることしか知らなかった。数年後、白涛の街で偶然出くわしてお互い涪陵にいた事を知ったという逸話があるほど、厳格に伏せられていた。

内部には独自の看守所も設けられ、秘密を洩らしたものは収監されたという。米国との関係正常化、ソ連のアフガン侵攻など国際情勢の変化に伴い、1984 年プロジェクトは終了するが、プロジェクト終了時でさえ建設工程は 85%、設備は 60% しか完成しておらず、結局核基地としては一度も稼働することは無かった。17 年の年月と 6 万の人員が完全に徒労、まさに中国の人海戦術である。

2002 年、機密解除され初めて世間に公開、化工機械工場ではなく核工場だったことが知られる。2010 年観光地として一般公開され、2015 年にリニューアル、2016 年一般公開が再開された。1 山丸ごと当プロジェクトの施設であり、人工による洞窟としては世界最大規模。内部は 11 階建てとなっており、山の表面から最も深い部分では 200m の深さに覆われ、100 万トンの TNT 爆弾、震度 8 級地震にも耐えられるように設計された。出入り口も作業員用、排水排気、自動車用など 19 箇所設けられ、内部の道路は総延長 20km 以上に及んでいる。煙突が数本立っている以外周辺からは一切工場の雰囲気を伺い知る事は出来ず、いたって普通の山でまさか、山の内部をくり抜いた基地があるとは思いもよらないだろう。現在公開されているのは全体の 1/3 だけだが重慶のことだから、将来はレストランやホテルを建設し、映画撮影を誘致することは間違いないと思われる。

9階の主管制室には当時の中国国内最先端技術が使用された。米ソ両国と対立していた中国は完全に孤立、国内技術を使用するしかなかった。

核発電プラント。核燃料の生産および発電の両用施設として建設された。完全にクラブである。

中国初の原爆の実物大模型も展示されている。中国は米国ソ連英国フランスに続き 1964 年 10 月 16 日原爆の開発に成功する。

816 地下核工程

市中心部からツアーで行くのが一般的。個人で行く場合は白涛駅下車 2 ㎞

【鉄道】
重慶北 0750 →白涛 10:47 の 5609（3 時間）
白涛 1834 →重慶北 20:52 の 5610（2.5 時間）

【高速鉄道】
重慶北〜涪陵北駅下車（40 分）、101 路バス 60 分で罗家园駅下車、208C 涪陵到山窝方向に乗り換え烏江沿いに 90 分で核軍工洞下車。

地獄マニア

豊都鬼城

📍 重庆市丰都县名山镇

📍 重慶市豊都県名山鎮

🕐 夏季 7:00 〜 18:00
　　冬季 7:00 〜 17:00

料金夏季 100 元、冬季 70 元

参考参観時間 2 〜 3 時間

重慶北駅北広場から豊都まで高速鉄道で所要時間約 1 時間

豊都到着後 103 路のバスで終点・鬼城名山で下車、所要時間約 40 分

豊都のバスは市内の交通カードが使用できないので 1 元札を何枚か用意しておこう。

よっぽどの地獄マニア以外はここだけ単独で訪れるのは時間の無駄だと思われる。三峡下りのコースに入っているため、ついでに寄るというのが正解だろう。

豊都鬼城 重慶全図

ⓒ 丰都鬼城 **Ⓟ** fēngdū guǐchéng **Ⓚ** フォンドゥ　グイチァン

重慶郊外の丰都には鬼城という地獄をテーマにした城がある。でもちょっと待って欲しい。丰都は日本語だと豊都だ。豊な都になぜ鬼がいるのか。丰都の歴史は漢の時代に平都県が設置されてから始まる。198年に平都県で張魯在によって道教の平都治が成立、道教の中心地となった。その後、道教の教義に羅豊山が加わる。羅豊山こそ鬼城、地獄を管理する北陰大帝の住処とされ、平都県に地獄関連の塑像が増えていった。平都山（名山）は道教の72福地の第45位となっている。その後、三国時代には臨江県に併合されるが隋の時代618年に平都県は豊都県と名を変えて再度分離される。隋は長江沿いの豊かなこの地を豊都（丰都）と名付けたが、明時代にあまりの地獄関係の塑像の多さについに豊都が酆都（地獄の別名）と改名される。中華人民共和国成立後、周恩来が当地を視察した際、迷信除去のため豊都に戻り、簡体字の丰都になった。つまり豊かな土地・豊都→道教により鬼が増える・鬼城→鬼が多いのは地獄・酆都→新中国成立により豊都に戻るという訳だ（これらは一説であり、他にも漢の時代に陰長生と王方平という2人が豊都に来て修行の結果仙人になった。しかし唐の時代に2人の名前がくっついて「陰王＝陰間之王」つまり地獄の王となってしまったことから鬼城となったとする説もある）。元々の鬼城は三峡ダム工事によって水没したため、現在の鬼城は移設・再建されたものであり、以前よりも恐怖感が和らいでいるとのこと。

天子殿
閻魔大王の事務所である。天子殿は1600年前、西晋の時代に建築された。現在の建物は清代1663年に建設されたもの。

18層地獄

日本では地獄は8種類だが中国での地獄は18種類ある。罪の重さによって刑期が異なるが、最も軽い罪でさえ地獄では生前の3750日が1日としてカウントされるため、1つの地獄につき地獄時間で1万年、人間時間で135億年刑を受けることになる。135億年……地球誕生が45億年前なので、もし中国で地獄に落ちたら地球誕生から現在までの約3倍の年月を地獄で過ごすことになる。

九黎城マニア

蚩尤九黎城 `重慶全図`
Ⓒ 蚩尤九黎城　**Ⓟ** chīyóu jiǔlíchéng　**Ⓚ** チーヨウ　ジョウリーチャン

重慶市彭水苗族土家族自治県の蚩尤九黎城は苗族の伝統建築群からなり、蚩尤を祭祀した蚩尤大殿、世界最大の吊脚楼九黎宮、高さ 24 メートルの九黎神柱などを備え、2015 年に旅遊景区としてオープン。『キングダム』の羌瘣はこの蚩尤の末裔だとされている。しかし羌瘣は羌族である。蚩尤の直系を名乗っているのが苗族で傍系が羌族と言われている。九黎は中国古代伝説中の 3 大部落聯盟の一つとされ、蚩尤は九黎部族集団の首領であった。九黎は北方黄河下流域に居住、それぞれ首領を持つ 9 つの部族からなり、その 9 つの部族をまとめている首領が蚩尤である。史記によると蚩尤は約 4600 年前の紀元前 2600 年頃華夏（漢民族）の黄帝と中原の放牧地を巡って河北省涿鹿県で涿鹿の戦いを起こし、戦死した。勝者の黄帝は中華民族の始祖と言われ、教科書にも載っている。一方、九黎は中原を追われ南下、長江流域の湖南湖北を経由して四川貴州へと移住した。長江辺りに移った九黎は三苗と呼ばれ、苗族の祖先となる。その後、更に南下した苗族がラオス周辺のモン族である。ただしこれらはあくまで伝説であり、蚩氏（蚩尤）と黎氏（九黎）は氏が異なるため、黎氏が苗族の祖先であるからといって蚩尤が苗族の祖先であると断定は出来ないとする説もある。烏江沿いの適当な位置で乗車することになる。

📍 重庆市彭水苗族土家族自治县蚩尤九黎城
📍 重慶市彭水苗族土家族自治県蚩尤九黎城

日帰りツアー
四公里バスターミナルから九黎城への日帰りツアーが
158 元で出ている。
四公里バスターミナル 8:00 発

個人
個人で行く場合は彭水行きのバスが四公里から 1 時
間に 1 本程度出ている。この場合、バスは九黎城ま
で行かないので途中で降りて 1 本道を 1km 程歩くこ
とになる。帰りも烏江沿いの適当な位置で乗車するこ
とになる。

三峡マニア

長江

チベット高原から 6300km を経て東シナ海に流れ込む長江は上流・中流・下流に分けられる。四川省金沙江から湖北省宜昌までが上流、宜昌から江西省湖口までが中流、湖口から上海までが下流とされており、重慶、武漢、上海がそれぞれの代表都市となる。アジア最長、世界でも 3 位の河川である。別名揚子江は下流の揚州付近を指していたが今では長江全域を指すようになった。中国には川を表す字は江と河があるが本来「江」は長江を表し、「河」は黄河を表す固有名詞である。

三峡下り

重慶から湖北省宜昌まで長江を下るクルーズが三峡下りだ。重慶朝天門から乗船する最もスタンダードな 3 泊 4 日のプラン・長寿古鎮などを見学後バスで万州まで行き乗船する 2 泊 3 日の短縮版・奉節までバスで行く三峡及びダムに特化した 1 泊 2 日プランなど多くのプランが用意されている。日程の他にクルーズ船もビクトリアクルーズやセンチュリークルーズ、東方皇家クルーズなど数社により運航されているため料金や条件を確認しよう。下船地の湖北省宜昌から重慶までは高速鉄道で 4 時間半、船で戻ると 5 日間の旅程となる。

三峡

Ⓒ 三峡　Ⓟ sānxiá　Ⓚ サンシャー

白帝城から 8km、中国で最も美しい渓谷といわれ、唐の詩仙李白も早発白帝城で「朝に辞す白帝　彩雲の間　千里の江陵　一日にして還る　両岸の猿声　啼いて住（や）まず　軽舟已に過ぐ　万重の山」を詠んだ三峡に入る。瞿塘峡から始まり巫峡、西陵峡とその名の通り三つの渓谷が 120km に渡り続く。

三峡ダム

Ⓒ 三峡大坝　Ⓟ sānxiá dàbà　Ⓚ サンシャー ダーバー

湖北省宜昌市にある世界最大の水力発電所。1993 年の着工後 16 年の年月をかけ 2009 年完成。1919 年に国父孫文が提唱して以来の悲願であった。ダム完成により長江の水位は上がり浅く狭く流れの早かった三峡の難所は消滅、10000 トン級の大型船まで重慶に航行できるようになった。

万州

Ⓒ 万州　Ⓟ wànzhōu　Ⓚ ワンジョウ

三峡ダムが出来るまでは物資の集積地として栄えたが、
完成後は 10000 トン級の船も直接重慶まで乗り入れる
ようになったため衰退する。水位の上昇により市街地
の半分近くが水没、20 万人以上が新市街地へ移住した。
更に政治面でも四川省時代は地級市として一定の発言力
があったが、重慶直轄の際に併合され郊外の区となった
事により影響力が縮小。重慶直轄以降、万州は明らかに
不利益を被っているため対重慶感情はあまりよくない。

三国志マニア

日本でも人気がある三国志。三国志の中で四川は劉備の蜀漢である。そして蜀漢の都は成都。三国志に関しては成都に勝てるわけがない。もちろん重慶でもそんなことは分かっているのであまりアピールはしていないが重慶にも三国志関連の史跡がある。

白帝城 重慶全図

Ⓒ 白帝城　Ⓟ báidìchéng　Ⓚ バイディチャン

危篤に陥った劉備が諸葛孔明に我が息子を託した白帝城。劉備は回復することなくこの白帝城で死去。また、病に冒された詩人杜甫はこの地に2年間留まり400余りの詞を詠んでいる。三峡ダムの影響により孤島となったため李白、杜甫が詩を詠んだ頃とは景色が異なる。

📍 重慶市奉節県キ門街道事務所瞿塘峡社区白帝城景区
📍 重庆市奉节县夔门街道办事处瞿塘峡社区白帝城景区

行き方
三峡下りで寄るのが一般的。陸路で行く場合は重慶北駅南広場バスターミナルから奉節までバスで5時間。奉節到着後「濱江国際」バス停から403路で1時間。

入場料
3月〜10月　120元
11月〜2月　80元

張飛廟 重慶全図

⊕ 张飞庙　🅿zhāngfēimiào　🅚ジャンフェイミャオ

張飛は呉に攻め込む準備をしている時に蜀の閬中（四川省ロウ中）で部下の張達、范彊に殺される。張達、范彊は張飛の首を持ち呉に下ろうとしていたが雲陽まで来たところで蜀と呉が和睦してしまったため長江に首を捨てた。張飛の首は雲陽まで流れてきたところで釣り人に拾われ飛鳳山の麓に埋めれらた。そのため張飛の体は閬中にあり、首は雲陽にあると言われている。張飛廟は蜀漢末期に建設され1700年以上の歴史を持つが三峡ダム建設に伴い水没するため30km離れた場所に移設された。

三峡ダム建設に伴い移転を余儀なくされた移民の中で最も大きな規模で最も金のかかった移住だと言われる。

📍 重慶市雲陽県張飛路長江大橋右辺　　📍 重庆市云阳县张飞路长江大桥右边

行き方
白帝城と同じく三峡下りで寄るのが一般的。陸路の場合、重慶北駅南広場バスターミナル、四公理旅遊集散中心より雲陽までバスで4時間。もしくは重慶北駅北広場から万州北駅まで高速鉄道で1時間半。万州北駅のバスターミナルより雲陽までバスで40分。雲陽到着後はタクシーで15分。

入場料
40元

古代～清マニア

日本ではまったく知られていないが重慶は 3000 年以上の歴史を持ち、重慶の名を使用してから 800 年、4 度の築城、3 度の首都、3 度の中央直轄という古都である。古代より軍事都市としての性格が強かったが、隋による黄河と長江を結ぶ大運河建設により長江下流域の江南が中国経済の中心となると、重慶は長江を通して四川と中央政府とを結ぶ唯一の生命線となり、経済都市の側面も持つようになった。地図を見ると四川盆地の地理的特異性、そして四川から中原への出入り口として重慶が重要なことが分かって頂けると思う。この章では重慶の歴史を古代から英国による開港直前まで見ていく。

歴史概要

日本では約 50 万年前の北京原人が有名だが、中国最古の人類は巫山人で 200 万年前の化石が重慶市巫山県で見つかっている。この辺りでは岩塩が取れたため人類の生息が可能であったのだろう。紀元前 1027 年、巴人が巴国を建国。巴蜀という言葉を聞いたことがあるかもしれないが巴は重慶、蜀は成都である。巴という字は象を食べる蛇を表しており、一説によると長江が巴の字のようにくねくねしているから重慶が巴国と言われるようになった。巴人は出土品から中原を支配した漢民族とは異なる民族であったとされている。

紀元前 316 年、秦の将軍張儀により巴国は滅ぼされ、巴郡が置かれる。2 年後、防衛上の観点から現在の渝中区に築城、以後重慶は軍事拠点としての歩みを開始することになる。紀元前 221 年、秦の始皇帝が中国を統一し、全国を 36 郡に分けた際も巴郡はその一つとして残っている。漢になると渝中半島の対岸、江北に支城が建設される。日本でもお馴染みの三国志の時代には劉備が蜀漢を建国、蜀漢都護の李厳が重慶に周囲 16 里（古代中国の里は約 400m のため 6.4km）の江城を築城する。三国時代～南北朝時代にかけて荊州→益州→巴州→楚州と改名するが、この間、経済的には荒廃し、百姓は大量の流民となって荊湘（湖北、湖南省付近）に移住、入れ替わるように僚人という黔北（貴州省北部）の山間部に住んでいた民族が侵入する。僚人は漢民族の数倍の規模となり、重慶は完全に僚人の都市となる。

552 年にようやく四川に平穏が訪れると漢民族も重慶に戻ってきて漢民族と僚人は融合した。581 年、隋が州県制を採用したことにより、渝水（現在の嘉陵江）にちなみ渝州と改名。これまで何度も改名されてきた重慶だがこの渝州はこれ以降、北宋時代まで 500 年に渡って用いられ、現在の重慶の略称「渝」となる。北宋時代、渝州南部の趙諗が自ら天子を名乗り、勝手に年号隆興を制定するが 1102 年、密告され処刑、時の皇帝徽宗により重慶は中央に対して恭順する州という意味の恭州と改名される。

重慶の由来

南宋 1189 年、皇太子・趙惇が正月に恭州王即位、2 月に南宋皇帝に即位という二つの慶事が重なったことから「双重喜慶」重慶と改名。以後現在に至るまで重慶の名が使われている。南宋は中国王朝史上最も豊かな時代と言われるが、重慶でも棚田が整備されるなど経済が一段と発展した。

釣魚城の戦い

南宋末期 1243 年からモンゴル帝国との間で釣魚城（合川区）を舞台に 36 年間に及ぶ防衛戦を戦う。釣魚城を守る南宋軍は世界最古の爆弾と言われる鉄火雷を持っていた事も、長期にわたる防衛を可能にした一つの要因と言われ、親征していた四代汗のモンケは砲風での負傷により 1259 年、合川で死亡する。釣魚城内に残っている九口鍋と呼ばれる兵器工房跡地は見どころの一つだ。皇帝モンケの崩御により鄂州（湖北省）に進軍していたクビライ及び中東に進軍していたフレグはそれぞれ軍を撤退、釣魚城は破竹の勢いのモンゴル軍を止め、歴史を変えたと言われる。釣魚城が降伏した 1279 年には時代は元へと変わっていた。元の時代に四川省は九路を管轄、重慶にはその一つ四川行省重慶路総管府が設置される。

大夏国建国

元末期～明初期（1363 年紅巾の乱）にかけて四川を征服した明玉珍は 1362 年、重慶を首都とし大夏を建国。皇帝を名乗るが明玉珍は 1366 年に 38 歳の若さで病死、明玉珍の子である第二代皇帝明昇が 1371 年朱元璋に降伏し、大夏は僅か 8 年で消滅する。降伏後、明昇は朝鮮高麗に移され、末裔が西蜀明氏と延安明氏として現在も朝鮮半島に残っている。明代に入ると重慶経済は非常に発達し、成都府 31 州県 157729 石に対し重慶 20 州県 344497 石と成都の 2 倍以上となり、全国発展都市 30 に名を連ねるようになった。また明代にはもともとの重慶城を基礎に拡張修繕され、当時の重慶城十七門の一つ東水門が現在も残っている。一般的に中国の城では東西南北に城門が設けられていたが重慶の場合、易経により十七門が設けられた。十七門は「九宮八卦」をかたどり、「九開八閉」とされ、実際に出入りに使用されるのは 9 つのみ、開かれた 9 門のうち西の通遠門以外の 8 つは全て川に面した門であった。

屠蜀

明末期～清初期にかけてまたしても四川は戦乱に巻き込まれる。なかでも張献忠は残酷を極め、重慶の唯

一の陸からの攻略路である西側・佛図関を突破、通遠門から城内に攻め込むと、明側の人物を兵士のみならず家族まで全て虐殺する。四川では更に凄惨を極め「屠蜀」と言われる大虐殺を行い、明代末に300万だった四川の人口は清代初期には史上最低の50〜60万人にまで激減する。そのため、全国統一後、清朝は湖広・江西・陝西・福建・広東等の土地を持たない農民に四川移住を勧める「湖広填四川」と言われる政策を取る。その際、重慶は四川への入り口として各省の会所が建設された。会所の代表的なものが湖広会館である。安定を取り戻した後、避難していた住民も四川に戻ったが、それでも清代の四川の人口の80%以上が移住者だったと言われる。中国では各地に方言があり、中原でも全く異なる言葉を話している地域もあるが、四川の方言が比較的標準語に近いのは、現在の重慶人の祖先がほぼ移民だからである。

　清末期からは記録も多く残っているため、重慶マニアらしくよりマニアックに探っていくことにする。

巴人博物館 C1
- Ⓒ 巴人博物馆　Ⓟbārén bówùguǎn
- Ⓚ バーレン　ボーウーグアン
- 📍 重庆市九龙坡区九龙园区红狮大道6号
- 📍 重慶市九竜坡区九竜園区紅獅大道6号

通遠門 G7
- Ⓒ 通远门　Ⓟtōngyuǎnmén　Ⓚ トンユエンメン
- 📍 重庆市渝中区金汤街14号附近
- 📍 重慶市渝中区金湯街14号附近

湖広会館 F9
- Ⓒ 湖广会馆　Ⓟhúguǎng huìguǎn
- Ⓚ フーグアンフイグアン
- 📍 重庆市渝中区长滨路芭蕉园1号
- 📍 重慶市渝中区長浜路芭蕉園1号

釣魚城 重慶全図
- Ⓒ 钓鱼城　Ⓟdiàoyúchéng　Ⓚ ディヤオユーチャン
- 📍 重庆市合川区钓鱼城大道
- 📍 重慶市合川区釣魚城大道

東水門 F9
- Ⓒ 东水门　Ⓟdōngshuǐmén　Ⓚ ドンシュイメン
- 📍 重庆市渝中区长滨路58号
- 📍 重慶市渝中区長濱路58号

開港マニア

重慶開港

1842年の南京条約により上海・広州などの沿岸部が開港させられてから半世紀後の1891年3月1日、重慶も大英帝国により開港させられた。南京条約以後、列強は次々と中国と不平等条約を結ぶ。1930年代に入っても不平等条約は有効であり、列強の中国利権と日本の中国利権がぶつかる。日中戦争が開戦してもなお条約は効力を維持し、中国がこれらの不平等条約を解消できるのはなんと100年後の太平洋戦争開始後の1943年、英米との新条約まで待つことになる。アヘン戦争～第二次世界大戦までの期間を中国では屈辱の100年と呼ぶのも納得である。

ただこの100年に関しては「重慶開港は列強による侵略の屈辱の歴史である一方、中国と欧米の文化交流を促進させ、封建社会から近代工業化・経済化の発展を促した」と客観的に評価している。

英国による重慶開港

さてそれでは前置きはこのくらいにして早速、重慶開港について見ていくことにする。英国は1840年のアヘン戦争以来中国の沿岸部を開港していくが、長江三峡そして四方を山に囲まれているなど自然の難所にも助けられ、四川は英国の手の届かない場所であった。ただし英国が中国内陸部に興味を持たなかったわけではなく、1858年の中英天津条約で獲得した布教の自由に基づき宣教師を派遣しており、1869年5月には漢口領事に長江沿い重慶の視察に行かせている。1875年、駐ビルマ英国部隊が雲南省側に越境するが、迎撃され英国公使館通訳のマーガリーが死亡するというマーガリー事件が発生。英国はこの機に清に対し雲南省に領事館設置及び重慶の開港を求め、これが翌年の烟台条約につながる。

1876年9月、清国李鴻章と英国ウェードにより烟台条約締結、英国は長江中流の宜昌を開港させ、重慶には官吏を駐在させることを認めさせる。1882年、英国は領事を重慶に派遣し、四川の調査及び重慶開港に向けた準備を本格的に開始する。烟台条約により長江中流まで開港することになったが、李鴻章は三峡の難所に期待を込めて「英国汽船が重慶に到着するまでは重慶は開港せず、英国商人が住むことは許されない」との一文を条約に入れていた。というのは当時の三峡は急流と浅瀬のために汽船では通行不可能であり、人力の木船に頼っていたからだ。しかし冒険家アーチボールド・ジョン・リトルが本国英国に長江仕様の汽船・固陵号を特注、1885年、正式に清国に対し宜昌～重慶間航路の申請をする。汽船の運航により人力木造船は衰退することになるため、船乗りや船曳100万人が失業の危機に面する（100万人というと大層な人数に思えるが、長江三峡における木船というのは両

岸から紐で船を曳き長江を遡る必要があったため、あながち誇張ではないだろう）。

清国はこれに対処するため、英国商船を重慶に乗り入れさせないよう、白銀12万両で固陵号及び宜昌港施設の買い取りを提案するも、英国は拒否。交渉は難航していたが、1890年3月31日「烟台条約続増専条」により、英国はついに重慶を開港させる。清側が出せた条件は「英国汽船の重慶への乗り入れは10年間禁止、それまでの物資の運搬には中国船を雇うか中国式の船を準備する」というものだけだった。更に清側はこの条件の為、賠償金として12万両支払った。条件付きではあるがともかく英国は烟台条約の「英国汽船が重慶に到着するまで重慶は開港せず、英国商人が住むことは許されない」という一文を反故にし、14年越しの悲願である重慶開港に成功する。中国で20番目の開港であった。

英国は開港と時同じくして列強初となる重慶領事館を設立。重慶及び四川全土、後に貴州北部まで管轄した。1891年3月31日、英国人税務司により現在の慈雲老街に重慶税関が設置される。6月18日、英国企業スワイヤーが白蝋・黄シルクを積んで重慶初出航、条約通り中国木造船を借りての出航となる。7月2日にはリトルが灯油・昆布を積んで重慶入港。これらが外国企業による重慶初の輸出入となった。

列強進出

日清戦争後1895年4月17日、下関条約締結により蘇州、杭州などと共に重慶開港。英国に続いて重慶を開港させたのは日本であった。更に日本は英国が1900年まで10年間保留されていた汽船による重慶入港も認めさせる（下関条約第六条）。眠れる獅子として遠慮がちだった列強の対清政策であるが、極東の新興国日本に敗れたことで清の弱体化が白日の下にさらされ、以後列強の半植民地となっていく。それに伴い列強による重慶進出も加速していくことになる。

1896年3月26日、フランスによる領事館設置。フランスは1894年に視察に来ており、1896年、武漢の副領事が重慶領事として就任する（該当建物は1898年落成、中華人民共和国成立後は軍管轄となる）。英仏に続き1896年5月22日、日本領事館、1896年12月、米国領事館が設置される。

汽船の入港

1898年3月8日、英国人リトルの特注汽船・利川号が重慶入港。下関条約により宜昌～重慶間の汽船航路を認めさせたのは日本であったが、汽船初の重慶入港を果たしたのは、お馴染みの英国人リトルだ。以後、フランス・ドイツ・日本の汽船・軍艦も重慶に到達する。しかし汽船といえどやはり三峡は難所であり、実際に定期航路となるのは1911年、辛亥革

命以後となる。日本軍艦が初めて重慶に到達したのも 1911 年 5 月 21 日の「伏見」である。

1901 年 9 月 24 日、重慶で唯一の列強租界となる日本租界が南岸王家沱に設置。1902 年、フランス領インドシナ総督により軍艦乗務員の休息及び物資補給のためフランス水師兵営が設置。1904 年、ドイツ領事館設置。英国により烟台条約により開港させられた後、列強が七星岡付近に領事館を置いたが、現在では領事巷の地名として残るだけである。

重慶開港の影響

経済面での影響

重慶開港により、安価な外国製品が四川に流れ込むことになり、家内制手工業が壊滅。伝統的な織物を作っていた人々が失業し、農業も崩壊、自営から労働者へと転向していった。開港以前の重慶と他省との交易は主に食料だったが、開港後は布や金属など工業製品に取って代わられ、輸出面でも伝統的なシルクや白蝋、漢方の原料などに加え、国外輸出用の豚毛ブラシ、羽毛羊毛が増えていった。中でもアヘンの増加量は 1891 年〜 1898 年の 8 年間で 9 倍へと爆増している。英国とのアヘン戦争に敗れたため清では相変わらずアヘンが流通しており、むしろアヘン戦争後内陸部でも多く栽培されるようになっていた。列強による重慶市場の攻略方法は主に 3 つの点が挙げられる。

(1) 低価格 英国は低価のインド綿を重慶に持ち込み重慶四川の綿農家を壊滅させる。
(2) 掛け売り 平均 6 か月後支払いを容認
(3) 密輸 税関が外国人により統制されていたため日常的に密輸が横行し、布などは中国産に比べ 1/5 の価格となっていた。

外国商

開港によりリトル・太古・日商大阪など貿易会社が設立される。当初は貿易会社だけであったが、下関条約後、列強は直接工場を建設するようになっていく。最初に工場を設立したのはやはりリトルであった。1890 年、リトルは南岸竜門浩に豚毛ブラシ製造所を設立、リトルは更に華英煤公司を江北に設立し、50 年間の鉱山採掘権を認めさせる。また、四川は中国屈指の塩の都自貢があり、岩塩の産地として有名であったため英国は塩貿易にも関与し、英国塩務管理所を設立する。外資系企業は朝天門陝西路や対岸の竜門浩、馬鞍山などに拠点を構えていた。1905 年、重慶初の機械工場となる造幣局「銅元局」が設置される。重慶は上海など沿岸部との交易拠点となり、重慶に一旦物資が集積され、四川各地へと再販するルートが確立された。現在でも朝天門長濱路を散策すると問屋や輸送会社を多数目にするだろう。経済が発展するにつれ金融業も発展、1905 年、重慶で初の官営銀行となる成都の浚川源銀行が開業。続いて 1915 年、日本の三井財閥を参考にした重慶初の民営銀行聚興誠銀行が開業する。1922 年には初の中外合作となる美豊銀行が開業する。

文化面での影響

また欧米の宣教師も以前に増してより多く重慶入りするようになり、米国教会による初の西洋医院である寛仁医院や求精中学・広益中学などの学校建設、フランスによる天主教若瑟堂、ドイツによるドイツ医院、英国による英国協会医院などが建設されていく。一方、中国側の教育機関も一新され 1892 年、川東道黎庶昌により新川東洋務学堂が開校、1911 年の辛亥革命までに官民合わせて 45 の各種学校が開校した。

維新運動へ

20 世紀に入り、ようやく重慶資本による工業もみられるようになると、外国製品の非買運動など反帝国愛国運動が起こるようになる。そうなると江北の鉱山や鉄道を取り返したいと思うようになるのも当然だろう。リトルの華英煤鉄公司に抵抗するため 1905 年、重慶総商会の支持のもと江合鉱務公司が設立され、数度の交渉を経て 22 万両白銀でリトルの鉱山が持つ全ての権利を買い取る事に成功する。

アーチボールド・ジョン・リトルと夫人

英国協会医院
Ⓒ 英国协会医院　Ⓟ yīngguó xiéhuì yīyuàn　Ⓚ イングオ　シエフイ　イーユエン
📍 重庆市南岸区马鞍山 234、237
📍 重慶市南岸区馬鞍山 234、237
百度の地図では出ず、非常に難易度が高い。東原 1891 の裏側の通りから馬鞍山へと繋がる階段があり、キリスト教南岸馬鞍山教会を目指して進む。

英国塩務管理所 B3
Ⓒ 英国盐务管理所　Ⓟ yīngguó yánwù guǎnlǐsuǒ
Ⓚ イングオ　イェンウー　グアンリースオ
📍 重庆市南岸区马鞍山盐店湾 54 号
📍 重慶市南岸区馬鞍山港口医院跡地内
百度の地図では出ない。バス停「港口医院」付近の「龙门浩社区卫生中心」脇の小道を進むと突き当りが港口医院跡地であり、跡地内の山頂にある。

若瑟堂 F7
Ⓒ 若瑟堂　Ⓟ ruòsètáng　Ⓚ ルオスータン
📍 重庆市渝中区民生路若瑟堂巷 1 号
📍 重慶市渝中区民生路若瑟堂巷 1 号

フランス領事館跡 H7
© 法国领事馆旧址 ℗ fǎguó lǐngshìguǎn jiùzhǐ Ⓚ ファーグオ　リンシーグアン　ジョウジ
📍 重庆市渝中区凤凰台 35 号
📍 重慶市渝中区鳳凰台 35 号

ブランナーモンド B3
© 卜内门洋行 ℗ bǔnèimén　yángháng
Ⓚ ブーネイメン　ヤンハン
📍 重庆市南岸区周家湾 63
📍 重慶市南岸区周家湾 63
ここも百度の地図では出ない。慈云老街付近の南濱路沿い
にあるため、見逃さないようにしたい。

領事巷 G7
© 领事巷 ℗ lǐngshì　xiàng Ⓚ リンシーシァン
📍 重庆市渝中区领事巷
📍 重慶市渝中区領事巷

四川軍閥マニア

保路運動

　列強は長江より船で重慶に進出したが、利益が薄い事に気付き、鉄道利権を求めるようになる。

　1907年、清朝は民営による川漢鉄道（宜昌～万州～重慶～成都）の建設案を批准、重慶を中心とした四川財界は喜び勇んで株を購入した。ところが1911年5月、清は英米仏独に対する借款の返済として鉄道利権を売り渡そうとし、川漢鉄道の国有化及び民営による鉄道建設の禁止を宣言する。余談だがこの宜昌～万州間は現在の技術でも建設が難航し、全線開通するのは100年後の2010年のことである。

　さて、清朝は既に納められていた川漢鉄道の建設資金までも列強に渡そうとしたため、川漢鉄道株主は同年6月17日、成都にて四川保路同志会を結成する。一方、重慶では孫文の中国同盟会の重慶支部の支持により重慶保路同志協会が組成される。同盟会重慶支部の楊庶堪は保路運動を民主革命に取り込もうと考えていた。そのため四川保路同志会は反帝国であったのに対し、重慶保路同志協会は反帝国・反封建となり、成都と重慶では性質の異なるものとなった。この差は後に非暴力抗議の成都に対し、武装蜂起の重慶という形で表面化する。

　重慶保路同志協会は清朝四川省政府川東道へ、国有化撤回の嘆願書を提出すると共に重慶周辺各地へ宣伝員を派遣、同志協会に参加するよう呼びかける。成都では四川保路同志会により大規模なストライキが発生、保路運動の嵐が吹き荒れる中、9月7日、四川総督趙爾豊が請願に来ていた群衆を武力鎮圧するという成都血案が発生する。成都血案が伝わると重慶では武装蜂起で抵抗、清朝はこれに対し2000人の清軍で鎮圧。重慶保路同志協会はとりあえず周辺各地に散り、再度蜂起を図る。

辛亥革命

　四川の保路運動を鎮圧するために、清朝は隣の湖北省湖北新軍第八鎮からも応援部隊を四川へ派遣する。しかしなんと湖北新軍第八鎮のうち、武昌に残っていた一部部隊が蜂起して辛亥革命が始まってしまう。辛亥革命が勃発すると重慶では11月18日長寿蜂起、20日涪陵蜂起、武隆・秀山なども後に続いて蜂起したため清軍は各地へ討伐に向かい、重慶城は空となっていた。11月22日、楊庶堪・張培爵は成都で蜂起した元清軍・夏之時を迎え入れ、重慶で蜀軍政府が成立する。

　1912年元旦の孫文による南京での中華民国成立宣言を受け、蜀軍政府は3月11日、成都の革命政府・大漢四川軍と合流し、中華民国四川都督府となった。これに先立つ2月、宣統帝溥儀の退位により中国で始皇帝以来2000年続いた皇帝による支配は幕を閉じ、アジア初の共和国が誕生した。

　日本では孫文と呼ばれるこの革命家は中国では国父・孫中山と呼ばれており、中国各都市にある中山公園は孫文を記念した公園である。重慶には中山公園は無いが、中山一路から中山四路までが市中心部を貫いている。

　さて孫文は同年8月25日、中国同盟会を基に国民党を成立させると1913年3月の中華民国初選挙で大勝、これに対し孫文から臨時大統領の座を譲り受けていた袁世凱は国民党代理理事長の宋教仁を暗殺してしまう。同年7月、孫文は袁世凱討伐運動を起こすが袁世凱は2ヶ月ほどで革命軍を鎮圧。素早い対応により袁世凱の威信は増し、辛亥革命の英雄が一転国賊となり日本へ亡命、国民党も袁世凱により解散させられる。

　四川では熊克武を総司令とし孫文の袁世凱討伐に呼応、蜂起するが鎮圧され、以後四川雲南貴州などの各地軍閥による群雄割拠の時代に突入する。

　1914年、第一次大戦が勃発すると日本は列強の勢力が弱まった中国に対し圧力を強め、1915年「二十一箇条要求」を袁世凱に承諾させる。内弁慶の袁世凱は同年12月、皇帝に即位するがすぐさま各地で反対の声が上がり帝位返上、袁世凱は失意のうちに翌年6月に死去。袁世凱死後は北洋政府段祺瑞、山西の閻錫山、奉天には張作霖など中国全土が軍閥割拠となる。

　1917年、ロシア革命が勃発し、史上初の社会主義国家が誕生する。1919年、第一次大戦後のベルサイユ平和条約に不満を持つ学生により五四運動が発生すると、孫文はそれまでのブルジョワ革命から一般国民による民主化の可能性を考慮するようになり、1919年10月10日、中国国民党を結成する。この頃からロシア革命に影響を受け、共産主義になびく者も現れ始め、1921年になると上海で中国共産党が結成される。孫文もコミンテルンの支持を受け、1924年1月の広州における国民党第一次全国大会で共産党員が個人として国民党に入党する事を認める（第一次国共合作）。更にはソ連の援助により孫文総裁・蒋介石校長・周恩来政治部主任として設立した独自の軍養成学校・黄埔軍官学校の武力を元に「国民革命軍」を設立する。

　ところが革命未だ成らずの状態で孫文が翌1925年に北京で死去。この時代の中国では袁世凱に続き孫文も何かやらかしたら翌年死ぬというのがお決まりだ。

　孫文死後は反共の蒋介石が国民革命軍総司令となり、北伐を開始する。当時の中国は対外的には中華民国と名乗っていたがその実、数多くの軍閥が領土を分割統治しており、中華の統一を目指したのが北伐である。

重慶政局

　その頃、重慶政界では呉玉章・楊闇公などが国民党

左派と連合し、国民党右派と闘争を繰り広げていた。1925年の孫文死去後、国民党右派西山会議派は石青陽を重慶に派遣、1925年7月9日、中国国民党四川臨時執行委員会・国民党重慶市党部を設立する。しかしこれは広州国民党中央が否決、呉玉章を特派として重慶に送り込み8月19日、省臨時執行委員会を再編、呉玉章は執委兼組織部長となる。

これに対し右派は呉玉章が広州での第二次全国大会出席のため重慶を離れた隙に省党部を成都に移す決議を採択、連日党部へ駆けつけ公印の捺印を求めるが拒否される。しびれを切らした右派張赤夫は12月10日、自ら公印を押し、成都に行ってしまう。

広州国民党中央はこれを知り、省党部は重慶であるとし、四川臨時執行委員会の職権を停止、中央から執行委員を増員派遣、新たに中国国民党四川臨時執行委員会（蓮花池省党部）を成立させる。

しかし西山会議派鄒魯・謝持は上海で再度広州国民党中央に抵抗する組織を設立、石青陽を指導員として1926年3月1日、重慶総土地巷で国民党四川臨時省党部（重慶総土地省党部）を結成する。この時、鄒魯・謝持両名は既に国民党党籍を永久はく奪されているのに国民党の名称を使用し続けている。

1926年4月25日、重慶総土地省党部は党大会を開催、共産党批判を展開する。これに対し蓮花池省党部は国共合作を理由に度々重慶総土地省党部の封鎖を広州国民党中央に要求していた。この頃、広州国民党中央による北伐軍が優勢であることが誰の目にも明らかになり四川軍閥の劉湘、劉文輝などは北伐支持、つまり広州国民党中央の蓮花池省党部を支持、劉湘により12月25日、重慶総土地省党部が閉鎖される。劉湘は反共、蒋介石も反共であり、本来は重慶総土地省党部寄りのはずである。ところが蒋介石はまだ形式的には国共合作を支持していたため、劉湘も蓮花池省党部を支持していた。

上海クーデターから西安事件

蒋介石を総司令とした北伐・国民革命軍はまず湖南湖北の呉佩孚を撃破、続けて華東の孫伝芳を撃破する。勢いに乗った国民党左派や共産党は過激化し、租界の回収や外国人の襲撃に動き出す。蒋介石は列強の介入を恐れ、武力により過激派を鎮圧した（上海クーデター）。蒋介石は上海の他にも広州などでも共産党の粛粛を行い、南京に南京国民政府を設立する。

一方、国民党正規軍は武漢でまだ共産党との協力関係を保持していた。汪精衛を中心とする武漢国民政府は蒋介石の反共クーデター・南京国民政府樹立を非難するが、武漢派も経済問題・土地改革問題で共産党と分裂し、最終的には南京国民政府に合流、これにより第一次国共合作は完全に幕を閉じる。

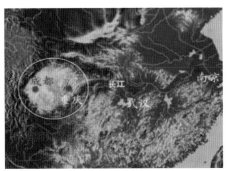

雲南は仏領インドシナと繋がっておりイメージとは異なり僻地ではなく、四方を山に囲まれた四川盆地の方がよっぽど僻地。これは現在でも同じで、香港に新幹線が通った時、第一期で上海－香港や北京－香港と共に、昆明－香港も開通したが重慶－香港及び成都－香港は第二期まで待つことに。四川の北、西安は言うまでもなく洛陽、北京まで横のラインで繋がっている。四川盆地は東（横）のラインが三峡なので昆明から北上するか西安から南下するしかない。

1928年、張作霖爆破事件、同年8月北伐軍は北京に入城し、北伐が完成する。同年10月、蒋介石は国民政府主席となり、南京を中華民国首都とし、形式上は中華統一がなされた。しかし南京国民政府に帰順した軍閥の中には反蒋介石の者もいたため、蒋介石は彼らも掃討し、蒋介石独裁政権が成立。残る敵は上海クーデターで袂を分かったのち、江西省瑞金で中華ソビエト共和国臨時政府を設立した共産党と、未だ独立勢力の残る西南諸省のみとなった。1931年の満洲事変に続き1932年、満洲国成立が成立してもなお、蒋介石は国力の差を考慮し、日本との戦争を避け先に共産党撲滅を図る。これに対し共産党は内戦停止・一致抗日を訴え、国民の支持を広げていく。共産党支持は広がったものの国民党の本格的な討伐に耐え切れず1934年10月江西省を撤退、西へ西へと追い出され陝西省延安に行きつく。

1936年、陝西省で共産党討伐総仕上げの指揮を執っていたのが父張作霖を日本によって爆破され、強い抗日思想を持っていた張学良である。張学良は共産党の一致抗日に同調し、度々蒋介石に一致抗日を訴えるも無視され、ついに楊虎城と共に西安で閲兵に来ていた蒋介石を軟禁する。蒋介石は断固拒否していたが、中共周恩来や宋美齢夫人の説得によりしぶしぶ内戦停止に合意、1937年の盧溝橋事件により蒋介石は華北の紅軍を国民革命軍第八路軍、華南の紅軍を国民革命軍新四軍とし、第二次国共合作を実施、一致抗日へと舵を切る。

西安事件について蒋介石は「あと一歩、あと一歩のところで全てが崩壊した」と悔やんでいる。一時は壊滅寸前まで追い込まれた共産党だったが、第二次国共合作で国民革命軍に編入されたことにより、国民政府

より武器の供給を受け、抗日ゲリラ戦を展開し、ジリジリと勢力を伸ばし始めていた。1942年の真珠湾攻撃による太平洋戦争勃発後、日本軍の主力は対米戦に向けられたが、それでも抗日戦線でめざましい戦果を上げられない国民政府に世論は次第に冷ややかになっていき、戦時首都重慶では憲政への移行を求める民主各派や土地改革を提唱する共産党支持者が増加していく。

四川軍閥時代

　辛亥革命により成立した中華民国臨時政府は1912年袁世凱の北洋軍閥により北京入りし、中華民国は北京政府の時代となる。四川省では北京政府の指令により軍民分治が取られるが、実質的には政権主要ポストは軍人により掌握されていた。

　1913年の孫文による袁世凱討伐（第二革命）が起きると革命派の熊克武（同盟会会員）は四川討袁総司令に就任するが、劉存厚は袁世凱北京政府を支持、四川都督胡景伊と共に熊克武を撃破、熊克武は日本へ亡命、孫文の元へと合流する。1915年に袁世凱が皇帝に即位すると雲南軍閥が独立を宣言、護国軍を結成し、袁世凱討伐に乗り出すと劉存厚は護国軍を支持。袁世凱の北洋軍は四川で大敗し、以降貴州省、広西省なども独立を宣言する。日本へ亡命していた熊克武は護国軍に身を寄せ、四川に戻っている。

　1917年、孫文が護法運動を開始すると熊克武は四川靖国軍各軍総司令に就任、北京政府より四川督軍に任命された劉存厚を攻撃、劉存厚は成都から撤退し、漢中に四川督軍臨時行署を設置、四川において北京政府は敗北した。1918年、熊克武により防区制が取られ軍閥は各防区内でそれぞれ課税し、行政官僚を置くなど四川省政府は有名無実化、ここに軍閥による群雄割拠が始まる。各防区を支配する軍閥も北京政府に依る者、広州護法軍に依る者など様々であった。

　1920年5月に入り、雲南貴州及び一部の四川軍閥が連合して熊克武討伐に乗り出すと、熊克武は劉存厚と和睦、雲南貴州軍閥を四川から駆逐する。しかし10月になると熊克武の後ろ盾であった広州護法軍が広西軍閥に敗れ解散してしまい、北京政府を後ろ盾とする劉存厚の勢いが復活する。

　12月、劉存厚は北京政府に要請し、熊克武を四川省長、劉湘を重慶護軍使に任命。しかし劉湘・劉成勲などにより四川自治論が提出されると熊克武は生気を取り戻し、劉湘と共に北京政府による役職の任命を拒否。北京政府を後ろ盾とする劉存厚に危機感を抱かせる。

　1921年2月、熊克武は劉湘などと連合で劉存厚を攻め込み、劉存厚は弾劾され四川督軍を解任される。7月には各軍に推される形で劉湘が重慶にて四川総司令兼省長に就任する。北京政府とも広州政府とも関係を断った四川自治の始まりである。

　しかし四川各軍閥内の対立を打開出来なかった劉湘は翌1922年、四川司令兼省長を辞任、第2軍長の席も楊森に譲る。楊森は第1軍の但懋辛に攻め込むと、7月、四川各軍は劉成勲を四川総司令として第1軍を支援。楊森は湖南に逃亡する。楊森に勝利した熊克武は湖南省の北洋軍閥呉佩孚に攻め込むが敗北する。1923年に入ると呉佩孚の支持を受けた楊森が鄧錫侯と共に四川に攻め入り、重慶を占拠。6月4日広州の孫文により熊克武が四川討賊軍総司令、劉成勲が四川省長兼川軍総司令にそれぞれ任じられ、呉佩孚・楊森を攻める。窮地に立たされた楊森は劉湘に復帰を願い、四川善後督弁に推す。1924年、熊克武は国民政府中央執行委員に選出され、国民党支持を鮮明にするが四川討賊軍は敗北、熊克武は貴州へ退却、劉成勲は軍民政務を劉湘に明け渡し、鄧錫侯が成都に入る。

　6月、北京政府により四川督軍は廃止され、楊森を督理四川軍務善後事宜、鄧錫侯を四川省長、田頌堯を帮弁四川軍務善后事宜、劉存厚を川陝辺防督弁、劉湘を川滇辺防督弁にそれぞれ任命。1925年になると鄧錫侯は四川省長を解任され、段祺瑞により頼心輝が四川省長に任命され、重慶で業務を開始する。

　督理四川軍務善後事宜となった楊森は四川統一に着手していたが7月、劉湘がこれに対抗、劉文輝・鄧錫侯や貴州省袁祖銘と組み、反楊森連合を結成し、楊森を撃破。敗れた楊森はいつものパターンで湖南省呉佩孚の元に逃げる。貴州省袁祖銘は劉湘より3か月分の成都兵工廠稼働権と引き換えに反楊森連合に加入したのだが楊森撃破後、兵工廠は省会議により実業廠へと変更されてしまった。袁祖銘はここで得た武器で雲南に攻め入るつもりだったので激怒、重慶を占領する。

　そこで劉湘・鄧錫侯は楊森と和解、楊森を万県に呼び戻し、1926年5月、貴州省袁祖銘を撃破、四川から外敵を追い出す。

　同年7月9日、中央で蒋介石が国民革命軍総司令に就任、北伐を開始する。広州政府である中国国民党の北伐軍が優勢になると各軍閥も続々と国民革命軍参加を表明する。しかし国民革命軍に加わり、北伐に参加するものと思いきや四川の内戦は続き、国民革命軍第23軍となった劉成勲が北伐参加を呼びかけた際、第21軍劉湘・第24軍劉文輝に攻め込まれ、劉成勲は下野に追い込まれる。

　10月、北伐軍が湖南湖北両省に一気に進軍、革命勢力が膨れ上がるかに見えたとき、北洋軍閥呉佩孚と組んだ楊森が万県（現・万州）宜昌から漢口を側面攻撃するが、北伐軍に返り討ちにあう。楊森は国民革命軍第20軍長の任命を受け入れ、楊闇公を自身の防区万県に招請、国民党旗青天白日旗を掲げるなど国民党に誠意を示す。その一方、呉佩孚とも関係は続いており北伐軍討伐の討賊連合軍副総司令の肩書も受け取っている。

　1927年5月、上海クーデターにより武漢国民政府と分裂した蒋介石により楊森は漢陽兵工廠を条件とし

て提示され、武漢政府討伐に向かうが返り討ちにされ、ほぼ壊滅状態で宜昌に戻った。一方、劉湘は援軍を口実として楊森防区の万県に派兵。楊森が万県に戻った時にはすぐ隣の江北県まで劉湘の支配地となっていた。楊森とほほである。

更に7月18日、古くから付き合いのある北洋軍閥呉佩孚が四川に逃げ込んでくる。楊森は呉佩孚を受け入れたため、28年1月、南京国民政府より呉佩孚を保護した罪で役職を解かれる。更に南京国民政府は劉湘・劉文輝などに資金や武器を送り、楊森を包囲させる。しかし楊森は包囲網を撃破、6月自ら復職を宣言する。蒋介石は劉文輝・劉湘によって四川をまとめようとしており、蒋介石の意を受けた劉湘は会議を開催、劉湘を裁軍委員会委員長、劉文輝を省主席、鄧錫侯を財政庁長、田頌堯を民政庁長として各自納得の内定となった。

しかし11月7日、国民政府による正式な任命では劉文輝・劉湘は満足のいくものであったが鄧錫侯・田頌堯は希望のポストを得られず、楊森・頼心輝と共に国民革命軍四川同盟軍軍事委員会を結成、楊森を主席として打倒劉湘を狙う。1929年1月、劉湘は楊森を攻撃し、楊森防区（万県）を吸収。劉文輝は劉湘を援護し、永川以西の劉湘防区を譲られると頼心輝の防区も吸収し、ここに四川は重慶の劉湘、成都の劉文輝という二劉の天下となる。

四川統一のため国民政府への傾斜を強める劉湘と、モンロー主義を取っている四川を中央に取り込みたい蒋介石の思惑が一致し、1932年、劉湘は四川善後督弁に任命される。1933年、甥であり成都を本拠としていた劉文輝を破り四川を統一する。

四川を統一した劉湘は1933年7月7日、四川剿匪総司令に就任、長征中の紅軍を迎撃するが大敗してしまう。紅軍に四川を取られる訳には行かない蒋介石と、追い詰められた劉湘は一段と踏み込んだ取引をする。蒋介石は劉湘を四川省政府主席に任命、四川軍統括権、公債発行を認める代わりに、劉湘は蒋介石直系参謀団の四川入りを認める。これにより賀耀光が国民政府軍事委員会委員長行営参謀団主任として四川入りし、劉湘と共に紅軍討伐に動くことになる。

こうして中央に取り込まれた四川では1935年2月の国民政府四川省政府に続き、11月1日、国民政府軍事委員会委員長重慶行営が成立し、1918年より続いていた防区制が廃止、群雄割拠の時代は終わりを告げた。「四川は天下に先駆けて乱れ、天下に遅れて治まる（天下未乱蜀先乱、天下已平蜀未平）」の言葉通りである。さて、だいぶ長くなってしまったがこの期間を簡単にまとめると右になる。

劉湘公館 B2
⊕ 刘湘公馆
📍 重庆市渝中区李子坝正街 66 号附 5 号
（李子坝抗战遗址公园内）
📍 重慶市渝中区李子壩正街 66 号附 5 号
（李子壩抗戦遺址公園内）

元々の劉湘公館は2009年に取り壊され、移設再建された物で、現在は淑女のための文化教室となっている。この李子壩抗戦遺址公園内の建築物は李根固旧居を除き、全て建て直されたもの。再建されたものも文物保護対象物となったことに対し苦言を述べる専門家、どうせ崩れ落ちる運命なら再建した方が良いという専門家と評価が真二つである。

重慶近代史人物マニア

鄒容路
ⓒ 邹容路
解放碑を貫く道路

鄒容公園 G5
ⓒ 邹容公园
山城ヘアピンカーブでも紹介した南区公園路に接する公園
が鄒容公園で、記念碑も建てられている。

滄白堂 E8
洪崖洞正面、現在は重慶民主党派大楼となっており、中国
民主同盟・中国民主建国会・中国民主促進会など各党が事
務所を置いている。
滄白路
重慶一の観光地洪崖洞の前の通りが楊滄白の名を冠した滄
白路である。
楊滄白故居
ⓒ 杨沧白故居
📍 重庆市巴南区新建路南杨沧白故居
📍 重庆市巴南区新建路南楊滄白故居

鄒容　1885-1905
ⓒ 邹容　ⓟ Zōu Róng　Ⓚ ゾウロン

　清代末の民主革命家。渝中区臨江門父子池で生ま
れ、1898年13歳の時、日本領事館で英語と日本語
を学ぶ。1902年17歳で渡日、東京・同文書院に私
費留学し、日本留学生の間で盛り上がりを見せていた
清朝糾弾の革命運動に参加する。鄒容は清国費留学生
姚文甫の辮髪を無理やり切断、姚文甫が在日清国公使
に訴えたため清国側および日本側双方から圧力を受け
1903年、帰国を余儀なくされる。
　帰国後は上海の中国教育会で論改革中国現時大勢の
演説、中国学生同盟会設立提議、『革命軍』を出版し、
反清民主独立の中華共和国建国を提唱するなど精力的
に活動する。『革命軍』は革命民主派の蘇報紙面でも
紹介されたが、公然と清国政府を非難する内容であっ
たため鄒容は逮捕される。懲役2年を宣告されるが、
出獄まであと2か月というところで20歳の若さで獄
中にて死去。辛亥革命後、臨時大統領に就任した孫文
より陸軍大将軍を追贈され、蒋介石も幼年期に革命軍
を読んで影響を受けている。
　1939年の日本軍による重慶爆撃の際に中央公園（現
人民公園）から臨江門までの道路が破壊されたが、
1943年に再建する際に市政府により鄒容路と命名さ
れた。また1946年には鄒容公園および記念碑が建設
されている。

楊庶堪　1880-1942
ⓒ 杨庶堪　ⓟ Yáng Shùkān　Ⓚ ヤンシュカン　字は沧白

　1895年、15歳の時に重慶で府試験を受け秀才と
なり、重慶経学書院に入学、鄒容と同級生となる。
1900年、重慶の最高学府重慶府中学堂で教鞭を取る。
1903年、公強会などの秘密組織を結成し、1904年、
四川省で最初の新聞『重慶日報』の創刊を支持すると
『重慶日報』に鄒容の革命軍を回覧する。なお、この
『重慶日報』の社長には清朝の弾圧を避けるため日本
人の竹川藤太郎が据えられた。現在の『重慶日報』と
は異なる。
　1905年、孫文などにより中国同盟会が東京で成立
すると公強会も同盟会に参加、楊庶堪は同盟会重慶支
部を開設する。1909年、重慶府中学堂校長となった
楊庶堪は中国同盟会重慶支部を校内に移転。1911年、
清朝の鉄道国有化に対し6月28日、重慶で「重慶保
路同志協会」設立。11月5日、同盟会会員である清
朝新軍四川第17鎮隊長・夏之時が230人で武装蜂起
すると中国同盟会重慶支部も彼らと協調し、11月22
日、重慶に革命軍を迎え入れ、蜀軍政府が成立。楊庶

堪は蜀軍政府高等顧問、夏之時は副都督に就任。

その後も護法護国運動に参加し、中華革命軍政府部副部長・四川主盟・四川省第一節議会議員・四川省長・孫文秘書長・臨時中央執行委員・監察委員・広東省長・国民政府委員などを歴任。1939 年末、重慶に戻り、1942 年 8 月 6 日死去すると国葬された。

重慶府中学堂は抗日戦争時には取り壊されていたが、楊滄白先生記念堂（滄白堂）として再建された。滄白堂では終戦後、重慶談判時に滄白事件が発生する。

竹川藤太郎　1868-1911

1888 年、サンフランシスコで『第十九世紀新聞』を発刊。帰国後は新聞特派員として中国に渡り 1904 年『重慶日報』を発刊する。

楊闇公　1898-1927

- Ⓒ 杨闇公　Ⓟ Yáng Àngōng　ヤンアンゴン

1913 年、江蘇軍官学校入学、国民党に加入。1917 年日本へ渡り。1920 年に帰国した後 1924 年中国青年共産団を結成。1926 年、中共重慶地方執行委員会初代書記。1927 年、三三一惨案から逃れるが 4 月 4 日逮捕、6 日処刑。舌を抜かれ目をくり抜かれ、最後は腕も落とされるという壮絶な死であった。

盧作孚　1893-1952

- Ⓒ 卢作孚　Ⓟ Lú Zuòfú　Ⓚ ルーズオフー

重慶市自然博物館の前身・中国西部科学院創建者。1910 年、同盟会会員となるが教師・記者などを経て実業による救国に目覚め、1925 年、民生公司を設立する。小鎮だった北碚を都市化実験区として開発、ホテル・銭湯・銀行・公園・電灯・新聞・工場など都市機能を整備する。盧作孚の北碚都市化は大成功し、大都市にあるものは全て北碚にもあるとまで言われた。

1929 年、実業の傍ら川江航務管理処処長を兼務、中国側による外国汽船の管理を始める。1930 年、中国西部科学院を設立。1935 年、四川建設庁庁長、1937 年、国民政府交通部常務次長兼全国水陸連合運輸管理処処長と政府内でも頭角を現す。

一地方の大企業であった民生公司だが「中国実業界のダンケルク」（※ダンケルクの戦いはドイツのフランス侵攻に対する英仏の撤退）と言われる 1938 年の宜昌大撤退を成功させ、一気に全国にその名が知れ渡る事になる。国民政府は武漢陥落後 300 キロ西に位置する長江の喉・宜昌に各種物資を集積していく。しかし宜昌〜重慶間は三峡の急流のため大型船は航行不可能、更に枯水期で 40 日間しか航行できないという状況下で通常 1 年かかる分量の物資を 40 日間で輸送する必要に迫られる。そこで盧作孚は最難関の三峡を超えた後は軍事品などの重工業設備のみ重慶へ直送、重要な人員・物資は万県まで、軽くて急を要さない物資については万県手前の奉節・巫山まで、人は宜昌〜三峡のピストン船というように重要度別の航路を設

楊闇公旧居 重慶全図
- Ⓒ 杨闇公旧居
- 重庆市潼南区双江镇正街 48 号
- 重慶市潼南区双江鎮正街 48 号

楊闇公烈士陵園 重慶全図
- Ⓒ 杨暗公烈士陵园
- 重庆市潼南区梓潼街道办石碾村尖山子
- 重慶市潼南区梓潼街道弁石碾村尖山子

中国西部科学院旧址 重慶全図
- Ⓒ 中国西部科学院旧址
- 重庆市北碚区文星湾 42 号
- 重慶市北碚区文星湾 42 号

盧作孚故居 重慶全図
- Ⓒ 卢作孚故居
- 重庆市合川区文华街 79 号
- 重慶市合川区文華街 79 号

劉湘公館 B2
- 刘湘公馆
- 重庆市渝中区李子坝正街 66 号李子坝抗战遗址园内
- 重慶市渝中区李子壩正街 66 号李子壩抗戦遺址公園内

元の建物は取り壊され、現在の建物は 2009 年に再建移設されたもの。再建された物は文化財なのかという問題があるが、重慶市渝中区文広新局の審査は通過している。

潘文華公館旧址 E5
- 潘文华公馆旧址
- 重庆市渝中区中山四路 79 号附 6 号
- 重慶市渝中区中山四路 79 号附 6 号

建物内部に潘文華公館旧址のプレートが設置されているがおそらく再建されたもの。

置。宜昌〜三峡間のピストンでは当日中に宜昌に戻ることができ、船が戻り次第再度荷積み、三峡通過後は人力や陸路で再輸送、航行可能な 40 日間でとにかく三峡を超えることを最優先した（この三峡の難所があるために日本軍も陸軍の重慶侵攻を断念、爆撃へと切り替えた）。

民生公司は南京や武漢の兵器工場・軍事物資、復旦大学・武漢大学など大学機関、中央陸軍学校、食糧など重慶移転の 90% 以上を担当。24 隻中 16 隻が撃沈され、船員 116 名が殉死しながらも 2 万人以上の人員、19.6 万トンの物資を重慶へと届けた。盧作孚はこのプロジェクトの成功により戦後国民政府により一等一級奨章を受章している。

1949 年の中華人民共和国建国以前は中国最大の航業会社であり、建国直後の混乱期には海外にいた 18 隻の船を国内に戻すなど実業面から国を支え、毛沢東も中国実業界で忘れることの出来ない 4 実業家の内 1 人と評している。

西南軍事委員会委員、全国政教委員、北碚文化管理委員会主任などを歴任したが 1952 年、五反運動で不法実業家と吊るし上げられ、睡眠薬自殺。

劉湘　1890-1938
- 刘湘　P Liú Xiāng　K リウシャン

四川陸軍速成学堂で学ぶ。1920 年、四川各軍連合事務所所長、1921 年、川軍総司令兼四川省省長、1923 年、北洋政府より四川善后督弁に任命される。1926 年 5 月、重慶占領すると年末に今度は国民政府より国民革命軍第 21 軍軍長に任命。1929 年 10 月 12 日、重慶初の大学となる重慶大学設立。1934 年、国民政府により共産党討伐の討匪総司令官兼四川省主席に任命。1935 年、国民党中央執行委員。1937 年 8 月 13 日、蒋介石に四川首都移転を提言。抗日戦争時、劉湘率いる川軍は 350 万人計 6 個隊が出撃し、国民政府軍の 1/5 を占めた。

潘文華　1888-1950
- 潘文华　P Pān Wénhuā

初代重慶市長。劉湘と同じく四川陸軍速成学堂で学ぶ。1920 年に劉湘が熊克武を支持し、立場が危うくなった際には潘文華は劉湘に 2 万銀元を送り、劉湘は窮地を脱する。1921 年、劉湘が四川省省長になった際には潘文華を第四師師長に任命するなど劉湘軍の中心人物となる。

1935 年、市長職を引いた後は川軍を率い、抗日戦争出陣、終戦後 1950 年、病死。

賀国光　1885-1969
- 贺国光　P Hè Guóguāng　K フーグオグアン

重慶遷都にあたり準備を整えた中華民国軍人。1935 年 1 月、国民政府軍事委員会委員長行営参謀団を率い重慶入城、四川の軍事を整える。1938 年の劉

湘の死後は四川省政府委員兼秘書長として省政府主席である蒋介石の代理として省政を司る。重慶市長、1944年、軍事委員会弁公庁主任、1946年、西南長官公署副長官兼西康省主席となり、西昌を中心に人民解放軍に抵抗するが1950年3月6日遂に西昌撤退、これにより海南島・台湾を除く中国全土が中華人民共和国となった。

林森　1867-1943
🄖 林森　🄟 Lín Sēn　🄚 リンセン

　1931年12月15日〜1943年8月1日まで国民政府主席。1902年、福建学生会を創立、学生会主席となる。1905年、福建学生会を率いて同盟会に入会。孫文は建国当初より南京は沿岸部のため諸外国との衝突の際に危険であるとし副都を構想しており、陝西省、甘粛省、重慶などを候補にしていた。1920年9月、林森率いる視察団が重慶を訪れており、これが林森と重慶の最初の接点となる。

　1937年11月25日、国民政府の命を受けた重慶市政府工務部により重慶高級工業学校を公民政府として改造。11月26日、国民政府林森一行が船で到着すると10万人の重慶市民が朝天門で出迎えた。林森は当初李子壩劉湘公館に居を構えたが、爆撃の危険性があったため歌楽山雲頂寺に移る。

　その後、蒋介石の歌楽山官邸に一目惚れ、絶賛したところ蒋介石より与えられた。蒋介石官邸は林園となった。1943年8月1日、林森は市内へと向かう途中交通事故により死亡、国民政府により国葬。林森の死後、林園は蒋介石の元に戻り、重慶談判で毛沢東を招待して会食が開かれる。

宋子文　1894-1971
🄖 宋子文　🄟 Sòng Zǐwén　🄚 ソンズーウェン

　国民政府外交部長として1942年12月31日の「中米平等新約」「中英平等新約」を締結、100年に渡る不平等条約を正し、屈辱の百年を終わらせた。宋子文の邸宅である怡園は重慶談判の際に米国代表マーシャルが滞在していた。宋慶齢など宋家三姉妹は実の姉妹である。

宋慶齢　1893-1981
🄖 宋庆龄　🄟 Sòng Qìnglíng　🄚 ソンチンリン

　慶齢は中国を愛し、靄齢は金を愛し、美齢は権力を愛したと言われる宋三姉妹の長女で、中華人民共和国名誉主席。1915年、年の差26歳の孫文と東京で結婚している。孫文死後もソ連と協力し、共産党を容認する「連ソ容共」の立場を取り、蒋介石国民党とは対立していた。

　1938年6月14日、香港で保衛中国同盟を結成し、国際社会に向けて中国の現状を訴え、医薬品の提供を求める。蒋介石夫人で妹の宋美齢の招きにより1940年3月31日、重慶へ到着するが、2か月もしないう

重慶宋慶齢旧居陳列館 G5
🄖 重庆宋庆龄旧居陈列馆
📍 重慶市渝中区両路口新村5号
📍 重慶市渝中区両路口新村5号
現在の建物は2015年に修復されたもの。

良庄
現在は門があるのみ。

特園 F4
- ⓒ 特园
- ⓟ 重庆市渝中区嘉陵桥东村 35 号
- ⓟ 重慶市渝中区嘉陵橋東村 35 号

現在は中国民主党派歴史陳列館の一部となっている。

重慶张治中紀念館 重慶全図
- ⓒ 重庆张治中纪念馆（国民政府军事委员会旧址）
- ⓟ 重庆市沙坪坝区土主镇三圣宫村
- ⓟ 重慶市沙坪壩区土主鎮三聖宮村

国民政府軍事委員会政治部が城内から避難してきた際にここに滞在。元々は清代の寺。中華人民共和国成立後は小学校及び農舎として使用された後、放置。2007 年に修復され 2008 年、一般開放。中華人民共和国成立後、毛沢東より西北軍政委員会副主席に任命された際の通知書などが展示されている。（「国民政府史跡マニア」P160 参照）

重慶郭沫若紀念館 重慶全図
- ⓒ 重庆郭沫若纪念馆（国民政府军事委员会政治部及び文化工作委员会旧址））
- ⓟ 重庆市沙坪坝区西永大道 14 号（全家院子）
- ⓟ 重慶市沙坪壩区西永大道 14 号（全家院子）

（「国民政府史跡マニア」P160 参照）

ちに香港に戻ってしまう。1941 年 12 月 8 日の日本軍に香港侵攻により再度重慶へ避難する。宋慶齢邸のある両路口新村は抗日戦争時に郊外に作られた新住宅地であり、国民政府外交部により宋慶齢に提供された。自宅裏には防空壕も完備しており、日本軍の爆撃時には近隣住民を避難させていた。

1942 年 8 月、保衛中国同盟中央委員会を再結成。負傷兵や孤児の慰問やチャリティ演劇、貧困作家の援助など宣伝面での活動に多くの時間を費やした。1942 年末、周恩来と会食している際に李徳全が暖炉の上に飾られている黄金色の稲穂を発見、宋慶齢は稲穂を取り「本当に黄金のようね。私は裕福な家庭に育ち生活に苦労したことが無かったの。だから孫文にそれほどまでに革命に走るのはなぜですか？と聞いたの。そしたら孫文は「私は貧乏な家庭に育ち、16 歳で初めて白米を食べることが出来た。天下の人々が白米を食べられ、服も着られるようにしたい」と答えた。私はこの稲穂を田から持ち帰った時に「いつになれば孫文の遺志が達成できるのだろうかと自問したの」。一同はえらく感動し、周恩来は 7 年後 1949 年 6 月、国章策定の際にこの逸話を披露。中国の国章に稲穂が載ることになった。

沈鈞儒　1875 ～ 1963
- ⓒ 沈钧儒　ⓟ Shěn Jūnrú　Ⓚ シェンジュンルー

孫文が東京で結成した同盟会に 1912 年参加。1924 年の国民党孫文が第一次国共合作を打ち出した際も率先して支持している。1936 年 7 月 15 日、国共両党に向けて内戦停止、一致抗日を呼びかける「團結御侮的幾個基本條件和最低要求 (団結御侮に関する幾つかの基本条件と最低限の要求)」を発表。1936 年 11 月 23 日章乃器・鄒韜奮・李公樸・王造時・沙千里・史良と共に国民政府により逮捕監禁される。8 か月の拘束の後、1937 年 7 月に盧溝橋事件が勃発し、抗日民意の高まりもあり、釈放される。

1938 年 10 月、重慶に移り、李公樸など共に逮捕されていた運動家と共に棗子嵐埡 (現在の張家花園) 周辺に居住。1940 年 1 月 19 日、統一建国同志会を結成、同会は 1941 年 3 月に中国民主団同盟に組織改定、1944 年 9 月に中国民主同盟となる (発足時沈鈞儒は反対派により未加入、1942 年参加)。後に中央常務委員に選任される。終戦後 1946 年 1 月、第 1 回政治協商会議参加、2 月較場口事件に遭遇、翌日上海へ。

鮮英
- ⓒ 鲜英　ⓟ Xiān Yīng 1885-1968

1921 年、重慶銅元局局長、1937 年成都にて張瀾・鐘体乾と共に中共李一氓と抗日反蒋介石の秘密協定を結ぶ。鮮英は国民政府が防共委員会を設立し「防止異党活動弁法」「共党問題処置弁法」発令した事により活動場所を失っていた共産党に自宅・特園を提供、時には 1000 人を超す来客となった。一方、国民党要人

も特園を訪れる際は上客として扱われた。さらに各運動家も特園を訪れるようになったため、特園は「民主の家」として知られるようになる。国民参政会が重慶に移転してきた際、参政会参加の民主化運動家はまず特園で打ち合わせ、その後、参政会へ出席するなど中国民主化運動の拠点となる。1941年3月19日成立の中国民主政団同盟の総部は特園に置かれた。1942年、沈鈞儒が参加し、三党三派の同盟となる。1945年、重慶談判に来た毛沢東を3度特園に招待している。

その後も新華日報の重慶撤退後、共産党員に避難場所として提供。中華人民共和国建国後は西南軍政委員会、第一回全人代代表。文革時、特園には家族親族が居住していたが退去を迫られ、1968年3月25日、文革兵士により焼失。北京に居住していた本人は周恩来の保護を受けている。

張治中　1890-1969
Ⓒ张治中　Ⓟ Zhāng Zhìzhōng

国民政府軍事委員会政治部部長。早くから周恩来を通して中共入りを望んでいたが、国民政府内部に留まって欲しいと言われ国民党に籍を置いていた。ソ連スパイ説などもある。

郭沫若　1892-1978
Ⓒ郭沫若　Ⓟ Guō Mòruò　Ⓚグオモールオ

国民政府軍事委員会政治部第三庁庁長。郭沫若は大革命失敗後、共産党を離脱してから既に10年近く経っていたため、共産党員ではないだろうと考えた蒋介石により庁長に任命されたが、郭沫若は1937年日本から帰国後、上海にて共産党の党籍を回復していた。

抗日戦争時映画の製作は不可能となったため、話劇が多く上映された。1941年11月、中華劇芸社による旗揚げ公演が郭沫若の『棠棣之花』であった。翌1942年には『屈原』を上演、『屈原』は国泰大戯院で17日連続上演され、30万人以上を動員する大ヒットとなった。郭沫若は他にも『孔雀胆』『天国春秋』等6部の歴史話劇を制作している。また、郭沫若が団長をしていた中国電影制片廠所属の中国万歳劇団に抗建堂を建てさせている。後に魯迅と激しく対立する。

郭沫若は長く科学院長官などを務めたが、文革時には文革を絶賛しながら文革終了後、時の政権が文革批判に出ると自身も文革を批判的に描くなど、常に権力側に忠実であったため死後も評価が分かれる。

鹿地亘
本名＝瀬口貢　1903-1982

1932年、日本共産党に入党、1934年に治安維持法で逮捕。出獄後は上海へ渡り、魯迅と交流を持つ。蒋介石の許しを得て国民党支配地で反戦活動を開始。1938年5月19日には中華民国空軍のマーチンB-10B爆撃機が九州上空から鹿地作成の反戦ビラを撒いている。郭沫若の推薦により国民政府軍事委員会政

治部第三庁の名誉顧問に就任。（「日本・重慶関係史マニア」P188 参照）

緑川英子　1912-1947
本名＝長谷川照子

エスペランティスト・抗日活動家。国際広播電台で日本向け反戦放送を担当しており、当然当時の日本国内の新聞では売国奴・非国民と書き立てられる。しかし周恩来からは「日本軍国主義はあなたを非国民として扱うだろうが、あなたこそ真の愛国主義者だ」と称賛されるなど中国では一定の評価を得ていた。1947年中絶の失敗で死亡。日本人で唯一、重慶歴史名人館に展示されている。

重慶歴史名人館 E9
Ⓒ重庆历史名人馆
📍重庆市渝中区朝东路附1号
📍重庆市渝中区朝东路附1号

国民政府史跡マニア

政府部門の重慶移転

蒋介石は当初、中国西北部を臨時首都にすることを考えており、1932年3月洛陽で開催された国民党第四次二中全会では「西安を西京と改名し陪都、洛陽を行都とする」案が提出された。行都とは副都や遷都されるのではなく、短期的な臨時の首都の事である。しかし四川が軍閥・劉湘により統一されたことから重慶を臨時首都とすることを再考、1935年3月の視察で初めて四川の地に足を踏み入れると10月には「四川は中国の首省にふさわしい」と表明している。

西安も四川と同じく中国西部だが、山脈に囲まれている四川と異なり、西安のある西北地域は華北と平原で繋がってるため侵攻が容易。

1937年7月7日の盧溝橋事件及び8月13日の第二次上海事変勃発により、1937年10月29日、蒋介石は国防最高会議にて「国府遷渝与抗戦前途」談話を発し、重慶を臨時首都とすることを正式に提議する。1937年11月16日、国防最高会議が「国府遷渝与抗戦前途」を批准し、20日「国民政府移駐重慶宣言」発布。

1937年12月1日、国民政府が重慶で正式に業務開始。公式には政府部門は重慶に移ったものの、やはり四川の山奥まで行くのは嫌だったのか、蒋介石と行政院の大部分は武漢に留まっていた。しかし1938年10月の武漢陥落によりいよいよ切羽詰まった蒋介石は12月に桂林経由で重慶に移り、以後7年半に渡り重慶で生活することになる。

1940年3月、南京で汪兆銘（汪精衛）政府成立。汪兆銘は1939年12月、重慶を脱出し昆明経由でハノイ、香港へと逃れ、日本近衛内閣の東亜新秩序建設に呼応、反共和平救国声明を発表していた。

1940年9月6日、「国民政府・明定重慶為陪都令」により重慶は中華民国永久副都となる。1941年12月7日、日本の真珠湾攻撃に対し、中米英ソにより「連合国家共同宣言」が採択、同時に同盟国中国戦区が設置される。この時期の重慶について中国側文献で必ず出て来るのが「重慶はワシントン・ロンドン・モスクワと並び反ファシスト戦争の四大本部であった」という一文だ。

12月9日、ついに国民政府が対日宣戦布告する。1937年7月7日の盧溝橋事件〜1941年12月8日までは両国とも宣戦布告していないので支那事変という扱いである。中共は長らく盧溝橋事件を抗日戦争の開始としていたが2017年に1931年の柳条湖事件を抗日戦争開始日に修正した。

1942年1月2日、同盟国中国戦区統帥部が重慶に設置、蒋介石が総帥、アメリカのジョセフ・スティルウェルが参謀長に就任する。1946年5月5日、国民政府が南京に戻り、戦時首都としての重慶は役目を終える。

臨時首都と副都としての重慶

1937年11月20日「国民政府移駐重慶宣言」から1946年5月5日「還都令」まで戦時臨時首都、及び1940年9月6日の「明定重慶為陪都令」から1949年11月30日の中共による重慶陥落までの永久副都として、重慶は国民政府により戦時臨時首都（首都機能移転）と副都という2つの概念が適用された。臨時首都となった重慶には多くの国民政府関連機関が置かれたのだが、中華人民共和国にとって蒋介石国民党は敵であり、尚且つ四川重慶は1949年10月1日の中華人民共和国成立後も蒋介石が最後の拠点として抵抗したことも影響し、現在ではほとんどの史跡は廃墟であり、碑だけが置かれているという状態だ。

また建物が残っていても住居など他目的で使用されており、史跡として整備されているものは少なく、ほとんどの施設において外観から当時を偲ぶことしかできない。

しかし残された外観を見るだけでも満洲に残されている史跡や上海外灘などの重厚な建築物と比べると、戦時の臨時首都とはいえ、当時の国力差及び中国国内の地方格差を痛感するだろう。

国民政府大楼 E5

- Ⓒ 国民政府大楼
- Ⓟ guómínzhèngfǔ dàlóu
- Ⓚ グオミンジェンフーダーロウ

重慶高級工業職業学校を改築して使用。1979年に取り壊され、現在は重慶市人民政府の建物となっている。国民政府主席林森は1937年11月26日、重慶到着、12月1日より業務開始した。

📍 重庆市渝中区人民路232号
📍 重慶市渝中区人民路232号
（市政府のため外観参観さえ不可）

国民政府軍事委員会

ⓒ国民政府軍事委員会 Ⓟjūnshì wiyuánhuì Ⓚグオミンジェンフー　ジュンシ　ウェイユエンフイ

国民政府軍事委員会は 1925 年 7 月、国民革命軍総司令部所属機関として汪精衛を主席として成立するが、1928年 8 月に一旦解体される。1932 年 3 月、主席制から委員長制に変更し、国民政府所属機関の軍事最高機関として再設定された。

国民政府軍事委員会重慶行営 H8
ⓒ 国民政府軍事委員会重慶行営（蒋介石行営）
国民政府軍事委員会委員長として蒋介石が重慶での最初の行営としたのがこの場所。1935 年に建築されたが老朽化のため 2012 年に再建され、現在は巴渝文化博物館としてオープン予定。
📍 重庆市渝中区解放西路 14（巴渝文化博物館）
📍 重庆市渝中区解放西路 14（巴渝文化博物館）

国民政府軍事委員会礼堂 H8
ⓒ 国民政府軍事委員会礼堂
1945 年 9 月 4 日、蒋介石主催の戦勝慶祝茶会が開かれ、重慶談判のため重慶に滞在していた毛沢東・周恩来なども参加している。18 日には国民参政会により柳条湖事件紀念茶会、10 月 8 日には政治部長張治中主催の大宴会が開催されるなど、国共両党が集まる貴重な場となった。
📍 重庆市渝中区解放西路 66 号（重庆日报社内）
📍 重慶市渝中区解放西路 66 号（重慶日報社内）

国民政府軍事委員会政治部
元々国民政府軍には政治部は無く、第一次及び第二次国共合作時にのみ存在するプロパガンダ工作組織である。第二次国共合作の結果、1938 年 2 月、国民党・陳誠を部長、中共・周恩来及び中華民族解放行動委員会・黄琪翔を副部長として、国民政府軍事委員会の下に政治部が成立する。政治部には 4 つの庁が置かれ、総務庁は人事総務、第一庁は軍事学校における政治工作、第二庁は民衆動員、第三庁は郭沫若を庁長とし、敵国である対日工作や国際宣伝工作など対外プロパガンダ工作として設置される。総務庁から第二庁までは国民党（藍衣社系）が支配していたが、第三庁は実質的に共産党により支配されていた。1940 年、第三庁に理解のあった陳誠に代わり張治中が部長に就任する。
国民政府軍事委員会政治部は共産党とも関りがあるため史跡として整備されている。

国民政府軍事委員会政治部旧址 重慶全図
ⓒ 国民政府軍事委員会政治部旧址（重庆张治中纪念馆）
政治部が市内爆撃を避けるため移転してきた施設。
📍 重庆市沙坪坝区土主镇三圣宫村
📍 重慶市沙坪壩区土主鎮三聖宮村
無料開放されているが、身分証登記が必要なためパスポート携帯の事。

国民政府軍事委員会政治部第三庁

⊙ 国民政府軍事委員会政治部第三庁（文化工作委員会）

宣伝機関である第三庁は郭沫若を庁長として 1938 年 2 月 19 日、武昌（現武漢）で結成。早くも 7 月には 100 枚以上の写真から成る『日寇暴行実録』を発刊している。1940 年 9 月、中共の勢力拡大を嫌った蒋介石により第三庁は廃止、政治部も張治中を新部長として一新するが、文化界を敵に回す事を恐れた張治中により 11 月 1 日文化工作委員会が設置され、郭沫若が主任委員に就任する。

ところが郭沫若がここで各党民主連の「文化会対時局進言」所謂「民主宣言〜各党派参加の国是会議の開催や戦時政治綱領の制定など 6 項目の主張」を発表。新華日報や新蜀報がこの宣言を掲載したため蒋介石が激怒、1945 年 4 月 1 日、文化工作委員会は閉鎖された。郭沫若は 1927 年に周恩来の紹介で共産党に入党しており、郭沫若に招聘された日本の反戦活動家鹿地亘は、第三庁の名誉顧問に就任している。

国民政府軍事委員会政治部第三庁及び文化工作委員会旧址 `重慶全図`

⊙ 国民政府軍事委員会政治部第三庁暨文化工作委員会旧址（重慶郭沫若旧居）

日本軍の爆撃を逃れるために疎開した際の史跡である。内部では第三庁の宣伝活動について展示、日本人鹿地亘の在華日本人反戦同盟についても一単元を設け、解説されている。

📍 重庆市沙坪坝区西永大道 14 号
📍 重慶市沙坪壩区西永大道 14 号

無料開放されているが身分証登記が必要なため、パスポート携帯の事。

国民政府軍事委員会政治部第三庁及び文化工作委員会旧址 `G7`

⊙ 国民政府軍事委員会政治部第三厅暨文化工作委員会旧址（天官府 8 号）

1939 年 5 月の日本軍による爆撃で第三庁は総務部を城内留守に残し、全ての部門が頼家橋に移転。天官府修復後 1940 年 7 月庁長郭沫若は城内天官府、対外宣伝第一課課長杜国庠を頼家橋在住とした。中華人民共和国成立後は国有住宅となり、20 家族に分配された。現在は博物館として再建される予定だが、廃墟のまま封鎖されている。

📍 重庆市渝中区民生路天官府 8 号楼
📍 重慶市渝中区民生路天官府 8 号楼

国民政府軍事参議院

ⓒ 国民政府军事参议院　ⓟguómínzhèngfǔ jūnshì cānyìyuàn

ⓚ グオミンジェンフー　ジュンシ　サンイーユエン

軍事参議院というのは前述の国民政府軍事委員会の最高軍事諮問機関である。主要任務は対日軍事調査・それに伴う報告書や雑誌などの編集である。院長1名、参事・諮議各数名等からなり、下に秘書室、副官室、総務庁、軍事庁、各種軍事研究会が設置された。参議院には712余名が名を連ねていたが、実際には300名程度で運用されていた。抗日戦争後、南京に戻り国民政府戦略顧問委員会となる。

国民政府軍事参議院 B2

ⓒ 国民政府军事参议院（城内事務連絡処）

城内における出先機関が復元され、李子壩抗戦遺址公園内に設置されているが、史跡ではなく重慶長城書画家協会が使用している。

🔴 重庆市渝中区李子坝正街66号附5号（李子坝抗战遗址公园内）

🔴 重慶市渝中区李子壩正街66号附5号（李子壩抗戦遺址公園内）

国民政府軍事参議院 重慶全図

ⓒ 国民政府军事参议院

現在は農民が購入して住んでおり、案内の標識も打ち捨てられるという有様だ。内部を見学させてもらうことは可能だが、天井や柱に残る一部の細工を除いては中国の普通の農民の自宅である。

🔴 重庆市綦江县东溪镇永乐村13社双桂园

🔴 重慶市綦江県東溪鎮永楽村13社双桂園（双桂園到着後、放置された国民政府軍事参議院の看板を通り過ぎ、次の家の脇から入る。）

国民政府行政院

ⓒ 国民政府行政院　**Ⓟ**guómínzhèngfǔ xíngzhèngyuàn　**Ⓚ** グオミンジェンフー　シンジェンユエン

国民政府は 1928 年 10 月 3 日の中央政治会議で行政院・立法院・監察院・司法院・考試院による五院制度の導入を決定。行政院は日本の内閣に相当し、行政院の下に経済部や外交部、内政部など 8 つの部が置かれた。1931 年、国民政府主席は政治責任を負わず、行政院を国家最高行政機関とすることを決定。行政院は院長・副院長・各部会首長・各部政務委員からなり、院長は主席により指名、立法院の同意を経て、主席により任命という手順が取られることになる。副院長は院長により指名、主席により任命される。重慶時代の院長は孔祥熙。

♥ 重庆市渝中区中山四路 36 号　**♥** 重慶市渝中区中山四路 36 号
（現重慶市委紀律検察委員会「参観不可」）

国民政府外交部　G9

ⓒ 国民政府外交部

行政院の下部組織。国際協議運営や居住外国人の管理などを主業務とする。総務・東亜・西亜・欧州・米州・条約・情報の 7 司が設置された。1941 年～ 1945 年までの外交部長は宋子文。1 号棟及び 2 号棟からなり、1 号棟は元々巴県議会の右楼、1927 年、国民党左派四川省党部事務所が置かれていた。2 号棟は巴県議会の左楼で 1929 年に中共党員、黄埔軍校学生梁靖超により重慶高中が開校する。重慶高中は重慶公学と中法学院と並び中共地下組織が設立した 3 つの学校の一つだ。名誉上劉湘が校長となったが実際には周恩来が指揮し、反帝・反軍閥の政治教育・軍事訓練を行っていた。さらに校内に中共党支部共青団支部も設置、これを知った劉湘は自分が校長の学校でそのような教育が行われている事に大変驚き、資金不足を理由に学校を閉鎖した（劉湘は四川軍閥かつ反共という人物）。重慶臨時首都時時期は国民政府外交部が使用していた。

♥ 重庆市渝中区解放东路 112 号
♥ 重慶市渝中区解放東路 112 号

国民政府経済部　F9

ⓒ 国民政府経済部

1937 年 12 月に国民政府の経済中枢機構として以下の部門を統合して再編。実行部・建設委員会・全国経済委員会・軍事委員会第三部資源委員会・軍事委員会第三部工鉱調整委員会・軍事委員会第四部農業調整委員会・軍事委員会第四部貿易調整委員会。
♥ 重庆市渝中区新华路 47 号
♥ 重慶市渝中区新華路 47 号（現重慶飯店）

国民政府財政部　C1

ⓒ 国民政府財政部

抗日戦争時に華岩寺が経済部に事務所及び住居を提供する。経済部資源部が置かれ、経済部長翁文灝、次長潘宜之などは常にここに居住していた。2009 年に国民政府財政部弁公旧址として重慶市抗戦遺址文物保護点の一つに指定される。なぜ経済部史跡ではなく、財政部史跡なのかは不明。
♥ 重庆市九龙坡区华岩村 5 号附 42 号华岩寺内
♥ 重慶市九竜坡区華岩村 5 号附 42 号華岩寺内

国民政府監査部
◉ 国民政府审计部
国民政府における最高監査機関。現在は一般住宅となっている。
📍 重庆市江津区白沙镇石坝街 37 号
📍 重慶市江津区白沙鎮石壩街 37 号（小鎮印象から石壩街小学方面へ坂道 5 分）

国民政府立法院司法院及蒙藏委員会 G6

◉ 国民政府立法院司法院及蒙藏委员会
🅟 guómínzhèngfǔ lìfǎyuàn sīfǎyuàn jí mɑngzàng wㅓiyuánhuì グ
🅚 オミンジェンフー リーファーユエンスーファーユエン ジー モンザンウェイユエンフイ

📍 重庆市渝中区中山一路 312（现重庆市人民医院）📍 重慶市渝中区中山一路 312（現重慶市人民医院）

蒙藏委員会
中華民国成立時臨時大統領孫文により漢・満・蒙・回・藏など五族共和の宣布がなされ、明清時代と同様、少数民族地区の行政機関として 1912 年に蒙藏事務局が設置された。南京国民政府成立後の 1929 年蒙藏委員会に改組され、国民政府直属機関となった。その後、行政院所属となる。重慶時代の委員長は呉忠信。該当建物は 1999 年に一度修復しているが、2015 年に重慶市文物局が国家文物局に再度修繕依頼を出したら却下されたという裏話がある。却下理由は（1）前回大修繕しているのに 15 年で再度修繕が必要とする理由不足（2）史跡は必要最小限の修繕が原則であるが、現在の木造の窓から鉄製の窓に改築する十分な理由が無い等。却下理由は共に納得である。

司法院
国民政府司法行政及び司法判断の最高機関。初級法院・高等法院・最高法院の三級審判制とされた。重慶時代の院長は居正。

立法院
国民政府の最高立法機関。法律・予算・宣戦・講和・条約などを担う。立法院長は国民政府により任命された。重慶時代の院長は孫文の長男・孫科。

国民政府監察院考試院 E4

◎ 国民政府監察院考试院　 ❾guómínzhèngfǔ jiāncháyuàn kǎoshìyuàn
Ⓚ グオミンジェンフー　ジエンチャーユエン　カオシーユエン

監察院
国民政府における最高監察機関であり、国家機関の会計
監査及び不正弾劾を行う。1931 年 2 月成立。重慶時代の
院長は于右任。

考試院
国民政府における最高考試機関。考試機関というのは公
務員試験の審査機関であり、重慶時代の院長は戴伝賢。
現在大部分は撤去され、重慶市人民小学となっている。
📍 重庆市渝中区中山四路 11 号（現重庆市人民小学）
📍 重慶市渝中区中山四路 11 号（現重慶市人民小学）
（小学校の為、参観不可）

国民政府航空委員会第二航空機製造廠 重慶全図

◎ 国民政府航空委员会第二飞机制造厂　 ❾guómínzhèngfǔ hángkōng wǐyuánhuìdìèr fēijīzhìzàochǎng
Ⓚ グオミンジェンフー　ハンコン　ウェイユエンフイ　ディーアー　ハンコンジー　ジーザオチャン

前身を中伊航空機製造廠とする江西省南昌から移転してきた航空機工場。工場の存在を隠蔽するため、移転場所
として山奥の洞窟を選択。終戦まで日本軍に発見されることは無かったという。確かにこんな山奥の洞窟の施設
では上空から発見することは不可能であろう。最大 1200 人の工員によりソ連型 E-16 駆逐機型の忠一 18 甲式戦
闘訓練機や米国型 P-40 式戦闘訓練機などを毎年 20 機程生産していた。中でも最大の成果とされているのが米
国製ライト R-1820 エンジンを搭載した中国第一号となる中型運輸機「中運一号」および改良型の「中運二号」
の生産で、中運一号は 1944 重慶白市驛飛行場から成都太平寺飛行場までの初飛行に成功している。建物は廃墟
であり、洞窟内も見学したいところだが閉鎖されている。

📍 重庆市綦江区丛林镇海孔洞　 📍 重慶市綦江区丛林镇海孔洞

蒋介石官邸

© 蒋介石官邸　℗ jiǎngjièshí guāndǐ　Ⓚ ジャンジエシー　グアンディ

黄山云岫楼 B3

日本軍の空爆を避けるため、蒋介石はほとんどの時間をここで過ごした。当然日本軍も黄山を爆撃することになる。1941年8月30日、日本第三飛行団団長遠藤三郎率いる27機が黄山蒋介石官邸を爆撃、当時蒋介石は会議中だったため一回目の避難警報では避難せず会議を続行。爆撃が門に直撃し、衛兵2名が死亡したためようやく防空壕に避難したという。なお、云岫楼がある重慶抗戦遺址博物館内には云峰楼という云岫楼と名前が似た建物があるが、こちらは蒋介石が宋慶齢のために用意した建物である。しかし宋慶齢はここに住むことはなく、両路口に住んでいた。重慶にある4つの蒋介石官邸の内、唯一見学可能。

📍重庆市南岸区南郊的黄山23号（重庆抗战遗址博物馆内）
📍重慶市南岸区南郊的黄山23号（重庆抗战遗址博物馆内）

徳安里103号

蒋介石の市内官邸。

📍重庆市渝中区中山四路36号（重庆市委机关大院内）
📍重慶市渝中区中山四路36号（重慶市委機関大院内）参観不可

南泉小泉

首都移転に伴い、南泉には軍事委員会や中央政治大学など十数の機関が移転。蒋介石や林森・孔祥熙なども疎開地また休息地として別荘を建設した。

📍重庆市巴南区南泉街道（保利小泉内）
📍重慶市巴南区南泉街道（保利小泉内）別荘地のため住民以外参観不可

歌楽山林園

1938年11月、蒋介石が修繕。国民党主席林森が訪れた際、絶賛したため林森に贈られた事から林園と呼ばれる。林森は1943年5月13日にここから城内への移動中に米軍車との事故で死去。林森死亡後は蒋介石が四棟に拡張し1944年より使用。一号棟は蒋介石官邸。二号棟は宋美齢住居、宋美齢が米国渡航後は国賓招待所として使用。三号棟は宋美齢が舞台として使用、また重慶談判時にはマーシャルが宿泊していた。四号棟は林森記念堂として建築された。1945年8月28日、重慶談判のため重慶に到着した毛沢東をここに招待し、会食。当時毛沢東は二号棟国賓招待所の左室、王若飛は右室、周恩来は三号棟に宿泊した。翌29日早朝に蒋介石が散歩していると不意に毛沢東と出会い、近場の岩で非公式会談が行われたという逸話もある。

📍重庆市沙坪坝区歌乐山双河街（人民解放军重庆通信学院内）
📍重慶市沙坪壩区歌楽山双河街（人民解放軍重慶通信学院内）参観不可

松庁 B3

ⓒ 松厅

蒋介石夫人宋美齢の南山における住宅

📍 重庆市南岸区南郊的黄山 17 号（重庆抗战遗址博物馆内）

📍 重慶市南岸区南郊的黄山 17 号（重慶抗戦遺址博物館内）

飛閣 B2

ⓒ 飞阁

1939 年建築。1940 〜 1942 年まで英国大使の住居。蒋介石と宋美齢が避暑地として使用しており、防空壕も備え付けられていた。

📍 重庆市渝中区鹅岭正街 117 号（鹅岭公园内）

📍 重慶市渝中区鵝嶺正街 117 号（鵝嶺公園内）

戴笠公館 E5

ⓒ 戴笠公馆　ⓟ dàilì gōngguǎn　ⓚ ダイリ　ゴングアン

蒋介石のサーブル（剣）と言われた国民党特務機関（秘密警察）トップ戴笠の館。曾家岩 50 号（周公館）の隣にあり、周恩来ら八路軍（中共）を監視していた。現在は重慶巴渝文化会館となっている。

📍 重庆市渝中区中山四路 85　📍 重慶市渝中区中山四路 85

国民参政会

ⓒ 国民参政会　Ⓟguómíncānzhènghuì　Ⓚグオミンツァンジェンフイ

国民参政会（城内）E5

1938年3月1日、中共により提出され、3月29日に漢口で開かれた中国国民党臨時全国代表大会の抗戦建国綱領決議に基づいて創設された最高民意諮問機関。議長汪兆銘、副議長張伯苓以下200名の参政会員で構成された。国民参政会は国民党により選ばれた参政会員からなり、大部分は国民党で占められていたが、中共から毛沢東・董必武ら7名が名を連ねるなど、諮問機関とはいえ、国民党一党独裁にあった当時としては他党が国政に意見を述べる貴重な機会となった。同年7月6日に第一回国民参政会が漢口で開幕、同年10月重慶に移転。重慶では11回開催された。国民参政会の「国民」は国民党の国民ではなく、広く国民から意見を募るという意味での「国民」である。

📍 重庆市渝中区中华路168号

📍 重慶市渝中区中華路168号（建物は非常に分かりにくい。乡村基横の国際商務中心の消防用道路を入る）

国民参政会大楼 B2

中共八路軍が紅岩村に事務所を構えた後、国民参政会も紅岩村に防空・避暑用に建物を建設する。上層階は国民党特務機関が使用しており、中共の南方局の秘密通信を盗聴していたが解読は出来なかった。また紅岩村には国民党重慶憲兵第三団が憲兵楼を構え、八路軍を監視していた。

📍 重庆市渝中区红岩村52号

📍 重慶市渝中区紅岩村52号（紅岩革命記念館の背後）

国民党党史編纂委員会 重慶全図

- 国民党党史编纂委员会
- guómíndǎng dǎngshǐ biānzuǎn wǐyuánhuì
- グオミンダンダンシビエンズアン　ウェイユエンフイ

2016 年に修復され、江津区図書館白沙分館として一般開放されている。

- 重庆市江津区白沙中心路 246 号
- 重慶市江津区白沙中心路 246 号（江津区白沙中心卫生院前）

国民党中央警備署 重慶全図

- 国民党中央警卫署
- guómíndǎng zhōngyāng jǐngwèishǔ
- グオミンダン　チョンヤン　ジンウェイシュー

重慶の北の入り口・北碚に置かれていた国民党の警備局。その後、保育院を経て 50 年代初頭には江北県拘留所となった。現在は完全に廃墟である。

- 重庆市北碚区新华路与解放路交叉口西 500 米
- 重慶市北碚区新華路と解放路交差点より西 500 米
（地図上では 150m となっているが実際には 500m くらい。百度地図の地点から嘉陵江に沿って北西へ 300m ほど）

中国海軍修理工場档案庫 重慶全図

Ⓖ 中国海军修械所档案库
Ⓟ zhōngguóhǎijūn xiūxièsuǒ dàngànkù
Ⓚ ヂョングオハイジュン　シュウシエスオ　ダンアンクー
木洞は水運が発展しており、重慶への入り口でもあっ
たため中壩島には海軍修理工場や兵器庫も置かれてい
た。なお中壩島に獅子像が2頭残っているが、その場
所が兵器庫である。1947年、大爆発が起き、建物は
吹き飛び獅子だけが残ったという。木洞鎮の海軍修理
工場档案庫は1938年から1946年まで使用されてい
た。

📍 重庆市巴南区木洞镇前进路 56 号
📍 重慶市巴南区木洞鎮前進路 56 号

中国海軍軍官学校 重慶全図

Ⓖ 中国海军军官学校
Ⓟ zhōngguóhǎijūn jūnguān xuéxiào
Ⓚ ヂョングオハイジュン　ジュングアン　シュエシャオ
中華民国海軍学校 (桐梓海校) の重慶校舎である。中
華民国海軍学校は清代 1866 年、福州馬尾で求是堂芸
局として開学。その後、福州船政学堂と改称、辛亥革
命後は中華民国海軍部直属となり、福州海軍学校を経
て、馬尾海軍学校となる。日中戦争勃発により 1938
年 6 月、湖南省湘潭へ、10 月には貴州省桐梓へ移転
した。移転後は桐梓海校と呼ばれ、航海士及び機関士
養成の他に造艦科が増設された。桐梓海校は重慶郊外
の木洞にも校舎を建設し、長江に停泊している楚観・
楚同などの軍艦を使用して実習が行われた。なお海軍
学校では木洞での実習の前後に湖南省辰溪でも魚雷な
ど水中兵器の訓練が行われた。

📍 重庆市巴南区木洞镇中坝岛
📍 重慶市巴南区木洞鎮中壩島（木洞古鎮から対岸の中壩島
まで船が出ている。現在は碑が設置されているのみ）
貴州省桐梓の桐梓海校は参観できるため、興味のある方は
行かれてみると良い。

軍令部中央軍需学校旧址 重慶全図

Ⓖ 军令部中央军需学校
Ⓟ jūnlìngbù zhōngyāng jūnxū xuéxiào
Ⓚ ジュンリンブー　ヂョンヤン　ジュンシュ　シュエシャオ
孫文により創設された中華民国初の軍事学校である北
洋陸軍軍需学校を前身とし 1938 年 7 月に重慶北碚へ
移転。蒋介石が校長を務めた。蒋介石の台湾退却後は
国防財務経理学院、国防管理学院を経て現・国防大学
となった。

📍 重庆市北碚区毛背沱（兼善中学内）
📍 重慶市北碚区毛背沱（兼善中学内）参観不可

国民党陸軍機械化学校 重慶全図

🔵 国民党陆军机械化学校　🔵 guómíndǎng lùjūn jīxièhuà xuéxiào
🔵 グオミンダンルージュンジーシエフア　シュエシャオ

1936 年に南京で設立された陸軍交輔学校を前身とする国民政府における唯一の戦車・装甲部隊養成学校であり、湖南省長沙・広西省柳州・湖南省洪江を経て 1944 年、重慶に移転してきた。学校の存在を隠すため対外的には精是学校と呼ばれていた。現在は闇公中学となっているが校舎の見学は不可、周辺機関の見学となる。台湾の陸軍装甲兵訓練指揮部の前身である。

校長室
前述の通り、国民党における唯一の戦車部隊養成学校であったため校長には蒋介石が就任。校長室が用意されたが、蒋介石は一度もこの地に足を運ぶことはなかった。
📍 重庆市潼南区双江镇金龙村 2 组、重庆市潼南简氏纸业包装有限责任公司内
📍 重慶市潼南区双江鎮金竜村 2 組、重慶市潼南簡氏紙業包装有限責任会社内
（正門入って右手の貯水庫裏へ進む）なお、古鎮から校長室へ向かう途中、左手に将軍楼もある。

食堂
当時の食堂。人民解放軍により接収され、その後、某企業が利用していた。
📍 重庆市潼南区银龙路
📍 重慶市潼南区銀竜路（闇公中学すぐ横）

大礼堂
国民党陸軍機械化学校の中で最も保存状態が良いのが大礼堂である。保存状態が良いと言っても一般企業の倉庫として使用されているため、外観のみの見学となる。
📍 重庆市潼南区银龙路
📍 重慶市潼南区銀竜路（双江古鎮から闇公中学へ向かう途中）

中央政治学校研究部 重慶全図

- 中央政治学校研究部　Ⓟzhōngyāng zhèngzhì xuéxiào yánjiūbù
- Ⓚ ヂョンヤン　ジェンジーシュエシャオ　イェンジウブー

1927 年南京で創立した中央党務学校を前身とし、法政・経済・外交・新聞・地政の 5 系が設置されていた。

- ◉ 重庆市巴南区南泉镇白鹤林村（重庆工程学院内）
- ◉ 重慶市巴南区南泉鎮白鶴林村（重慶工程学院内）

中央研究院

- 中央研究院　Ⓟzhōngyāng yánjiūyuàn
- Ⓚ ヂョンヤンイェンジウユエン

英国王立協会・ソビエト国家科学院と同様の機能を目指し、1928 年に南京で設立された国立中央研究院。物理・化学・工学・地質・天文・気象・歴史言語・心理・社会科学・植物からなる国民政府直属の研究機関。現存せず。

臨時首都マニア

劉湘の統治下で市政へ

1926年7月、劉湘により潘文華が重慶商埠督弁に任命され、市政への準備を始める。重慶市の範囲が明確に定められていないまま南北直径15kmを暫定市域とし、1929年2月15日、潘文華初代市長のもと重慶市政府が成立する。1930年、巴県（渝中区）の一部68.125㎢、江北の一部63.125㎢で合計市域を131.35㎢と定めたが各地域の協力を得られず、1933年になりようやく巴県43㎢、江北3.75㎢当初計画の1/3となる合計46.74㎢で市域が確定した。

潘文華が重慶商埠督弁となった1926年頃の重慶は三方を川に囲まれ、西の通遠門から一本の古道が伸びるだけで、七星岡や観音岩など通遠門の外側には墓地が広がっていた。重慶が開港してから既に40年が経過していたが未だに市内には電気水道はなく、幅3mを超える街道や公園さえないという状況の中、城内の狭い地域に20万人が暮らしていた。

そこで潘文華はまず通遠門の外側から整備を始め、墓場を移設し、中区路・南区路・北区路の3街道を新設した。この墓地移転に伴いチベットから僧を呼び、慰霊碑として建設させたのが菩提金剛塔である。中区路は通遠門〜上清寺まで重慶の中心部を横断する中山一路〜四路、南区路は防空壕ストリートとして、北区路はヘアピンカーブとそれぞれ魅力的な道路として現存している。

上半城の街道が完成すると、続けて各街道と下半城を繋げる道路が整備される。なんとこの時まで上半城

1920年太平門

と下半城とを結ぶ道路は存在しなかったというから驚きだ。その後、大溪溝〜歌楽山〜璧山へと至る街道を整備し、成都と重慶を結ぶ成渝街道に接続した。市内交通も大幅に改善し、滑竿や籠がバスや人力車に取って代わられた。滑竿は椅子に竹竿を通し二人で担ぐというもので、現在でも武隆などの観光地で乗ることが出来る。

1934年、初の公共バスが朝天門〜上清寺間で開通、1937年までに73台のバス、自家用車106台、人力車数千台という規模に発展する。1929年8月、重慶初の公園となる重慶市中央公園（現在の人民公園）が開放された。1931年、民用電話開通と同時に南岸江北への電線も通し、南の南岸〜城内〜江北まで電話が利用できるようになった。1932年水道が開通、1934年には電気が開通し、重慶初の街灯が両路口〜通遠門まで設置された。平行して朝天門・嘉陵江・江北・千厮門・儲奇門など各埠頭も再整備され、商工業発展の礎を築く。教育面でも1929年10月、劉湘を学長として重慶大学が開学している。

このように1930年頃にはなんとか近代都市として整ってきたため、首都機能の受け入れも可能だったのだろう。

国民政府臨時首都

劉湘の統治から国民政府の臨時首都となった重慶では人口も増え、都市区域も市区は現在の両路口まで、郊外は磁器口まで拡大する。旧市街では現在の解放碑周辺を重点開発区に指定、郊外の新市街は両路口から沙坪壩、楊家坪への街道が整備された。1938年10月には重慶輪渡股份有限公司、渝工輪渡公司などの渡し船が整備され、1945年までに市内各港を網羅した。1939年、四川公路局により北碚や沙坪壩歌楽山といった郊外へのバスが開通する。1945年5月16日には重慶初の客用ケーブルカー望竜門客運ケーブルカーが開通する。山城である重慶ではその後、多数ケーブルカーが建設され、朝天門から船に乗る際にもケーブルカーを利用していたが、残念ながら現存しているケーブルカーは無い。余談だが日本で初の乗り合いバスは京都で1903年に開通、地下鉄は東京で1927年に開通している。

軽工業から重工業へ

1940年までに重慶に移ってきた鉱工業は243社となり、四川に移ってきた鉱工業の93.46%を占めていた。国民政府は重慶の工業区を東は長寿から西は江津まで11区に渡り整備したため、重工業と軽工業の割合が逆転した。機械工業も急速に発展し四川に移ってきた機械工業の内、重慶が会社数で683社のうち65%、資本で337億元のうち51.5%を占めること

なった。終戦時までに重慶は 1690 工場、資本額 272.6 億元、職員 10 万人と各工業分野で四川省の 60% 前後を占めるに至った。

商業

商業分野でも著しい発展が見られ、1939 年にわずか 39 社だった市商会は 1945 年には 123 社に、1937 年に資本 2000 元以上の企業は 700 社だったのが、1945 年には 27481 社と 38 倍になっている。1945 年には就業者の 39% を商業が占め、第二位の鉱工業 35.5% を凌ぐほどになっていた。

更に重慶は貿易の窓口としても発展することになる。重慶は既に開港していたものの長江上流での中心地に過ぎず、中国全土では沿岸部上海が貿易の中心地であった。しかし沿岸部の港が日本軍に占領されたため、臨時首都となった後は、陸路空路により重慶に物資を集結することになる。

運輸業

運輸業もこの時期に最も発展した業種の一つである。蒸気船は 1936 年の 56 船から 1941 年には 288 船にまで増加、木船は 16369 船・人員 30 万人となった。航路も増え 1939 年に南充、1943 年には広元へと長江上流に延長された。

航空業では 1937 年に重慶初、中国では 3 番目となる国際線、重慶〜香港線が開通、以後ハノイ・ヤンゴン・アルマトイなどに就航している。空港は劉湘刘湘が建設した広陽島のほか民間用に長江中洲の珊瑚壩、軍用の九竜坡、後に米国大型爆撃機用に白市驛と 4 つ設けられた。

銀行

金融面では 1938 年末までに中央・中国・交通・農民の四大銀行及び中央信託局なども上海から重慶へ移転し銀行は 75 行へ、保険業も戦前の 7 社から 53 社へと増加している。打銅街は国民政府経済部・交通銀行などが集まる金融街となった。

中央銀行 F9
Ⓒ 中央銀行　Ⓟzhōngyáng yínháng　Ⓚジョンヤン　インハン
1928 年 11 月 1 日、南京国民政府により上海で中央銀行が設立。上海→南京→漢口と移転し、1938 年重慶へ移転した。移転時は建物が未完成であったため、美豊銀行 5 階を借り受けて業務を行っていた。1940 年元旦正式に業務開始。日本投降後 1946 年 4 月 1 日、中央銀行は上海に戻ったため重慶は支店となるが、国共内戦時に広州→重慶→成都と再度重慶に移転してきた。
📍重庆市渝中区道门口 9 号
📍重慶市渝中区道门口 9 号
現在は 90 年代の一般建物で重穂招待所となっており、当時を偲ばせるものは地下の金庫以外残っていない。

川康銀行 F9
Ⓒ 川康银行　Ⓟchuānkāng yínháng　Ⓚチョアンカン　インハン
川康銀行の正式名称は川康平民商業銀行といい、1937 年 9 月に川康殖業銀行・重慶平民銀行・四川商業銀行が合併してできた銀行である。国民政府は故宮より移した 10 万箱 60 万件近い国宝を南京に保管していたが南京陥落が迫る中、大部分を重慶に移すことになる。その際、堅牢な造りの川康銀行 2 階金庫に保管したが、期待通り倉庫は日本軍の爆撃にも耐え抜いた。1949 年債務超過により営業停止。現在は中国郵政として使用されている。
📍重庆市渝中区打铜街 16 号
📍重慶市渝中区打铜街 16 号

中国銀行 F9
Ⓒ 中国银行　Ⓚzhōngguó yínháng　Ⓟヂョングオ　インハン
1912 年、孫文が大清銀行を改定し、中央銀行機能を備えて北京で設立させた。1928 年 11 月の中華民国中央銀行の設立により中国銀行は政府特許国際為替銀行となり、為替・貿易など対外業務を行うことになる。重慶解放後、中華人民共和国の中央銀行である中国人民銀行西南区行となるが 1954 年、重慶の省轄市降格に伴い、閉鎖された。
📍重庆市渝中区新华路 41 号
📍重慶市渝中区新华路 41 号。現重慶飯店だが横浜中華街の重慶飯店とは無関係。

交通銀行 F9

C 交通银行　**P** jiāotōng yínháng　**K** ジャオトンインハン

1908 年北京にて設立後、1928 年上海に移転。鉱工業や交通、倉庫業その他産業への投融資及び会社債権や株式などを主な業務とする。交通銀行総管理部は抗日戦争勃発後、武漢→香港と移転し、1938 年 6 月、重慶華竜橋交農村に移転。重慶分行が打銅街に、1939 年 6 月に李子壩支店を開設している。50 年代に交通銀行が営業停止した後は、重慶市冶金工業局事務所として使用され、現在は建設銀行重慶市分行打銅街支行となっている。交通銀行の業務は香港を除き中国人民銀行と交通銀行を基に設立された建設銀行に引き継がれており、現在の交通銀行は 1986 年の金融改革で設立された別物である。

Q 重庆市渝中区打铜街 14 号
Q 重慶市渝中区打銅街 14 号

交通銀行旧址建築群 B2

Q 重庆市渝中区李子坝正街 66 号李子坝抗战遗址公园内
Q 重慶市渝中区李子壩正街 66 号李子壩抗戦遺址公園内

李子壩の旧址は事務所、印刷所、地下金庫、学校で構成。現在は Weibo 重慶が使用。

聚興誠銀行 G9

C 聚兴诚银行　**P** jùxīngchéng yínháng
K ジューシンチャン　インハン

重慶市で初の私営商業銀行として地元の名門楊氏により 1915 年 3 月 16 日設立。建物は日本に留学経験のある設計士余子杰が日本三井銀行を模倣して設計、1917 年建成。抗日戦争時、国民政府外交部が敷地一部を借り受け、使用していた。解放後は行員住宅及び薬剤倉庫として使用され、後に保険会社、工商銀行が使用。

Q 重庆市渝中区解放东路 112 号
Q 重慶市渝中区解放東路 112 号

四川美豊銀行 F9

C 四川美丰银行　**P** sìchuān měifēng yínháng
K スーチョアン　メイフォン　インハン

1922 年、重慶にて中米合弁で設立。後に中国独資となる。中華人民共和国成立により 1950 年 4 月営業停止。1954 年以降は中国人民銀行重慶市分行が使用していた。

Q 重庆市渝中区新华路 74 号银行大楼
Q 重慶市渝中区新華路 74 号銀行大楼

中国農民銀行 F9

C 中国农民银行　**P** zhōngguó nóngmín yínháng
K ヂョングオノンミンインハン

1933 年漢口にて農業及び農地管理業務のため、蒋介石を理事長として設立。1937 年、重慶移転。交通銀行や中国銀行は大陸に残り現在に繋がる歴史を有するが、中国農民銀行はこれらの銀行とは異なり、蒋介石と共に台湾に渡ったため、中華人民共和国に中国農民銀行を祖とする銀行は現存しない。

その他文化面など

国際村 G4

C 国际村　**P** guójì cūn　**K** グオジーチュン

両路口付近は当時の新興住宅地で、上流階級や外国人などが多く滞在しており、米国大使館裏手には英国海軍倶楽部や外国人記者などが集まる国際村と呼ばれる地域があった。当時の国際村は現在の国際村より広く、各国大使館の置かれた鵝岭公園から連合国中国方面司令官スティルウェル邸のある李子壩までを含む一帯を指していた。

Q 重庆市渝中区健康路 23 号
Q 重慶市渝中区健康路 23 号

抗建堂 G6
Ⓒ 抗建堂　Ⓟ kàngjiàntáng　Ⓚ カンジエンタン
1940 年 4 月、国民政府軍事委員会政治部第三庁郭沫若が中国万歳劇団団長兼任後、劇場不足を補うために建築することを決定。爆撃により撮影に適さなくなった撮影所跡地に建設された。抗戦建国（抗戦建国）から抗建堂と名付けられる。1941 年の完成～1945 年の終戦までに『屈原』を含む 33 の劇が上映された。重慶では毎年 10 月～5 月は霧が多く発生し、日本軍の空爆が止まるためこの時期に大型の劇が上映、「霧季公演」と呼ばれていた。
📍 重庆市渝中区中山一路 181 号
📍 重慶市渝中区中山一路 181 号

保衛中国同盟 G5
Ⓒ 保卫中国同盟　Ⓟ bǎowèi zhōngguó tóngméng
Ⓚ バオウェイ　チョングオ　トンマン
1938 年 6 月、宋慶齢により香港にて設立。世界に向けて中国への医薬品などの援助物資の提供を呼び掛けた。宋三姉妹といえば「長女・靄齢（国民政府財政部長孔祥熙夫人）は金を愛し、次女・慶齢（孫文夫人）は国を愛し、三女・美齢（蒋介石夫人）は権力を愛した」と言われており、1949 年 10 月、北京で毛沢東が中華人民共和国の成立を宣言した際には隣に宋慶齢が立っていた。1940 年 3 月、宋慶齢は重慶に到着すると姉妹を伴って陸軍第五医院や児童医院を慰問している。保衛中国同盟を兼ねた宋慶齢宅の裏手には山をくり抜いた防空壕も設置されており、爆撃時には近所の住民を非難させたという。
📍 重庆市渝中区两路口新村 5 号
📍 重慶市渝中区両路口新村 5 号

国際広播電台
Ⓒ 国际广播电台　Ⓟ guójì guǎngbō diàntái
Ⓚ グオジーグアンボーディエンタイ
1938 年 3 月 11 日、中央広播電台放送開始。1940 年 1 月中央広播電台が中央宣伝部国際宣伝処を合併し、国際広播電台という短波放送を始める。国際広播電台は北米・欧州・ソ連・日本など向けに 9 言語で放送していた。蒋介石や周恩来なども出演したほか、反戦活動家緑川英子が対日日本語放送を担当し、抗日を訴えている。

中ソ文化協会
Ⓒ 中苏文化协会　Ⓟ zhōngsū wénhuà xiéhuì
Ⓚ ヂョンスー　ウェンファー　シエフイ
1936 年、ソ連留学組により会長を孫科として南京で成立。1937 年に重慶移転。文化交流を促進し、雑誌『中ソ文化』などを発刊。1940 年、組織改編し、郭沫若が率いる文化工作委員会からも多数が参加、事実上中共南方局の主要な活動拠点の 1 つとなる。1945 年 9 月 1 日毛沢東は当協会主催の中ソ友好同盟祝賀会に参加している。

復旦大学
Ⓒ 复旦大学　Ⓟ fùdàn dàxué　Ⓚ フーダン ダーシュエ
1905 年創立の中国有数の名門大学。1937 年に重慶北碚に移転、1946 年上海へ戻る。1938 年 7 月、復旦大学にて北碚地区初の中共支部が成立している。

臨時首都の終了から経済崩壊へ

　1946 年 5 月 5 日、国民政府は正式に南京に戻り、重慶は国民政府主席重慶行営となる。これにより重慶に集まっていた銀行や工場など 122 の大企業、50 万人以上が南京、武漢など東部に戻る。政府需要は南京に移り、交易路が安定したことによりアメリカ等からの物資も直接沿岸部に入ってくるようになったため輸入代替品の生産も激減、重慶経済は全面崩壊する。1946 年～1947 年までに上海、天津、重慶などの大都市で 27000 の民間工場が倒産したが、そのうち重慶の工場が 7000 件と 25% 以上を占めていた。中国工業協会重慶支部傘下の 470 工場のうち 80% 以上が倒産。工業生産のうち戦時中 81.3% を占めた重工業は 25.7% まで落ち込み、軽工業が 18.7% から 74.3% へと逆転。銀行は 108 行の内 18 行が倒産、外資系 2 行は業務停止した。船会社の客貨輸送も 1949 年には 1945 年比で 84.23% 減という散々な数字になった。インフレも急速に進み、1948 年 8 月を基数として 1949 年 2 月には生活指数 450 倍に対して教員の給与は 35 倍、3 月には生活指数は 3500 倍になったが教員給与はわずか 105 倍にしかならず、国民政府のこれらの経済失策も国民が国民党を見限る一因となった。

大使館マニア

　1937 年 7 月 7 日、盧溝橋事件による日中戦争勃発前、重慶にはイギリス・フランス・日本・アメリカ・ドイツなど列強の領事館が置かれていたが、戦時中に臨時首都となった事から 30 か国以上の大使館が置かれるようになる。1942 年、ワシントンで 26 か国（亡命政府含む）により連合国宣言。中華民国も連合国の一員となった事により、チェコスロヴァキア・ポーランド・ノルウェイ・オランダ・ブラジル・メキシコ・カナダ・トルコ・ペルー・ベルギーは公使館から大使館に昇格させ、インド・オーストラリア・フランス・イラン・アルゼンチン・スイスは新たに大使館、公使館、それに準ずる代表団駐在処を開設した。戦後これらの大使館は国民政府と共に南京に戻ったが、当時の大使館跡が残っているので紹介したい。

　渝中区にあるソ連史跡や南岸竜門浩にあるアメリカ関連の史跡は見学しやすいが、南山の史跡は市内から距離があり、建物の外観しか見ることが出来ないためマニア好みだろう。大使館跡が集中している渝中区鵝岭公園や南岸区の南山植物園などでは数か国まとめての参観が可能だ。ただし参観と言っても一部を除いて基本的には外観のみの見学となる。また、当時の連合国側の史跡は 2013 年 3 月 5 日に「同盟国駐渝外交機構旧址群」として中国文化遺産に指定されているが、敵国ドイツイタリアの史跡は指定外である。第二次世界大戦は日本にとっては初敗北だが、中国にとってはアヘン戦争で侵略されて以来、初勝利なのだ。

枢軸国

当然だが対戦国日本の大使館は無いので、日本の同盟国枢軸国側の史跡から紹介する。

イタリア大使館後にベルギー大使館
イタリア大使館は 1938 年 8 月に開館、1941 年 7 月、中華民国との断交により、その後はベルギー大使館として使用された。現在の建物は竜門浩老街のリニューアルに伴い、再建されたものでカフェとして使用されているが、再建前の 2010 年代初頭までは農民工が住んでいた。

📍 重庆市南岸区南滨路 105 号、龙门浩老街内　　📍 重慶市南岸区南濱路 105 号、竜門浩老街内

ドイツ大使館 B3

ドイツは 1904 年に領事館を設立している。大使館は 1938 年 8 月 14 日、重慶に移転してきた。中華民国はドイツの武器工業製品を輸入し、希少金属を輸出するなど両国は密接な関係にあったが、ドイツによる南京汪兆銘政府承認により 1941 年 7 月 1 日断交、大使館は閉鎖された。ドイツ大使館閉鎖後、英国が一時使用するが後に個人の別荘となり、現在も個人宅として使用されている。南山の山奥にあり、ほぼ当時のまま使用されているため、相当痛みが気になる。また個人宅であり、地図に出て来ないため、発見が最も困難な大使館跡である。

🔴 重庆市南岸区黄桷垭文峰段 78 号（广益中学 - 西南門）
🔴 重慶市南岸区黄桷垭文峰段 78 号（広益中学 - 西南門）

広益中学 - 西南門脇の小道を山の方へ進む。未舗装の山道になっても更にどんどん進むと、左手に文峰塔への階段が現れる。階段を通り過ぎ、そのまま山道を進むと右手に見えてくる。

デンマーク公使館

1938 年 10 月、公使館開設。1941 年 8 月、デンマークが南京汪兆銘政府支持及び満洲国を承認したため断交、閉館。

🔴 重庆市渝中区鹅岭正街 117 号（鹅岭公园内）
🔴 重慶市渝中区鵝嶺正街 117 号（鵝嶺公園内）

連合国

日中戦争時はソ連が中国を支援、太平洋戦争後はアメリカが支援している。

ソ連大使館 G5

ソ連大使館は 1938 年 1 月 19 日、国民政府の重慶遷都後、各国に先駆け最初に重慶に移転した大使館である。1941 年の太平洋戦争勃発までは対中援助はほぼソ連のみであった。そのため国民政府はソ連大使館を非常に重視、各国大使館の中で最大のものとなっている。元々は 1933 年、北征時に川軍によりドイツ建築家を招き建てられた建造物で、その後、日中戦争時ソ連大使館として使用。1945 年 9 月 3 日、抗日勝利の夜、重慶談判のため重慶にいた毛沢東が茶会に招かれ、参加している。日中戦争後大使館は南京に戻ったため、1946 年 5 月、国民政府重慶中央医院となる。建築面積 2438 ㎡、敷地面積 488.8 ㎡。

📍 重庆市渝中区枇杷山正街 104 号（重庆市第三人民医院） 📍 重慶市渝中区枇杷山正街 104 号（重慶市第三人民医院）

1941 年 6 月 11 日、日本軍による爆撃が被弾したため南山に移転する。建物が南山植物園内に残されているが現在は使用されていない。 B3

📍 重庆市南岸区南山植物园路 101 号（南山植物园内）
📍 重庆市南岸区南山植物園路 101 号（南山植物園内）

武官処 E8

こちらは沈芷仁により民国初期に建てられたが、ソ連大使館が重慶に移された後は武官処として使用。現在は芸術関係の団体が使用している。建築面積 1000 ㎡、敷地面積 346.5 ㎡。

📍 重庆市渝中区沧白路 69 号
📍 重慶市渝中区滄白路 69 号

米国大使館 G4

1938 年 8 月、重慶に移転し 1946 年に国民政府と共に南京へ戻る。米国の対華政策は 1937 年盧溝橋事件～太平洋戦争勃発までと 1941 年 12 月 8 日、太平洋戦争勃発後の 2 つに分けられる。太平洋戦争勃発までは基本的には中立、太平洋戦争勃発後、米国は「まず欧州、その後アジア」の方針に従って中国にも連合国の一翼を担わせる。戦後日本の力を削ぐため米英中ソの四鼎というものだった。1942 年 1 月 1 日、米英中ソなど 26 国代表が「連合国共同宣言」採択する。米国は 1938 年、重慶に大使館を設立、2007 年、老朽化が激しく一旦取り壊されたものの、歴史的意義から再建。建築面積 822.72 ㎡、敷地面積 453.7 ㎡。

♀ 重庆市渝中区两路口街道健康路街 1 号 ♀ 重慶市渝中区両路口街道健康路街 1 号

武官処 B3

アメリカは大使館以外にも長江南岸に海軍武官所および娯楽施設としてバーも設立。南岸の施設はイタリア大使館と共に竜門浩老街内にある。こちらもリニューアルされたもの。

♀ 重庆市南岸区南滨路老码头 96 号、龙门浩老街内
♀ 重慶市南岸区南濱路老埠頭 96 号、竜門浩老街内

中英連絡所 F8
📍 重庆市渝中区五四路 37 号（国泰广场裏）
📍 重慶市渝中区五四路 37 号（国泰広場裏）

フランス大使館跡 B3
📍 重庆市南岸区南山植物园路 101 号（南山植物园内）
📍 重慶市南岸区南山植物園路 101 号（南山植物園内）

英国大使館

英国の対中政策も米国同様、太平洋戦争勃発前の中立と勃発後の積極関与で 2 つに分かれる。前半は日本による中国侵略は承認せず、また南京汪兆銘政府も承認しないという立場であったが、英国は中国大陸における最大の利益享受者であり、その利権を手放したくなかったので日本と妥協点を探ろうとしていた。太平洋戦争勃発後、ようやく英国は妥協政策を放棄。1937年の盧溝橋事件勃発から 6 年後、1943 年 1 月 11 日、中英平等新条約を締結。5 月 13 日批准書の締結。

1842 年以来の裁判権・租界などの不平等条約は撤廃された。英国と重慶の関係は深く、烟台条約により重慶を開港させ、1890 年に最初に領事館を設立している。しかし英国は対中政策上、1935 年 5 月 17 日に北京の外交使団を大使級に格上げするまで大使館は置いていなかった。その後、1937 年、南京領事館を大使館に格上げ、北平大使館を領事館に格下げする。

1938 年の日本軍の武漢侵攻により同年 4 月 8 日、重慶に大使館機能を移す。初めは領事巷 12 号の領事館内で業務を開始、1939 年 1 月、中一路金山飯店背後の保茚院街に移転。

その後、日本軍の空爆が直撃したため 1941 年に南岸に移動。南山馬鞍山 10 号、英国塩務管理所、旧ドイツ大使館を転々とした後、最終的に 1944 年 8 月11 日、朝天門付近の大河順城街（大河順城街周辺は1949 年 9 月 2 日の大火災により焼失）に移転。

その後 1946 年、領事館を残し南京に戻る。重慶では何度も移転し現存するものは無いが、戦時中の中英連絡所が現存している。中英連絡所は 1910 年、教会関連の建物として建てられた。その後、30 年代には日本が使用。日中戦争開始後、中英連絡所となる。

フランス大使館

仏印を引き継いだのがヴィシー政府だったため蒋介石国民党政府はヴィシー政権と外交関係を継続していた。しかしヴィシー政府が南京政府に対しフランス租界を返還したことを受けて（当初はヴィシー政権に返還という意図ではなかったが結果的にそうなった）、1943 年 8 月 1 日、重慶政府はヴィシー政府と断交。8 月 27 日、蒋介石国民政府はフランス国民解放委員会を承認。その後 1944 年 8 月パリ解放後、10 月 10日の中華民国国慶節に蒋介石はフランス共和国臨時政府外交団 Zinovi Pechkoff と会見、 10 月 23 日、連合国は一斉にフランス共和国臨時政府を承認。11 月28 日、蒋介石国民政府は銭泰を全権大使として派遣。フランス共和国臨時政府は Zinovi Pechkoff を駐華大使に任命。

フランス水師営は 1902 年建設。建築面積 3800 ㎡ A3
敷地面積 1140 ㎡
📍 重庆市南岸区滨江路弹子石谦泰巷 142 号
📍 重慶市南岸区濱江路弾子石謙泰巷 142 号

オーストラリア公使館 B2
1941 年 7 月、公使級外交関係樹立。当初、南岸黄桷垭に公使館を開設するが、不便なため 1942 年末に現鵝嶺公園に移転。建築面積 539.33 ㎡、保護面積 380 ㎡。
📍 重慶市渝中区鵝岭正街 117 号（鵝岭公園内）
📍 重慶市渝中区鵝嶺正街 117 号（鵝嶺公園内）

スペイン公使館 B3
1928 年建築。元々は別荘だったが公使館機能が置かれた。
📍 重慶市南岸区南山公園路 101 号、南山植物園内
📍 重慶市南岸区南山公園路 101 号、南山植物園内

トルコ大使館 B3
1939 年 12 月から 1946 年 5 月までトルコ大使館として使用。（当初は公使館、1944 年に大使館に昇格）建築面積 187 ㎡、敷地面積 47.73 ㎡。
📍 重慶市渝中区鵝岭正街 117 号（鵝岭公園内）
📍 重慶市渝中区鵝嶺正街 117 号（鵝嶺公園内）

インド専員公署 B3
民国初期に建築され 1940 年、インド専員公署により別荘としてリニューアルされた。ここでインドは重慶の抗日戦線を日々研究、1943 年〜 1946 年に渡り外交機構「専員公署」が置かれた。
📍 重慶市南岸区南山公園路 101 号、南山植物園内図书馆
📍 重慶市南岸区南山公園路 101 号、南山植物園内図書館（現在閉鎖中）

その他

外国機関は当時の新市街地である両路口付近に多く集まり、蒋介石国民政府が外国要人向けに建てた嘉陵賓館にはチリ・ノルウェー・メキシコ・イラン・ブラジル・スイス・ポーランド・アルゼンチンなど多くの国の大使館・公使館が置かれた。嘉陵賓館には使館の他にも米国軍事代表団やポーランド軍事代表団が置かれたが、残念ながら 1970 年代に取り壊されている。他にもオランダが両浮支路国際新村、カナダが陝西街小河順城街英美会、チェコスロヴァキアは南岸清水溪青竜背とそれぞれ大使館を設置していた（亡命政府含む）。

韓国臨時政府マニア

韓国側の主張によると 1910 年の日韓併合後、1919 年 4 月 13 日に李承晩などにより臨時政府が上海で成立したとしている。しかし日本による併合は合法と見做されていたため、連合国に韓国臨時政府を承認した国は無かった。蔣介石国民政府は韓国臨時政府を支援してはいたが、その国民政府にさえ承認されていない。韓国臨時政府は上海→杭州→嘉興→鎮江→長沙→広州→柳州から 1939 年、重慶綦江へ、1940 年 9 月に重慶主区に移ってきた。初代大統領となる李承晩は米国におり、重慶で活動していたのは 1940 年から大韓民国臨時政府主席であった金九である。その後、李承晩と金九は対立し、金九は 1949 年に暗殺される。近年韓国は韓国光復軍があったとしており、総司令部史跡が 2018 年に新築された。

韓国光復軍総司令部 `G8`
◎ 韩国光复军总司令部旧址
♥ 重庆市渝中区邹容支路
♥ 重慶市渝中区鄒容支路
写真は再建されたもの

大韓民国臨時政府旧址 `G7`
◎ 大韩民国临时政府旧址
♥ 重庆市渝中区七星岗莲花池 38 号
♥ 重慶市渝中区七星崗蓮花池 38 号
1995 年 8 月 11 日に開館。その後 2000 年 9 月 17 日光復軍設立 60 周年と称してリニューアルされた。

薄熙来マニア

2010年代当初、韓国サムスンが70億ドルの投資先として重慶を第一候補にしていた。これは2011年3月19日開通の重慶と欧州を結ぶ路線「渝新欧」を見据えての事だろう。重慶市とサムスンは大部分で合意し、署名を待つだけというタイミングで王立軍事件が発生。サムスンは重慶への投資を白紙に戻した。王立軍事件及び薄熙来事件が一段落した後、2014年3月27日現代自動車会長チョン・モングが重慶を訪問し、投資署名。2014年12月、重慶市は中国側支出により光復軍司令部の建物の保存を決定。明らかに投資への見返りだ。2017年、現代自動車の重慶工場が完成し稼働。同年、韓国文在寅大統領が重慶を訪問、大韓民国臨時政府旧址にも立ち寄る。そして2018年、日本スズキは重慶撤退、韓国光復軍司令部が落成。重慶と韓国は蜜月関係だ。

中国青年网

王立軍事件及び薄熙来事件
元重慶市党委書記、薄熙来が頭角を現すのは大連。遼寧省党委常務委員・大連市党委書記兼市長時代に外資を積極的に誘致し、大連を大成長させる。デルのサポートに電話をしたら大連に繋がったという経験がある方もいるかもしれない。更に暴力団を徹底的に叩き、民衆の支持を得る。2007年、党中央政治局委員に再選され、重慶市党委書記に任命される。着任時には「大人物来到小重慶」と大歓迎された。重慶でも大連時代同様外資を誘致、低所得者向けの住宅も整備するなど共同富用を唱え腐敗した官僚を倒し、庶民の支持を得る。自身への民衆の支持を理解していた薄熙来は、毛沢東時代の革命歌を歌わせる「唱紅」を展開。紅岩魂広場などは毎日紅一色に染まり、建党90周年の2011年には10万人紅歌会が開催された。

11・15案件
経済は超高度成長、腐敗官僚も摘発すると非の打ち所がないかに思えた薄熙来だが、大連時代より付き合いのあった英国実業家ヘイウッドとの間に経済トラブルが発生。2011年11月13日（11月15日発見）、麗景度假酒店でヘイウッドが薄熙来の妻谷開来により毒殺された。警察はすぐにアルコール過剰摂取による心臓発作と発表。ヘイウッドは火葬され、幕引きかと思われたが英国が再捜査圧力をかけ、薄熙来の腹心重慶市公安局長王立軍が調査に乗り出すと、谷開来が殺害したことが判明。
2012年1月28日夜、王立軍は薄熙来に対し、ヘイウッド殺害の嫌疑が谷開来に掛かっている事を告げる。翌日薄熙来は王立軍、郭維国（重慶市公安局副局長）、呉文康（中共重慶市委副秘書長）を呼び、王立軍が谷開来を陥れようとしていると激しく非難し、殴りつける。2月1日、中共重慶市委常委会議にて王立軍の中共重慶市公安局党委書記、局長を解任。6日、生命の危機を感じた王立軍は成都の米国領事館に逃げ込んだ。この信息が7日早朝に薄熙来の耳に入ると谷開来は大坪医院に「王立軍は精神病である」という偽の診断書を書かせ、2月8日、薄熙来の批准を受けた重慶市は「王立軍は業務過多により精神が極度に緊張し、休養に入った」と対外発表。2月15日、谷開来により渝北区副区長兼公安分局局長、王鵬飛がヘイウッド殺害に関わったとの虚偽申告が提出され、17日、王鵬飛は解任される。しかし王立軍が米国領事館で事実を話していたため、一大スキャンダルとなった。
薄熙来は汚職で逮捕、谷開来は2年の執行猶予付き死刑判決（後に無期懲役に減免）。一面では党内での権力争いでもあり、当時の首相温家宝も文革になぞらえ薄熙来を批判している。なお、王立軍は米国への亡命を認められず、亡命を図ったなど四罪に問われ禁固15年となった。

重慶爆撃マニア

1938 年 2 月 18 日、9 機の日本軍機により広陽壩・江北に 14 弾投下、以後 5 年に及ぶ空爆の口火が切られた。その後 10 月の武漢陥落により漢口は重慶爆撃の基地となる。12 月 2 日、日本は大本営陸軍部命令(大陸命)第 241 号により蒋介石の抗戦意欲をそぐべく、本格的な空爆を決定する。大陸命第 241 号を承けて作戦指示となる大陸指第 345 号が下される。大陸指第 345 号では航空機による侵攻が冒頭に置かれ、陸海軍による共同作戦とされた。協定成立時の戦力は陸軍から飛行第五十九戦隊(戦闘機 20 機)、飛行第十二戦隊(重爆撃機 15 機)、第一飛行団(偵察機 18 機、戦闘機 12 機、重爆撃機 30 機)、第三飛行団(偵察機 9 機、戦闘機 24 機、軽爆撃機 45 機)および海軍から第一連合航空隊(中攻撃機 24 機)、第二連合航空隊(艦載機 54 機、艦攻機 24 機、艦爆撃機 12 機、中攻撃機 26 機)、第三連合航空隊(水上偵察機 24 機)とされた。陸軍は九七式重爆、海軍は九六式陸攻が主力である。犬猿の仲である陸海軍だが、「航空戦」という新形態の作戦でもあり、武漢では良好な関係を保っていた。18 日の汪兆銘の重慶脱出を好機と捉えた陸軍第一飛行団長、寺倉正三少将は 25 日爆撃命令を下す。翌 26 日 13 時、蒋介石国民政府を震撼させるべく、中央公園(現人民公園)を目標に市街地爆撃を開始する。

1938 年から本格的に空爆を開始。木造住宅が密集する重慶に効果的な焼夷弾及び炸裂弾が使用される。5 月 3 日、4 日の被害は凄まじく 2 日間で死者 3991 名、負傷者 2323 名の被害が出た。5 月 3 日 12 時 50 分七星岡、仏図関など市内で一斉に防空警報が鳴り響く。レーダーを持たない中国側の防空網は平原地区では狼煙、宜昌より西の山岳地帯では信号機、万県に入ってからは電話による報告となった。武漢を飛び立った海軍航空隊 45 機が 13 時 17 分、重慶市内中心部に爆撃を開始。朝天門、陝西街など渝中半島 41 街道が火の海となり、この日の爆撃で新華日報も被爆している。3 日の爆撃では爆裂弾・焼夷弾 166 発が使用され死者 673 名、負傷者 350 名、1068 棟の家屋が焼失した。続く 4 日午後 6 時、27 機の中攻機が再来、この日は現民権路や民生路、鄒容路など現在の解放碑周辺を中心に朝天門から七星岡までが爆撃対象となった。126 発が投下され死者 3318 名、負傷者 1973 名、焼失家屋 3803 棟の被害が出た。大本営より「爆撃の際は第三国機関に注意せよ」との達しがあったが無差別爆撃で第三国施設のみを避けることはできず英国大使館全損、フランス領事館一部破損など各国大使館・領事館、及び天主教堂など教会も被爆している。なお、ドイツ大使館は日本との同盟関係を示すためナチスのハーケンクロイツを掲げていたが被弾し、重慶外界での笑い話になったという。連日の爆撃に対し市民・政界・経済界・学会は猛反発、翌 5 日、蒋介石国民政府は重慶を中華民国行政院直轄市へと昇格させる。中国側の戦意喪失を狙った無差別爆撃であったが、逆に中国国民の一致団結一致抗日を呼び起こす事になった。

1940 年 4 月 10 日「海戦要務令続編(航空戦ノ部)草案」でも戦略爆撃が登場。爆撃の目標と共に大部隊を以って猛烈なる攻撃を加える必要性が明確に記されている。5 月 13 日、陸海軍合同による百一作戦協定が結ばれる。作戦方針として敵方航空戦力を制圧すること、作戦期間は 5 月中旬からの 3 ヶ月、兵力は陸軍から第三飛行集団司令部直轄の飛行第六十戦隊を主力として九七式重爆 36 機など、海軍から第一連合航空隊司令部・第二連合航空隊司令部により九六式陸攻 90 機など、攻撃目標は重慶・成都の航空戦力、軍事施設、政治機関、状況により重慶成都以外の周辺施設、出撃地点は湖北省漢口及び山西省運城とされた。なお、攻撃時間も当初は日中とされたが月夜が加えられた。5 月 18 日、百一号作戦開始。3 日連続で白市駅空港、広陽壩空港を空爆。空襲は 6 月に入ると更に増え 1 日 100 機以上が襲来、7 月 8 日は重慶市区に加え北碚・万県・綦江・合川など周辺地域も爆撃対象となった。8 月 19 日、零戦が投入され、制空権を完全に失った重慶では前年の五三・五四を上回る被害が出た。零戦はその後 9 月に零戦 13 機対中国側 30 機で交戦し、中国側 27 機を撃墜、零戦の損失は 0 であった。9 月 4 日、計 112 日間 71 回の爆撃に及んだ百一号作戦が終了する。作戦に使用された航空機総数は海軍 1737 機、陸軍 286 機。陸海軍合計で 11020 発の爆弾を投下した。百一号作戦において重慶市区は 37 日爆撃され、1940 年 1 年間で死者 4232 名、負傷者 5411 名、焼失家屋 6955 棟の被害が出た。重慶大学や復旦大学などの教育機関、タス通信・アヴァス通信など通信社、仁愛堂など病院も被爆する。大使館ではソ連大使館が前年のドイツ大使館同様、巨大な国旗を掲げていたがやはり被爆した。既に 3 年に及ぶ爆撃に耐え抜いていた重慶は 9 月 6 日、中華民国永久副都となる。

1941 年になっても零戦の圧倒的優位は変わらず、成都上空で零戦 12 機と中国空軍第五大隊 34 機が激突。零戦は 13 機を撃墜、11 機を破損。これにより中国空軍第五大隊は番号を取り消され、無名大隊となり、隊員の胸には「恥」という胸章が付けられた。夏頃には白昼堂々 1 機の零戦が成都郊外鳳凰山空港へ降り立ち、空港の中国国旗を引きずり下ろし颯爽と去っていくという事案も発生した。海軍は隷下に第二十一、二十二、二十三、二十四航空戦隊を持つ第

十一航空艦隊を新設。海軍の新型爆撃機一式陸攻、陸軍の九七式爆撃機により長時間にわたる連続爆撃（疲労爆撃）、百二号作戦が開始される。中でも8月10日〜13日の爆撃は激しく、4日間で13回の空襲警報が出され、空襲警報持続時間は96時間に達した。百二号作戦の期間は7月27日〜8月31日であるが空爆自体は例年通り5月〜9月まで行われた。6月5日、日中江北や南岸に避難していた市民が夜になり市区に戻ってきた時、突如防空警報が鳴り響き24機の爆撃機が飛来、市民は我先にと防空壕に駆け付け市区は大混乱に陥る。公共防空壕の1つ、較場口隧道は全長2.5km、高さ2m、深さ10m、十八悌、石灰市、演武庁の各出口と繋がる5000名収容の防空壕であった。そこに1万人以上の市民が集まったため、徐々に空気が薄くなり、外に出ようとする。防空壕管理部は内部で酸欠が発生している事を承知していたが、外は正に被爆中のため防空壕の門を開けず、空爆が終わった4時間後、夜10時に開門すると多数の市民が圧死・窒息死していた。重慶人の目には「較場口隧道惨案は人災だ」と映っていたため国民政府検閲機関により強力に情報統制され、正確な死者数は不明である。6月7日、重慶防空司令部は死者461名としたが、7月3日には大隧道惨案特別審査委員会が992名に訂正、米ライフ誌は死者4000名、当時の朝日新聞では死者12000名以上と推定している。現在でも6月5日午前10時半になると市内に防空警報が鳴り響く。

1942年以降

1941年12月の太平洋戦争勃発後、爆撃回数は減り、偵察機による視察が多くなる。1943年8月23日、151弾を投下し死者21名、負傷者18名、焼失家屋99棟。最後の空爆となった。1944年6月、米国B-29が四川省成都の基地から日本上空へ飛び立ち、北九州八幡製鉄所を爆撃したのを皮切りに日本本土への空爆が開始された。

重慶中国三峡博物館 E5
🄒 重庆中国三峡博物馆
🄟 chóngqìng zhōngguó sānxiá bówùguǎn
🄚 チョンチン ヂョングオ サンシャー ボーウーグアン
三峡博物館でも一単元を割き、重慶爆撃を含む抗日項目が設けられている。
📍 重庆市渝中区人民路236号
📍 重庆市渝中区人民路236号

映画『大轟炸（邦題エアストライク）』ブルース・ウィルスを主演に迎え重慶爆撃を描いた中国映画。出演していたファン・ビンビンの巨額脱税事件を受けて中国では上映中止となった。

重慶大爆撃惨案遺址 G8
🄒 重庆大轰炸惨案遗址
🄟 chóngqìng dàhōngzhà cǎnàn yízhǐ
🄚 チョンチン ダーホンザー ツァンアン イージー
解放碑の得意世界にある記念館。内部には爆撃時の市内の様子や被害状況が写真で展示されている。現在公開されているのは6畳ほどのごく一部のスペースで、地下に降りると全長2.5キロの防空壕が広がっている。毎年6月5日になると追悼式が行われ、サイレンが響き渡る。
📍 重庆市渝中区较场口86号（得意世界・磁器街沿い）
📍 重庆市渝中区较场口86号（得意世界・磁器街沿い）

日本・重慶関係史マニア

日本と重慶

　日本と重慶の関係は日本が明治・中国が清朝の時代に始まる。明治維新後、急速に近代化した日本は列強による中国（清朝）植民地化に参戦、清朝に対して列強と同程度の権益を迫るが当然清朝は拒否。それに対し日本が武力行使にでたのが日清戦争である。この日清戦争により租界が設置されるなど、日本にとってだけではなく重慶にとっても転機となった。その後、日中戦争時には重慶は臨時首都となり、日本は重慶爆撃に踏み切る。

大日本帝国領事館

　1895 年、下関条約により英国に続き日本も重慶を開港させる。更に英国には認められていなかった湖北省宜昌〜重慶までの自国船による航行権を獲得する。1896 年 2 月、上海領事珍田捨巳が重慶を訪問し、重慶租界について日清間で協議が開始される。珍田捨巳は 5 月にも再度重慶に赴き、5 月 22 日、領事館を設置、加藤義三が初代重慶領事に就任する。開港により日本から重慶へは海産物・綿・紡績糸が、重慶から日本へは豚毛・大麻・羊毛などが日本へと輸出された。1937 年、盧溝橋事件発生により閉鎖。

大日本帝国租界

　列強による租界と言えば上海共同租界、日本租界としては広州・天津などが有名だろう。中国人はおろか日本人にもほとんど知られていないが重慶にも一箇所だけ租界があった。それがなんと日本租界である。当時列強の一員として日本が租界を設置していたのは天津・漢口・蘇州・杭州・重慶の五箇所で、順番的には1895 年杭州→ 1897 年蘇州→ 1898 年漢口（現・武漢）→ 1901 年重慶→ 1903 年天津となる。他に沙市・福州・厦門・奉天なども条約上は租界を作ることが可能だったが放棄している。

　重慶での租界開設は初めてだったこともあり、租界交渉は難航し 1901 年 9 月 24 日にようやく「重慶日本商民専界約書」22 条により南岸王家沱に租借期間 30 年として設置される。しかし当時の重慶市街地は重慶城内（現渝中区東部）に限られており、列強の領事・商人は城内領事巷に居住していたため、日本側は租界が王家沱という城外に設けられたことに不満を持っており、以後諸外国が城内に租界を設けた場合は日本租界も城内に移れる権利も条文に加えられた。王家沱というのは正確には重慶城の対岸ではなく、重慶城の対岸江北の対岸であるため日本租界の発展は限られたものとなった。

租界地の企業

　1902 年、日中合弁の有隣公司が初めに黄燐マッチ工場を設立、1905 年、再度日中合弁のマッチ会社恵利・東華・豊裕の 3 公司が設立された。1915 年には日中合弁の又新シルクが設立され、日本基準の生産設備を導入し重慶屈指のシルク会社となる。また、当時清国ではアヘンは禁止されていたが四川では重要な産業となっており、租界内では福寿膏として清国人に売っていた。その他、大阪洋行・武林洋行・日清公司などが設立された。1937 年 7 月 7 日、盧溝橋事件による日中戦争勃発により 8 月 1 日（4 日という説もあり）重慶領事館と共に撤退。

重慶側の抵抗

　租界を設置された重慶側の抵抗についても見ておこう。日本と英国が重慶における二大勢力であったためこの二国を中心にみていく。

五四運動

　1915 年、日本は袁世凱に対し「二十一箇条の要求」を突き付ける。第一次世界大戦終結に伴い、1919 年に開催されたパリ講和会議に戦勝国として中華民国も特使を派遣し、列強による中国権益の廃止、山東省における日本の権益撤回を申し出るも無視される。これに激怒した北京の学生による五四運動が重慶にも飛び火し、日本製品の非買運動が発生。日本船利用者・日本企業被雇用者・日本製品購入者などは売国奴と書かれた看板を貼られ、街を引きずり回された。そのため日商三井などは叩き売りを余儀なくされる。

　叩き売られた日本製品を重慶警察庁が公費で購入したところ、学生が警察庁を包囲、購入した物品を奪い朝天門で焼却、更に全日本製品を市総商会へ引き渡すよう要求した。これに対し警備が学生に発砲・傷害事件となったことから事態は拡大、重慶領事は 8 度に渡り重慶総商会に不買運動をやめるように求めるが「買う買わないは個人の自由」と拒否される。最終的には警察庁長官が辞任に追い込まれている。

旅順・大連回収運動

　1923 年 5 月には全国的な旅順・大連返還運動の波に乗って「日本の食品を食わず、日本の家に住まず、日本汽船に乗らず、日本企業の雇用を受けない」運動が起き、同年秋には又新製紙工場による日本商船 5 船及び軍艦の歓迎式典を労働者が拒否する事件が起きる。

徳陽丸事件

　1924 年 11 月 19 日、王家沱租界の日本人を乗せた徳陽丸が太平門埠頭に停泊していた。徳陽丸には偽貨

が積まれているとして、秘密裡に報告を受けた重慶軍警団が乗船検査を要求。日本側は拒否、船主石井熊蔵・最高責任者北神林造の命により捜査員6人全員が長江に落とされ、4人が行方不明となる。重慶軍警団はすぐさま隊員を派遣、偽貨と共に二人を抑留し、重慶海関監督公署へ報告、日本領事に対し二人の厳罰処置及び損害賠償、失踪した捜査員の家族への賠償を要求。

これに対し日本領事は、徳陽丸は日本の保護下にあり、中国側軍警が勝手に捜査することは許されないとして捜査員の処罰・二人の即時解放及び押収物の返還を要求。重慶海関監督公署は重慶軍警団督査処に対し、日本の要求に従い、処理するよう厳命。当然民衆の抗議の声が上がる。抗議を鎮めるために重慶軍警団督査処は行方不明の4人は既に救出されたと表明、重慶海関監督公署も新聞報道は事実ではなく、捜査員は軽傷であると発表。これが更に民衆の怒りを誘発し、11月27日、重慶各界は徳陽丸案重慶外交後援会を設立。

官憲が腐敗無能であるとし、北京政府に直接報告。北京政府は日本公使に対し、重慶における日本側の要求は無理難題であるとし、重慶を航行する全ての船は重慶軍警団の検査を受けるよう抗議するが、日本側はこれも取り合わず重慶での抗議は一か月に及んだ。結局、重慶海関監督が更送され、日本側も重慶領事を帰還させ、幕を閉じた。

英日惨殺華人案重慶国民外交後援会

1925年5月、上海で日本の紡績企業に対するストライキが弾圧、工員が殺害された事に対しデモが発生する。このデモ隊に対し英国人警察が発砲。更に死者が出た事に対し重慶でも日英両国断交を叫びデモが発生、隆茂洋行では労働者300名が辞職、また船幇11万人もストライキに入った。

万県事件

万県事件は英国と万県の間の衝突であり、日本は不介入だが、大きめの規模の紛争なので簡単に触れておきたい。万県というのは現万州であり、湖南省から四川に入る際の重要な補給地である。長江を運航する英国商船及び軍艦の高波により中国の木船が転覆するという事件が多発していた。1926年8月26日、英国船「万流号」が四川軍閥楊森軍の木船を転覆させる事件が発生。楊森は兵を派遣して「万流」「万県」を拘留する。

これに対し英国は9月5日軍艦3隻により万県南北の街道を砲撃、万県市民604名が死亡した。万県市民は激怒、「万県人民反英雪恥会」を結成、英国に謝罪賠償を要求する。重慶でも「万県惨案国民雪恥会」を結成し、長江航行権の回収や不平等条約の解消を訴えた。この一大反英運動に劉湘や劉文輝など諸軍閥も賛同し、抗議している。しかし民衆の抗議も空しく結局楊森は米国の仲介もあり、今後英国軍艦は長江を疾走しないとの条件で、英国側に引き渡してしまった。

租界回収運動

1928年12月25日には租界にて日本水兵による苦力殺害事件が起き、「重慶国民廃除不平等条約促進会」「収回王家沱日租界民衆促進会」「四川各界民衆反日救国大会自動収回王家沱日租界特組委員会」など様々な方面で租界回収運動が発生する。

満洲事変（九一八事変）による租界閉鎖要求デモ

1931年9月の満洲事変により9月27日、重慶市民は対日断交を唱え、日本人と全面取引拒否、更に30年の租借期限到来による租界地返却デモが発生する。在重慶領事は即日劉湘に抗議するが、28日、重慶各界反日救国会は即時対日宣戦を訴える。

このままでは日本人の安全にかかわるとして租界は10月22日一時閉鎖、10月24日、劉湘により接収される。世論は最高潮の盛り上がりを見せる。しかし今まで宣伝のプロとして数々の抗日運動を盛り上げてきたはずの中共はなぜか今回は抗日運動に加わらず、賃上げ要求・ソビエト容認など抗日とは無関係のスローガンを掲げたため、抗日世論を取り込むことに失敗している。1932年、上海事変後の淞沪停戦条約により6月4日、租界が復活する。

重慶学生救国連合会

1935年12月9日、北京で国民党の「安内攘外～先に国内の敵を処理し力を付けてから外敵に臨む方針」への抗議一二・九運動が発生すると、重慶では30箇所以上の中等学生114人からなる重慶学生救国連合会が発足。重慶城内・江北・磁器口などで抗日宣伝を実行する。教員も重慶中等学校教職員連合会を発足させ学生運動を支持、東水門埠頭では日本船の貨物の取り扱いを拒否した。翌3月、国民党重慶市党部により学生運動は解散させられる。蒋介石国民党は安内攘外政策である。

日本軍捕虜収容所（日本战俘営）

1937年8月の租界及び領事館撤退後、再度日本人が重慶にやってくる。しかし今度は捕虜としてやってきた。国民政府軍政部は1938年7月、第一日本俘虜収容所を陝西省西安に、第二日本俘虜収容所を湖南省常徳に設置するが、武漢が陥落したため1938年12月、第二日本俘虜収容所を貴州省鎮遠へ移設する。1939年5月、桂林行営により臨時日本俘虜収容所（蘇生学園、後に仁愛村に改称）が、続いて軍政部により重慶に第二日本俘虜収容所重慶分所（博愛村）が設置された。1941年9月、重慶分所及び桂林に収容され

ていた捕虜は鎮遠へ移され、1945年、貴州へ日本軍が迫ってきたために鎮遠の捕虜396名は重慶鹿角に移された。蒋介石による捕虜政策は国際法規に則っており、敵軍瓦解という目的があったにせよ、虐待等は無く、時には外出もできたようで1946年4月の日本帰国後は日中友好運動を展開するものも現れた。

鹿地亘の在華日本人民反戦同盟と青山研究室

捕虜収容所では国民政府軍事委員会政治部第三庁の支持を受けた日本人反戦活動家・鹿地亘が積極的に活動、1939年12月23日に桂林臨時収容所から解放された捕虜11名と在華日本人民反戦同盟西南支部、1940年7月、第二日本俘虜収容所から解放された25名と在華日本人民反戦革命同盟重慶総部を結成する。先に西南支部を創設したのは反戦同盟が第三庁の支持を受けていることから、共産党の影響拡大を恐れた国民党により首都重慶では許可が下りなかったためである。後に西南支部の活動が評価され、重慶総部設立が許可される。

在華日本人民反戦同盟の主要任務は宣伝であり、日本民族解放同盟綱領草案や機関紙『真理の闘い』の発行、捕虜の再教育、前線での拡声器によるシュプレヒコール、反戦公演「三人兄弟」の上演があげられる。当時の日本軍は捕虜になる事は許されておらず、捕虜になるくらいなら自害という価値観の中、まさか敵軍の中から日本軍捕虜による反戦シュプレヒコールが来るとは思っていなかったため、前線の一部では動揺が生じた。そのためこれ以降は出征する際に上官から「戦地では敵軍の日本語放送があるが惑わされないように」と訓示があったというから、宣伝には一定の効果があったようだ。

しかし戦争が長引くにつれ反戦同盟内での紀律も緩み、活動内容や立場に不満を持つ同盟員8人が逃亡するという事件発生する。この事件は1941年の皖南事変で重慶全域が国共内戦かと厳戒態勢となっているなか発生した。その為、逃亡した反戦同盟員は日本軍と繋がっており、日本軍を呼び寄せるのではないかなどデマも流れた。元々反戦同盟の共産主義的思想を疑っていた国民党により1941年8月、在華日本人民反戦同盟は実質解散を意味する再訓練命令を受け、西南支部と重慶総部の同盟員30余名は貴州鎮遠の第二日本俘虜収容所に移された。鹿地自身は第三庁の後継組織である文化工作委員会の委員長郭沫若の支持により重慶に残り、鹿地研究室を設置、日本軍の動向を分析した鹿地研究室報を編集する。なおこの文化工作委員会に日本人として只一人参加していたのが反戦運動家の緑川英子こと長谷川テルである。

第二日本俘虜収容所では元同盟員により訓練班が結成された。一方国民党員で特務の支持を受けていた青山和夫も青山研究室を設置し、第二日本俘虜収容所の研究班に対し、通信教育をしていた。青山は終戦間際に設立された天皇制打倒・日本革命を主張する日本民主革命同志会にも肩入れする。第二日本俘虜収容所は青山系の研究班・反戦同盟の後継である鹿地系の訓練班・1942年以降に新たに捕虜となった新生班・通常の捕虜・台湾人、朝鮮人、中国人捕虜からなる特別班に分かれており、前3グループは「表」、最大人数を占める通常の捕虜と特別班が「裏」と別の棟に収容されていた。なお国民党の名簿上は特別班の人員も全て日本人とされていた。表と裏は思想的には異なり、多少ぶつかる面もあったが、表裏対抗で野球や相撲なども行われていた。1943年には研究班・訓練班・新生班は各班より代表3名を送り、新生活協会を結成し機関紙『和平先鋒』を発行している。

その後、1945年に重慶に移されると研究班・訓練班・新生班は統一の必要性を感じ合併、和平村教育隊を結成する(後に和平村日本民主革命工作隊に改称)。また、1945年には日本の敗戦が濃厚となり、捕虜が増えてきたので国民党特務鄒任之は自由村という新たな捕虜収容所を設立、国民党の意に沿うよう日本民主革命同志会を組織した。

以上が重慶における捕虜による反戦組織となるが、反戦指導者である青山と鹿地の対立は反戦活動を行う上で捕虜を混乱させたようだ。最後に政局戦局の影響で実現こそしなかったが1942年、英国大使によりシンガポール・カルカッタで反戦宣伝工作をして欲しいと依頼があったことも付け加えておく。

捕虜による反戦公演

1940年3月から6月にかけ在華日本人民反戦同盟西南支部による反戦公演「三人兄弟」が上演された。母は病に冒され、長男一郎は軍工廠勤務、次男二郎は戦地へ、三男は日本国内で地下反戦活動をしており家に戻って来ないという設定だ。戦時で物価が高騰する中、一家は家賃を払うのにも困窮しており、家主の使用人から激しい取り立てが来る。家主である資本家は他にも事業を行っており大儲けする一方、一郎とその妻は遅まきつつ妻は過労死する。二郎の戦死公報が届いて間もなく今度は一郎の出征通知が来て病気の母の精神はより衰弱する。一郎が出征準備を整えていると突然三郎が帰ってきて一郎に出征拒否するよう説得するが、目をつけられていた三郎には尾行がついており、連行に抵抗した三郎は銃で撃たれ、逮捕連行されてしまう。戦争に疑問を持った一郎が覚醒し「打倒ファシスト! 侵略戦争反対!」と叫んで閉幕というもの。

三人兄弟は桂林・柳州・貴陽・重慶で公演され各地で大盛況だったというが、捕虜が公演を行うと聞いたら内容云々以前に観てみたいと思うのが人情だろう。

一方、反戦同盟の三兄弟に先立ち1940年春節には第二日本俘虜収容所重慶分所の日本軍捕虜による反戦公演「東亜之光」が上演され、観覧に来ていた中国電影制片廠の劉黎より映画化の提案がされた。後に監督となる何非光はすぐさま応じ、第二日本俘虜収容所で38日間寝泊まりし山本薫、植進、中條嘉久一、高橋

信雄など5名の出演者を選び出した。この際、出演は自由意志によるものであり、強要するものではない事が確認されたという。

当時の映画製作は民衆を鼓舞するためだけではなく、国際社会へ向けての重要な宣伝手段のため制作段階から大々的に宣伝が行われるが、東亜之光でも日本人捕虜を含む出演者が武器や衣装を身に着け、慰安パレードに登場している。また映画のポスターには400余名の日本軍捕虜を収容していると書かれ、捕虜の存在が強調されていたという。

大日本帝国では捕虜になる事は許されず、まして敵方の反戦映画に出演するなどもっての外、東亜之光の撮影開始を知った日本軍は中国の誇大宣伝であるとし、撮影地の爆撃を開始する。日本軍の爆撃に加え山本大尉役の主演山本薫の突然の中毒死、捕虜2名のどさくさに紛れての脱走など撮影は困難を極めたが、政治部第三庁監修のもと1941年元旦、重慶国泰大劇院で上映された。この映画では世界初となる実際の捕虜が捕虜役を演じ改心していく姿が描かれた点が画期的であった。当時大日本帝国は日本軍では武士道を重んじるため、捕虜になるものはいないとしており、国際社会も同じ認識であったが『東亜之光』には最終的に日本軍捕虜10名（29名という説もある）が出演し、実際の収容所内の映像も映し出された事が衝撃を与えた。当時の重慶は臨時首都のため各国大使館が置かれており、東亜之光は各国への宣伝に使用された。

日本国総領事館

そして現在、重慶には在重慶日本国総領事館が置かれている。1998年3月、日本大使館重慶事務所として開設され、1937年8月に大日本帝国領事館が撤退して以来約60年ぶりに日本の外交機関が重慶に戻ってきた。これは中華人民共和国成立後の重慶における初の外国機関となった。2005年1月1日、総領事館に格上げ。今回は英国に先駆けての領事館開設となった。

円借款による重慶モノレール

2005年、重慶初そして中国初となるモノレールが日本政府による円借款、及び日立の技術移転により開通する。さらに2005年の2号線開通時より検討されていた3号線も2011年に開通する。

大日本帝国租界租界地にあった旧日本倶楽部は現在「重慶市総隊医院」となっており、軍区のため参観不可。A3
📍 重庆市南岸区卫国路90
📍 重慶市南岸区衛国路90

日本軍捕虜収容所 重慶全図
☉ 日本战俘营
紅旗（博爱村）
📍 重庆市巴南区南泉街道红旗村
📍 重慶市巴南区南泉街道紅旗村（老槽坊バス停の目の前の道を下って突き当り）

鹿角
📍 重庆市巴南区迎宾路第四人民医院
📍 重慶市巴南区迎賓路第四人民医院（重慶市巴南区第四人民医院脇から裏へ回る）
貴州省鎮遠の第二日本捕虜収容所（和平村）は内部の見学ができるので、興味がある方は行かれると良いだろう。

中ソ・中米合作マニア

ソ連志願兵慰霊碑 `B2`
- Ⓒ 苏联志愿援华空军烈士墓
- Ⓟ sūlián zhìyuàn yuánhuá kōngjūn lièshìmù
- Ⓚ スーリエン ジーユエン ユエンファ コンジュン リエ
  シームー

抗日戦争時、ソ連からは 6 大隊、2000 人、1000 機の航空機
からなる志願兵が中国に駆け付けた。2 名のソ連志願兵の
慰霊碑が鵝嶺公園内に建てられている。1941 年までのソ連
の対中援助は英米合計の 4.5 倍に上った。

- ⦿ 重庆市渝中区鵝岭正街 176 号鵝岭公园内
- ⦿ 重慶市渝中区鵝嶺正街 176 号鵝嶺公園内

スティルウェル博物館 `B2`
- Ⓒ 史迪威博物馆
- Ⓟ shǐdíwēi bówùguǎn
- Ⓚ シーディウェイ ボーウーグアン

宋子文の邸宅であったがスティルウェルが滞在、米軍司令
部も置かれた。ここのチケット売りは極端にやる気がない
ので注意。
- ⦿ 重庆市渝中区嘉陵新路 63 号
- ⦿ 重慶市渝中区嘉陵新路 63 号
- ￥15 元

　中華民国は日中戦争時、前半はソ連の支援を受け、
1941 年の独ソ戦開始によりソ連が中国から撤退した
後は米国義勇隊による支援、太平洋戦争勃発後は米英
ソと共に連合国の一員となり、米国からの直接支援を
受けるようになる。

ソ連

　1937 年 8 月 2 1 日、「中ソ不可侵条約（中苏互不
侵犯条约）」締結。同時に口頭にて「同条約の期間は
5 年。ソ連は日本と不可侵条約を締結せず、中国は第
三国と共同防衛協定を締結しない」と確認された。
1938 年 2 月、蒋介石は孫科を特使としてソ連に派遣、
抗日援助を要請、7 日、ソ連との間で軍事航空協定を
締結する。同協定に基づき 3 月と 7 月に合計 5000 万
米ドルの資金援助を受ける。1939 年 6 月 13 日、再
度 1.5 億米ドルの資金援助締結、16 日、中ソ通商条
約締結。1940 年更に 5000 万ドルの援助を受ける。
　当時ソ連は哈密・ウルムチ・蘭州に基地を建設、援
助物資はこれら中国西北部を経由して重慶・陝西・四
川に到着した。1941 年、国民党が共産党新四軍を急
襲する皖南事変が勃発すると、ソ連大使は蒋介石に対
し「新四軍を攻めるのは中国人民の軍事努力を削り、
日本に有利になるだけである」と抗議、国民党の反共
を制止。ソ連は中国が内戦により崩壊し、日本軍の手
に落ちることを恐れていた。
　1941 年 4 月 13 日、日本は南進のためソ連と日ソ
中立条約を締結する。これに対し国民政府は「日ソ中
立条約は中国に対しては無効である。中国は承認でき
ない」と猛反発。4 月 19 日、ソ連大使は「日ソ中立
条約内では中国に関して触れていない。ソ連の中国に
対する態度は一貫している」と釈明している。
　ソ連は 1941 年 6 月 22 日の独ソ戦勃発による中国
撤退までに指揮官や補給路を備えた正規の飛行 6 個
中隊を送り込んだ。中国はソ連から駆逐機など航空機
1235 機、戦車 82 両、砲門 1600 台などを購入、ソ連
教官により航空人員 10206 名が訓練を受けた。
　しかし太平洋戦争勃発から 1944 年にかけてソ連と
の間に新疆問題が発生。1942 年 7 月 16 日、蒋介石
はソ連大使に対し、新疆とソ連の問題は中華民国中央
政府が対応すると表明するが、1944 年 11 月 12 日、
ソ連の支援により東トルキスタン共和国がイリにて成
立。1945 年 2 月 11 日、米英ソによるヤルタ会談で
中国不在の中、中国問題についての会談が行われる。
1945 年 6 月 30 日、一連の問題に関し中ソ会談が正
式に開始。1945 年 8 月 17 日「中ソ友好同盟条約」
締結。

米国

　米国の対中支援は前半の飛虎隊（フライングタイガース）と後半の正規軍に分けられる。飛虎隊はゲリラ戦を好み、更に航空戦力至上主義であったため、後に正規軍と対立する事になる。日中戦争当初、日本軍が中国沿岸部を早々と制圧。海上補給を断たれた中国は東南アジア（仏領インドシナ・英領ビルマ）方面からの補給に頼るしかなくなる。蒋介石は重慶に移った後、南方への道路建設を急ぎ、1938年、ビルマルートが完成する。しかしビルマルートは1942年4月、日本軍ビルマ占領により崩壊し、英領インドからヒマラヤ越えでの運搬となった。日本がビルマから撤退した後、1945年1月、インド公路が完成。

クレア・シェンノートの飛虎隊（⦿飞虎队）

　中華民国空軍米籍志願大隊・AVG（American Volunteer Group）、クレア・シェンノートを隊長とするフライングタイガースである。シェンノートは1937年7月、蒋介石夫人宋美齢により中華民国空軍顧問として月給1000ドル（現在価値で17500ドル、190万円）で招聘された。当時は地上軍を攻略しなければ戦争には勝てず、そのため爆撃機こそが空中での主役と考えられていたが、シェンノートは戦闘機100機あれば日本軍に勝てると豪語。陸軍を失いたくない蒋介石の望みに合致し、シェンノートは蒋介石のお気に入りとなる。

　シェンノートは米国で志願兵を募集することになるのだが、米国正規陸海軍がこのようなボランティア部隊の結成に難色を示し、日米は交戦国ではないため米国政府として関わる訳にも行かず、合法的に兵員を募集することが出来なかった。そのため志願兵募集は非常に難航し、最終的に民間のカムコ社員として中国に派遣されることになった。

インド・ビルマ・中国方面司令官ジョセフ・スティルウェル

　日米開戦後、米国は公式に中国の同盟国となり、1942年3月、スティルウェルが蒋介石参謀兼インド・ビルマ・中国方面司令官として派遣された。スティルウェルの部隊には35名の軍官、400名以上の教官がおり、スティルウェルは米軍の援助で強化した国民政府陸軍をビルマ戦線に投入し、ビルマを奪還して陸上補給路を再開するよう主張する。一方非公式同盟時から参戦していたシェンノートは航空戦力重視、戦略爆撃のみで勝利できると主張し、両者はぶつかる。蒋介石はシェンノートの航空戦力至上主義を支持、スティルウェルは蒋介石を「取るに足りない者」「ピーナッツ」と蔑み、派遣当初から両者は対立していた。蒋介石は中国戦区の最高司令官であり、スティルウェルは

撃墜された時や緊急時などで基地に帰還出来ないときに備えて全部隊が装着していた。「中国支援に来た米国人。軍民問わず助けるべし」のゼッケン。

飛虎隊陳列館 `B2`
ⓒ 飞虎队陈列馆　℗fēihǔduì chénlièguǎn
Ⓚ フェイフードゥイ　チェンリエグアン
史迪威博物馆の目と鼻の先にある。入場無料だがパスポート登記が必要。
📍 重庆市渝中区嘉陵新路62号
📍 重慶市渝中区嘉陵新路62号

参謀長のため蒋介石の部下であるが、一方ではルーズベルト大統領の代表でもあるという複雑な状況であった。

1944年4月、戦局打破のため日本軍は50万人を投入し、北平から広州まで鉄道を通す一号作戦を展開する。目的は東南アジアとの陸上交通を確保、西部の空軍基地を破壊し、米航空部隊による日本本土空襲を防止する事であった。この一号作戦により国民政府軍は打撃を受けるが、米国は直接軍を投入する余力はなかったため中共軍に接近する。米国は蒋介石に対し国共合作の圧力をかけ、米軍事視察団の延安入りを申し入れるが、蒋介石は拒否。この時点では蒋介石の中共に対する偏見から中国戦線はうまくいかないとの見方が米側に浸透しつつあった。

スティルウェルはついに中国に展開する連合軍全軍の指揮権を要求する。自国軍の指揮権を外国に渡すわけにはいかない蒋介石は当然拒否。業を煮やした米国は9月16日、「スティルウェル将軍に全軍指揮権を渡すか、対中援助停止」の最後通牒を突き付ける。蒋介石は米国の援助がなくなり、単独での対日戦に戻ったとしても内政干渉もなくなり全体として今より悪くなることもないだろうとスティルウェルの解任を要求。米国側ではスティルウェルは中国戦線を打開できる唯一の将軍と見做している一方、蒋介石に対しても現在の中国で蒋介石を超える人材はいないと考えており、妥協の末ビルマ戦線のみスティルウェルに指揮権を与えることを提案する。しかし蒋介石はこれも拒否し、1944年10月18日にスティルウェルは帰国する。

一方で蒋介石はソ連とも接触していたが、これはソ連により米国に密告されてしまう。ソ連が密告した背景には中ソが独自に連携し、米国を排除するのではないかと米国側に思わせる意図があった。蒋介石はこれに対し以後、ソ連との接触を避けるようになる。

中米特殊技術合作所
⦿ 中美特种技术合作所

日中戦争時、中華民国軍事委員会調査統計局（軍統）はある程度の情報偵察能力はあったようで、真珠湾攻撃前に日本が太平洋上で何か事を起こす事は察知していたという。軍統局長戴笠は蒋介石に報告すると同時にこの情報を以って更なる米軍との連携を提案。蒋介石の同意の元、戴笠は重要な手土産として駐米副武官肖勃を通して米海軍に伝える。しかし米海軍は「我々の協力を取り付けるための軍統の作り話だろう」と相手にしなかった。米国は真珠湾攻撃後になって合衆国艦隊司令長官アーネスト・J・キングの承認により、米海軍に8年所属し、中国情勢に詳しかった第三艦隊の中校情報官ミルトン・マイルスを代表として中米合作に着手する。1942年キング・マイルス・肖勃との間で友誼合作計画をまとめ、マイルスは米海軍情報部へと進言、米海軍は機密第0303623号として承認、肖勃に蒋介石の承認を求める。

友誼合作計画では米側は軍統に技術・弾薬軍用物資を提供、軍統側は中国沿岸部及び日本占領地の気象情報処、情報偵察処、及び機雷設置処を提供することで合意。4月5日、マイルスが中国へ到着。マイルスの任務は基地の建設、中国海軍が3～4年以内に中国沿岸部へ上陸できるよう訓練、及び米海軍の対日戦協力であった。5月～8月にかけてマイルスは軍統の能力を量るため軍統に対し沿岸部の日本軍の調査を要求し、9月には軍統の能力を更に高めるため米軍に対し、無線電波専門家・気象専門家など7人の追加派遣を要請している。9月末、インド経由で帰国したマイルスは米国駐華戦略情報局主任に任命される。そこでもう一段高レベルの合作鋼要計画を提出する。10月に中国へ戻った際、「中米特殊技術協力に関しては両国国家元首もしくは高級官僚による署名が必要である」との蒋介石の言を受け、中米特殊技術合作協定を作成する。1942年12月16日蒋介石批准、1943年1月12日ルーズベルト批准。1943年4月1日、米国ワシントンにて国民党外交部宋子文、米海軍長官フランク・ノックスにより「中米特殊技術合作協定」署名。1943年7月1日、中米特殊技術合作所が重慶・楊家山にて成立する。1944年秋、特別警察訓練や警察幹部の養成を含んだ第二次協定成立。宿舎や訓練費用は軍統が負担、米軍は無償でトラックを500両から2000両、ジープを50両から200両へと増加支援。1945年冬に締結された第三次協定は終戦・終結に向けた協定であった。中米特殊技術合作所の組織は戴笠を主任、マイルスを副主任とし以下、秘書室、軍事組、情報組、気象組、通信組、特警組、探偵組、研究分析組、心理作戦組、行動組、医務組、運輸組、人事組、会計組、総務組、総翻訳室、工程処から構成され、軍事訓練や気象学などのほか特殊警察や政治犯弾圧、尋問、警察犬の訓練も行われていた。

軍統局長戴笠は中でもFBI式の特殊警察訓練を重要視し、最終的に国民党中央委員会中央統計局と双璧をなす特殊警察隊が完成する。戴笠によると軍統は戦時の秘密活動、中央統計局は国内外の治安維持のための機関と認識していたようだ。1945年の終戦までに正式に中米合作所を卒業したのは26794名であったが、マイルスによると特殊警察と軍統戴笠の遊撃部隊忠義救国軍がごちゃまぜとなり、その規模は合わせて10万人となっていた。ただしこの中米合作所が訓練から実行動に移り始めた頃、終戦を迎えたため、連合国の戦略に与えた影響は極僅かであり、軍統局及び戴笠の権力が強化されただけであったとの見方が大半である。中米合作所の資料は国共内戦時の白公館・渣滓洞での虐殺時に軍統により焼却処分されており、詳細は不明。

中美合作所気象総台旧址

マイルス別荘「梅園」。マイルスは梅の花を好み中国名は「梅冬生」と名乗っていた。

中美特殊技術合作所警犬室旧址

中米特殊技術合作所 A1

- 🜨 中美特种技术合作所　🅟 zhōngm i tèzhǒng jìshù hézuòsuǒ
- 🅚 ヂョンメイ　トゥジョン　ジーシュー　フーズオスオ

歌楽山周辺にはマイルス邸や気象台など中米特殊技術合作所関係の史跡が多く残る。白公館や渣滓洞と一緒に周るのが良いだろう。

- 📍 重庆市沙坪坝区壮志路歌乐山烈士陵园景区内
- 📍 重慶市沙坪壩区壮志路歌楽山烈士陵園景区内

中共中央南方局マニア

中国共産党

中国共産党は 1921 年に上海で結党。1924 年、孫文国民党が容共方針を採り、第一次国共合作が成立、共産党員は個人としての身分で国民党に参加する事が許される。

しかし孫文が死去すると第一次国共合作は崩壊、1927 年、蒋介石により清党と呼ばれる共産党員の一掃が行われた。これに対し共産党は江西省南昌で蜂起、江西ソビエト区を設立するが徐々に追い詰められ、1934 年、毛沢東など紅軍は行く当てもないまま二万五千里の長征を開始、最終的に陝西省延安に落ち着く。

中共重慶地委発足

四川では 1922 年に省内各地で中国社会主義青年団の地方組織が形成され、重慶でも 10 月中国社会主義青年団重慶地方執行委員会（重慶団地委）が 10 人の団員で成立した。しかし成立当初は組織としてのまとまりがなく、また事実上の責任者である唐伯焜の素質などにより研究会の域を出なかった。

1924 年 1 月、のちに重慶団地委書記となる楊闇公は呉玉章などと成都で中国青年共産党（中国 YC 団）を創設し、マルクス主義革命の実行を謳い「中国 YC 団規約」「中国 YC 団綱領」を制定、機関紙『赤心評論』を創刊するなど精力的に活動していた。徐々に軍閥による革命運動の鎮圧が激しさを増してきたため、中国 YC 団は 5 月に重慶へと逃れて来た。

9 月に入り中共中央下部組織の中国社会主義青年団中央委により肖楚女が重慶へ派遣され、重慶団地委の再編に乗り出し、1925 年、楊闇公を重慶団地委書記とし、ひとまず党組織の基礎が完成する。この頃までに中国 YC 団の大多数は中国社会主義青年団へ入党し、中国 YC 団は解散する。

1926 年 1 月、鄒進賢・陳翰屛・霍歩青・危直士などにより中共綦江支部、及び呉玉章・楊闇公・童庸生・冉鈞・周貢植などにより中共重慶支部が相次いで成立する。翌 2 月中共中央より四川全省を管轄する中国共産党重慶地方執行委員会（中共重慶地委）の創設を認められる。党員 19 名・団員からの転向 22 名でのスタートであった。

創設メンバーの内、呉玉章は中共重慶地委設立後も中共中央の指示により引き続き国民党中央に籍を置いたまま活動することになる。他地域では先に共産党組織が成立しその後、下部組織である青年団の設立という流れだが重慶においては順序が逆となっているのが特徴的だ。なお中国社会主義青年団は中国共産主義青年団、中国新民主主義青年団を経て 1957 年、中国共産主義青年団となり、現在も共青団として一大派閥をなしている。中共重慶地委は成立直後より国民党四川省左派と緊密な連携を始め、中共・楊闇公や国民党左派・李筱亭などにより国民党四川省臨時執行委員会（蓮花池省党部）を組織する。

それに対し国民党右派も国民党四川省臨時執行委員会（総土地省党部）を成立させ、国民党内で覇権を争っていたが 1926 年末、蓮花池省党部と中共重慶地委により国民党四川省第一回代表大会が開催され、正式に国民党四川省執行委員会が成立、四川における第一国共合作の最盛期を迎える。

順瀘蜂起

1926 年の中国は中央で蒋介石の国民革命軍が北伐を開始、四川省は軍閥による群雄割拠の時代であった。国民党左派及び中共は四川軍閥に対し北伐・国民革命軍に合流するよう工作を開始し、中共重慶地委は何光烈の順瀘部隊・秦漢三 2000 人、劉錫侯の合川部隊・黄慕顔 2000 人を掌握した。他にも楊森の涪陵部隊・郭汝棟 7000 人、向時俊 4000 人、劉湘の重慶部隊・潘文華 3000 人、頼心輝の瀘州部隊・甘清明 2000 人、劉文輝の冷寅東 3000 人、劉重民 3000 人なども協力勢力であった。そのうち郭汝棟、向時俊、潘文華は既に国民党に加入していた。

ここで注意頂きたいのが旗下の軍長が国民党協力勢力だからと言って軍閥自体も協力勢力だということでは無いという点だ。四川での一般軍人の左傾化傾向を見て、中共中央より「機を逃さず迅速に大衆運動を促進し川軍の中で左派部隊、中共重慶地委自身の軍を持つように」との軍事化への明確な指示が出る。これに対し中共重慶地委は瀘州・順慶・合川での武装クーデターの可能性を探る。表向きは国民革命軍の北伐に合流するための武装蜂起であったので楊闇公は 1926 年 9 月 28 日、国民党四川省党部（蓮花池）の名義で川軍の中の左派 12 師・旅長会議を開催、北伐に呼応し武漢への合流を提起する。楊闇公は全体会議後、更に中共重慶地委名義で合川の黄慕顔、順慶の秦漢三・杜伯乾、瀘州の袁品文・陳蘭亭・皮光澤と引き続き協議、総司令・劉伯承、副司令及び第一路司令・黄慕顔として順慶および瀘州での武装蜂起を決定する。劉伯承は上海で中共中央に対し広州国民党中央及び四川軍閥の様子を報告、四川での武装蜂起のために人員を割くよう求め、中共は劉伯承と共に 20 数人を四川に派遣し、全四川の軍事を管轄するため重慶地委に楊闇公を書記、朱徳・劉伯承を委員とする中共重慶市委軍事委員会を創設した。

中共中央の承認を得た重慶地委は順慶及び合川の黄・秦・杜の 3 部隊を最初に武装蜂起させ、順慶を本拠地とし固めた後、瀘州の袁・陳が蜂起、川北の順慶と合流させ、劉伯承を軍長とする重慶地委直属部隊

を獲得、その後、綏定へ向かい、川鄂辺防軍軍閥劉成厚を撃破し、湖北へ抜け、武漢国民政府と合流する計画を立てる。しかし軍閥間の闘争及び計画が事前に察知されたことにより計画通りには進まず、12月1日、瀘州が先に武装蜂起してしまう。遅れて12月3日、順慶が蜂起。突然の蜂起に中共重慶地委は陳毅を瀘州へ、劉伯承を順慶へと派遣。劉伯承は順慶へ向かう途中合川で黄慕顔と合流、劉伯承は国民革命川軍各路総指揮、黄・秦・杜はそれぞれ国民革命川軍第一・二・三路司令に就任する。

この順慶蜂起に対し、四川軍閥劉文輝・鄧錫侯は自身の防区を守るため即座に順慶を包囲、圧倒的な力の差に順慶軍は散り散りになり湖北省竹渓へ脱出し、27年7月、武漢政府に合流しようとするが既に武漢政府も共産党弾圧に傾いていたため武装解除し消滅する。

一方、瀘州蜂起でも内部で混乱が起きており、北上して順慶へ合流せよとの命令が実行されなかった。これに対して1927年1月、重慶地委軍委は劉伯承を瀘州へ送り、国民革命軍川軍の立て直しを図る。3月24日、南京に入城した北伐軍と列強との間で南京事件が発生、31日、南京事件に抗議するための集会が重慶でも開かれたが軍閥劉湘により鎮圧、200余名がその場で殺害されるという三・三一事件が発生する。劉湘は同時に蓮花池の国民党左派本部も弾圧する。これは背景を考えるべきだろう。武装蜂起がまだ続いている中での集会である。反帝国抗議集会とはいえ、地元重慶での反帝国反軍閥武装蜂起に変容するとも限らない状況であり、劉湘としては弾圧するのも無理がないだろう。三・三一事件前後で冉鈞・楊闇公といった中共重慶地委要人や国民党左派は処刑、瀘州も劉湘軍本体及び劉文輝・頼心輝など数万の軍勢に包囲され、5月16日劉伯承は瀘州から撤退、重慶における武装蜂起は失敗に終わる。

この蜂起は失敗に終わったが、中共の歴史上初めての武装蜂起であり、後の南昌蜂起に繋がる画期的な出来事と評価されている。中国中央では上海クーデターにより国共合作が崩壊、重慶もその後、四川を統一した反共の劉湘支配下に置かれ、第二次国共合作まで中共重慶地委にとって暗黒の時代が10年近く続く。

軍閥劉湘時代

国共合作の崩壊後、1927年7月、中共中央は四川の党組織立て直しのため傅烈・周貢植らを派遣し、8月12日傅烈を書記として中共四川臨時省委、直後に中共重慶地委を結成する。1928年2月には正式に中共四川省委を結成、四川暴動行動大綱を制定し、暴動により地主の土地を没収して農民に分け与える土地革命を推進、4月の武隆を皮切りに8度の農民暴動を起こす。重慶での共産革命復活の兆しを見た軍閥劉湘は

直ちに鎮圧を開始、3月傅烈・周貢植は逮捕処刑され、設立1か月の中共重慶区委及び設立準備中の巴県県委は壊滅寸前に追い込まれる。

それでも農民暴動を続けた結果、10月にも大規模な鎮圧があり、中共四川省委及び下部組織はついに成都へ移転することになる。中共四川省委の成都移転後も重慶各地では涪陵党団や豊都臨時県委などにより、また時には金銀郷連隊隊長といった合法的地位を利用しての農民暴動を起こすが、多くは鎮圧された。

中共四川省委は1929年6月、成都の臨時省委第二次拡大会議にて重慶へ戻る事を決議。もちろんこれは劉湘による更なる弾圧を受け、省委書記3名・川東特委書記2名・巴県県委4名・重慶市委などが処刑され、中共中央直属の駐重慶組織を除いて重慶地方組織は壊滅した。その後1936年になると江西ソビエト区を脱してから音信不通となっていた漆魯魚が重慶に戻り、新蜀報の編集者となり、6月の重慶救国会設立の際には幹部入りする。9月、中共中央より張曙時が重慶に派遣され、漆魯魚及び学生運動リーダー劉伝弗と会談し、抗日救亡団体の一致団結を訴える。これにより、重慶救国会設立は秘密裏に中共直轄の組織となり、抗日運動と中共のマルクス主義を結び付ける工作をしていくことになる。合法組織である重慶救国会設立は党組織が壊滅している重慶において、中共にとって非常に価値のある組織となっていた。1937年10月、中共中央特派員張曙時により漆魯魚など数人の党籍が回復、漆魯魚を組長として中共重慶幹部小組が設立する。12月、成都で設立された中共四川省工委により中共重慶幹部小組は中共重慶市工作委員会と改組された。これは抗日戦争以来重慶で初めての市級党組織となり、重慶救国会の幹部からも共産党員となるものもいた。1938年6月、中共中央長江局により中共重慶市工作委員会は中共重慶市委と改組され、10月末までに党員900名の組織となった。11月、中共中央長江局の指示により四川省工委は、成都の中国共産党川康特別区委員会（川康特委）、及び重慶の中国共産党川東特別区委員会（川東特委）に分割され、川東特委が重慶市委を兼任することになった。1939年10月には川東特委所属の党員は3600人に増加していた。さて、これらの組織は地方組織である一方、重慶遷都後に暗躍する中共南方局は中共中央の組織である。

西安事件

1936年12月12日、張学良（張作霖爆破事件で死亡した張作霖の長男）と楊虎城は西安で蒋介石を監禁。共産党の唱える一致抗日に同意するよう要求。公式には両者と共産党の繋がりは無かったとされている。西安事件により第二次国共合作が実現する。1937年9月23日、蒋介石により共産党の合法的地

八路軍への編入命令

位が認められる。事件後、張学良は南京に赴いたところ身柄を拘束され、以後監禁される。楊虎城は抗日救国のためにパリより帰国したところを捕らえられ、重慶解放直前1949年9月17日に重慶歌楽山で家族もろとも処刑される。西安事件については周恩来・蒋介石・張学良の誰一人として口を開かなかったため、真相は闇の中だ。

八路軍

　西安事件による第二次国共合作により1937年8月22日、長征を経た中国工農紅軍部隊（紅軍）は正式に国民革命軍第八路軍へ改編された。八路軍は朱徳を総司令として副総司令に彭徳懐、師団として林彪の第115師団、賀竜の第120師団、劉伯承の第129師団の三師団、他に政治部などから構成されていた。八路軍は後に十八集団軍と改名されるが、人民からは引き続き通称として八路軍と呼ばれていた。また中共の南方部隊としては新四軍というのもあるが、新四軍は紅軍が長征に出た後も江西ソビエト区に残りゲリラ戦を戦っていた部隊である。新四軍は1941年の国民党による皖南事件により壊滅的な打撃を受ける（八路軍任命書は建川博物館で展示されている）。

中共中央南方局

　八路軍（紅軍）が中共の軍であるのに対し、中共中央南方局は中共の政治組織である。国民党はその支配地域において中共が公に政治活動することを禁止していたため、中共中央南方局は八路軍の名を以って公開活動をしていた。重慶に遷都した際すでに第二次国共合作が実現していたが、蒋介石の考える国共合作とは長江以南では国民党が、長江から黄河までを緩衝地帯とし、黄河以北では中共がそれぞれ対日戦線を戦うという意味であり、中国全土で共に抗日運動を実施するという意味ではなかった。

　長江以南の国民党支配地及び香港マカオを含む海外地区の工作を担当するのが中共中央南方局である。1937年、中共中央は影響力回復のため国民党統治下に代表団を駐留させることを検討、8月23日、中共中央政治局常委会が武漢に周恩来を書記とした中共中央長江沿岸委員会の設立を決定する。しかし当時、周恩来は西安や山西省を転々としており、董必武など数名しか武漢に赴任できなかったため委員会は成立しなかった。12月9日からの中共中央政治局会議にて周恩来、項英、博古、董必武により南方各省（新四軍を含む）を管轄する中共中央長江局を設立。同時に中共中央ソビエト区分局を中共中央東南分局へと改組、長江局の下に置いた。周恩来を中心とした中共代表団は国民党中央当局との交渉など対外工作、長江局及び下部組織の東南分局は軍事を含む南方の党内処理を担当する。1938年に国民党が重慶に首都を移したのに伴い、10月、武漢の長江局を閉鎖、1939年1月16日、重慶にて中共中央南方局を設立。中共中央南方局書記として周恩来も重慶に着任、董必武・葉剣英と共に8年にわたり国民党支配下の重慶で中共中央の代理人として前線指揮を執ることになる。

　1941年の国民党による共産党攻撃・皖南事変が発生すると中共中央より安全のため延安に戻るよう指示が出されるが、当時の時勢から「国民党は共産党と分裂出来ず、まして共産党はなおさら国民党と分裂出来ない」との判断により重慶に留まり、中央に「政治上は攻勢、軍事上は守勢」の方針を承認させる。南方局はこの方針に基づき国民党と折衝しつつ新華日報により皖南事変を大衆に宣伝、中間勢力・民主各派の支持を取り付け、国民党の孤立を促進した。南方局は中国青年党、国家社会党、中華民族解放行動委員会及び中華職業教育社、郷村建設派、中華全国各界救国連合会の三災三派と頻繁に交流、これらの小党を支援し国民党に対し民主諸党の合法化を要求し国民党一党独裁政権に対し、民主化を突き付けた。1940年、国民党の参政会改定により民主党派が参政員資格を取り消された際には統一建国同志会の設立を支持、この統一建国同志会を基礎として1941年、中国民主政団同盟が結成された。中国民主政団同盟は1944年9月、中国民主同盟と改組、現在も全国人民代表大会（全人代）に議席を保持している。さらに南方局は国民党左派及び高級幕僚などと中国民族大衆同盟も創設している。

　政治以外では経済界を取り込むため南方局経済組を組織、遷川工廠連合会・中小工廠連合会など経済界と連携を模索し、最終的に支持を取り付けている。周恩来は「1941年には文化教育界の支持しか得られなかったが、1945年には民族資産家階級の支持まで得ることが出来た」と述べている。また各国代表との連絡も南方局の主要な任務であり、1944年の外国記者による延安訪問を実現させている。

重慶の共産党史跡

　廃墟同然の国民党史跡と異なり、共産党関連史跡はしっかりと整備され、愛国心を養うため無料開放されている。

曾家岩50号・周公館 E5
◉ 周公館　**℗** zhōugōngguǎn　**Ⓚ** ジョウゴングアン

　1938年12月、周恩来が重慶に移ってきた際に個人名義で賃貸したが、実質的に南方局の市内事務局となっていた。この建物は国民党立法委員陳長衡より借り受けたのだが、二階の西側の部屋は国民党中央訓練委員会主任秘書劉瑶章に貸し出され、8年間に渡り一つの建物の中に国共両党の人員が同居するという状況であった。

　さらには建物内だけではなく、建物左右を軍統特務戴笠公館及び国民党警察署に囲まれ、曾家岩50号を訪れる人物は全て監視対象となっていた。1946年5月、国民政府と共に周恩来など南方局の大部分が南京に移った後、10月に曾家岩50号で呉玉章を書記として中共四川省委が成立する。国共内戦勃発後の1947年2月28日、国民党により包囲され、3月9日全ての人員が延安へと撤退、曾家岩50号の役目は終わる。

紅岩村 B2
◉ 紅岩村　**℗** hóngyáncūn　**Ⓚ** ホンイェンツン

　中共中央南方局は当初城内の机房街70号（現・解放碑周辺）を事務所としていたが、日本による爆撃被害及び人員の増加に伴い、紅岩村に大部分の機能を移す。紅岩というとなんとなく共産党を連想させるが、地名の由来は地質によるものである。

紅岩革命記念館
◉ 红岩村革命纪念馆
紅岩村の入り口、紅岩広場から長い階段を登ると最初に姿を見せるのが紅岩革命記念館だ。抗日戦争勝利及び国共内戦勝利を記念するために1958年に開館した。この記念館の裏山に紅岩村の史跡が点在するので、この記念館だけ見学して帰らないように注意したい。市内の曾家岩50号や桂園、新華日報旧址など共産党関連史跡は全て紅岩革命記念館の管轄となっている。

中共中央南方局及び八路軍重慶事務所史跡
◉ 中共中央南方局暨八路军驻重庆办事处旧址
1階は八路軍重慶事務所として使用され、2階が秘密組織・中共中央南方局員の事務所兼寝室、3階が中共中央南方局の機密基地及び無線局として使用されていた。そのため、1階入り口には受付兼見張り所が設けられ、訪問者を厳格にチェックするとともに踏むことにより起動するベルが取り付けられ、緊急の際に上層階の南方局に危機を知らせる工夫がされていた。毛沢東は重慶談判時、この中共中央南方局及び八路軍重慶事務所旧址に滞在していた。

憲兵楼
🄒 宪兵楼
八路軍が紅岩村に移ってきた際に八路軍を監視するために設立された国民党重慶憲兵第三団の事務所。八路軍は国民党公認の軍であったが、厳しい監視の中で行動していた。

中共重慶地方委員会旧址 F9
🄒 中共重庆地方委员会旧址
🄟zhōnggòng chóngqìng dìfāng w iyuánhuì
🄚ヂョンゴン チョンチン ディーファン ウェイユエンホイ
紅岩村は中共中央関連だがこちらは中共重慶地委の歴史について展示されている。

新華日報
🄒 新华日报 🄟xīnhuá rìbào 🄚シンファ リーバオ

新華日報は1938年1月11日、武漢・漢口で創刊された国民政府支配地域における中国共産党の唯一の機関紙である。蒋介石は国民党支配地でなぜ共産党機関紙発行を許可したのか。1937年7月、周恩来は蒋介石に新聞の発行を願い出る。蒋介石は一旦許可したものの後悔し、南京市政府により不許可とする。周恩来は国民政府と共に武漢に移った際に再申請するも、やはり不許可。刊行物なら比較的許可が下りやすいと『群衆（群众）』を1937年12月21日に創刊する。群衆の創刊後、周恩来は三度蒋介石に談判。南京が陥落し共産党とも手を組まざるを得なくなっていた蒋介石はついに新聞発行許可を出す。武漢陥落により1938年10月25日重慶へと移転。1939年5月3日、4日の大爆撃により市内社屋が崩壊した新華日報は虎頭岩に移り、8月13日に復刊を遂げる。新華日報の重慶での最大発行数は5万部に及び、重慶で最大発行部数の新聞であった。1945年9月、中共中央は上海に新華日報総館を建設し、南京及び重慶は分館となる。国共内戦により1947年3月、中共南方局と共に延安に撤退。

営業部 F7
🄒 新华日报营业部
1939年5月3日、4日の大爆撃の後に城内における営業部として移転してきた。
📍 重庆市渝中区民生路240号
📍 重慶市渝中区民生路240号

総館 B2
🄒 新华日报总馆
長らく重慶の新華日報と言えば営業部が有名であったが、総館が修復された。1939年5月3日・4日の大爆撃で編集部及び印刷部が破壊されたため、移転してきた。防空壕の中に輪転機を置き新聞を刷っていたという。この本館は地下鉄開通後に開放される予定である。
📍 重庆市渝中区化龙桥虎头岩村86号（未開放の為地図には出ない）
📍 重慶市渝中区化竜橋虎頭岩村86号

紅岩魂広場 B1
- ⓒ 红岩魂广场
- Ⓟ hóngyánhún guǎngchǎng
- Ⓚ ホンヤンフン　グアンチャン

少年ももちろん敬礼だ。日本語のは一（ハー）ではない。人民解放軍軍旗である。1927 年 8 月 1 日の南昌蜂起を記念しての「八一」である。

重慶市政府 E5
- ⓒ 重庆市政府
- Ⓟ chóngqìngshìzhèngfǔ
- Ⓚ チョンチンシージェンフ

参観不可だが重慶の権力トップなので、外観だけでも見て欲しい。

- 📍 重庆市渝中区中山四路 36 号
- 📍 重庆市渝中区中山四路 36 号

中共代表団駐屯地 F5
- ⓒ 中共代表团驻地
- Ⓟ zhōnggòngdàibiǎotuán zhùdì
- Ⓚ ヂョンゴンダイビャオトゥアン　ヂュディ

1946 年 1 月 10 日〜 31 日に開催された政治協商会議の際の中共の滞在地。元々は中国銀行宿舎だったが会議期間中、国民政府により中共団に提供された。

- 📍 重庆市渝中区中山三路 151 号
- 📍 重慶市渝中区中山三路 151 号

重慶社会主義学院 B3
- ⓒ 重庆社会主义学院
- Ⓟ chóngqìng shèhuìzhǔyì xuéyuàn
- Ⓚ チョンチン　シェーフイジューイー　シュエユエン

1956 年 9 月創立の政協重慶政治学校を前身とする政治学院。文革中に廃校となったが 1984 年、中共重慶市委により重慶社会主義学院として復建された。中共が主導する多党合作及び政治協商制度をより強固にするため、及び民主党派や無党派知識人、宗教界などに対し研修を実施するために設立された統一戦線及びその他、幹部養成学校である。中国の特色ある社会主義を宣伝するための工作を学ぶ。『統一戦線学研究』という定期刊行物を発行している。宿泊施設も併設されており党員でなくても宿泊可能だが、残念ながら外国人は宿泊不可である。学院の理念的には外国人も宿泊可能としたほうが良いと思うのだが。

- 📍 重庆市南岸区涂山路 140 号　📍 重慶市南岸区涂山路 140 号

重慶談判マニア

重慶談判

🅖 重庆谈判　🅟 chóngqìng tánpàn
🅚 チョンチン　タンパン

　抗日戦争勝利後、内戦を避けるために国民党と共産党との間で行われた和平会談が重慶談判である。狭義的には蒋介石と毛沢東により1945年8月28日〜1945年10月10日まで重慶で行われた会談を指すが、広義的にはその後1946年5月に国民政府が南京に戻るまでの期間に行われた事務レベルを含めた重慶における国共の全ての会談を指す。毛沢東は当初、蒋介石の呼びかけに消極的であったが、米ソ共に蒋介石国民政府支持の中で拒否するは難しく、米ソにより重慶での身の安全を保証するという条件で会談に応じている。1945年10月10日、国民党代表張群・王世杰・張治中・邵力子、共産党代表周恩来・王若飛により桂園客間にて「国民政府与共産党代表会談紀要」すなわち「双十協定」が署名された。

第一次　1945年8月29日〜10月10日

　蒋介石は米国の圧力もあり、1945年8月14日、20日、23日の3回に渡って毛沢東に和平会議を呼びかける。米ソ両面からの圧力を受けた毛沢東は8月28日15時36分、米国ハーレー大使に付き添われ、周恩来・王若飛と共に共産党代表団として重慶九竜坡空港に到着した。到着後、歌楽山林園で蒋介石による歓迎会が開かれ蒋介石は毛沢東を字の潤之、毛沢東は蒋介石を委員長と呼び合い、友好ムードが演出される。翌29日、国民党王世杰・張治中・邵力子、共産党周恩来・王若飛で第一回和平会議が開かれた。8月29日〜9月3日は双方の意見表明の段階となるが、実質的には共産党から政府国民党への提出という形であった。共産党は
（1）政治会議の開催
（2）国民大会の開催
（3）人民の自由化
（4）各党派の合法的地位の保障
（5）政治犯の釈放
（6）解放区の処理
（7）共産党軍隊
（8）投降した日本兵捕虜問題
の8つの意見を提出する。9月4日〜9月22日の間は共産党の解放区・軍並びに国政について重点的に話し合われたが、どちらも譲らず激しい議論が繰り広げられた。

　蒋介石国民党は国父・孫文による建国大綱である軍政期→訓政期→憲政期は譲れないとし、国民大会→憲法制定→普通選挙→国民大会→政府の組織こそ民主化への唯一の手段であるとし、国民大会前に連合政府を実現せよと主張する共産党と激しく対立する。これを

受けて共産党周恩来は国政において共産党の主張は各党が平等な連合政府樹立だが、現時点では不可能なので民主各党が国民党政府に参加という妥協案を出す。

　軍縮については共産党の48部隊承認要求に対し国民党が認めたのは12部隊のみ、解放区に関して共産党は山西、山東など共産党優位の5つの省では主席、解放区が広く分布している広東、広西など6つの省では副主席、北平、天津、青島、上海など特別市では副市長を要求するが、国民党は共産案では南北朝を誘発するとして拒否している。

　議論はいつまでも平行線であったが、9月23日〜10月10日の間に総論賛成・各論反対という形で表面上の合意がなされた。国民党としては中華民国の国慶節である10月10日までに一定の成果を得たかったのだろう。重慶談判において共産党は国民政府を中国の指導者としての地位を認め、国民政府は共産党を合法政党と認めることになる。また、あくまで内戦を避け、三民主義による中国を追求する事が確認され、国民党・共産党及び各党参加の政治協商会議の開催が決定された。

　なお、毛沢東は重慶滞在中に宋慶齢や民主同盟張瀾、章乃器などの各民主派、ソ連大使・フランス大使・カナダ大使といった各国大使やアメリカ第14航空隊（フライングタイガースの後継）と会見している。また民主同盟鮮英が共産党・国民党左派・社会賢達など民主派に活動場所として提供していた民主の家・特園には3回訪問し、その活動を称賛、各界に対し「民主的な共産党」を印象付けた。

第二次　1945年10月20日〜11月17日

　国民党張群・王世杰・邵力子と共産党周恩来・王若飛との間で双十協定では決定できなかった相違点について、また具体的にどのように双十協定を実行に移すのか事務レベルでの会談が行われた。この第二次重慶談判で軍事面については軍事衝突を避けるための専門協議を設けることに双方が同意したが、解放区の処理については政治協商会議の開催を待って再協議となった。

第三次　12月1日〜12月15日

　国民党王世杰・邵力子と共産党董必武・王若飛の間で継続して会談が行われ、各党の定数など政治協商会議の具体的な内容について話し合われた。課題の軍事面について、この会談で国民政府は共産党の解放区には進軍しない事を確約している。

停戦談判　12月27日〜1946年1月10日

　12月22日、米国・トルーマン大統領特使マーシャル将軍が重慶に到着、周恩来らの出迎えを受ける。後にヨーロッパ復興に大きく関わるマーシャルプラン

のマーシャルである。マーシャルは怡園に滞在し、仲介役として米国を含めた停戦談判が開催される。マーシャルは国共及び米国各1名ずつからなる三者会議の創設を提案し、1月9日、張群・周恩来・マーシャルにより全ての軍事衝突の停止及び執行監督機関設置が合意された。翌10日、マーシャルのもと国民党王世杰・邵力子、共産党周恩来・葉剣英・董必武・王若飛により「国内軍事衝突の停止及び交通回復に関する命令と声明（关于停止国内军事冲突、恢复交通命令和声明）」が怡園にて署名された。同日蒋介石は停戦命令を出し、毛沢東も内戦停止書面に署名通告する。その後、1月17日、北平（北京）にて軍事調停執行部が設置された。

政治協商会議　1946年1月10日～31日

双十協定に基づき1946年1月10日、政治協商会議が国民政府礼堂にて開幕、1月31日まで22日間にわたり計10回の会議が開催された。参加者は国民党8名、共産党7名、中国民主同盟9名、無党派9名、中国青年党5名の合計38名、国民党からは孫科・呉鉄城・王世杰・邵力子・張群・陳布雷・陳立夫・張歴生、共産党からは周恩来、董必武、王若飛、伍修権、王炳南、沈其震、陳家康が参加した。他政党では中国青年党が国民党寄り、中国民主同盟が共産党寄りである。国民党は政治協商会議をあくまで諮問機関と見做していた一方、共産党は双十協定で持ち越しとなっていた連合政府樹立のための会議と位置付けていた。

政治協商会議では民主化と軍隊国有化問題が主要議題とされ、民主化について国民党は今すぐ訓政を終了させることは出来ないが、現在の国民政府を拡大し、他党を参加させた国民会議を開催するというところまで譲歩する。これに対し共産党は臨時的連合政府を作り、形だけでも憲政段階に入った後、正式な連合政府を作る案を提出する。なお共産党による連合政府というのは民主化し、どこかの党が多数派となっても単独政権ではなく全ての党の連合政権であるべきであり、野党の存在は認めないという連合政府論である。この連合政府論は現在の中国でも採用されており、少数政党が与党として参加している。但し、意見は聞くだけ聞くが共産党の方針への反対は許されない。

軍について国民党は先に共産党軍の国軍化を進めると主張するが、共産党は民主的な政府によってのみ国軍は維持できるとして譲らず。日本という外敵がいなくなった今、一党専制の国民党は不利である。

政治協商会議において蒋介石の独裁に対して民主化を望む共産党という図式が完全に出来上がったため、国民党はかなりの譲歩を余儀なくされる。会議では最終的に和平建国綱領・政府組織・国民大会・軍事問題・憲法草案の5点で合意が結ばれた。和平建国綱領では孫文の三民主義を再確認、民主化と軍の国軍化、民

主各派の合法的地位が認められた。政府組織協議では40人の委員からなる国府委員会を政府最高機関とし半数を国民党より選出することで合意、一党政府である国民党に出来る最大限の譲歩であった。施政綱領の変更に関しては2/3の賛成、国民政府主席が否決した案件に関しては3/5以上の国府委員の賛成によって可決できるとした。国民大会に関しては1936年の代表1200人に加え、国民党220、共産党190、民主同盟120、青年党100、社会識者代表70人をそれぞれ加え合計1900名に増員し、5月5日の開催を決定。国民党は1937年に国民大会を開催予定であったが日中戦争勃発により延期となっており、当時の代表を認めるかどうかが争点となった。1936年当時の代表には選挙により選ばれた代表以外に国民党中央執行委員、監察委員171名の国民党中央委員が代表となる事が規定されていたため、国民党は1936年の代表で開催したかった。

結局国民大会は他党を増員することで決着した。懸念されていた軍事問題は軍隊の国軍化、党とは分離し国家に属するものとすることが合意された。そして憲法草案、自由民主権・国制・内閣制などを柱に政治協商会議の5党派から各5人ずつ、有識者10名を加え憲法草案審査委員会を設置することで合意。このように政治協商会議を通して内戦を阻止し、国民党一党専制から他党の政治参加など民主化への一定の結果が得られたが、前後して国民党右派によると思われる暴行事件が起きている。

政治協商会議陪都各界協進会　1946年1月12日～1月27日

政治協商会議を成功させるため1月11日、民建連合救国会・中国経済事業協進会・全国郵務総工会・陪都青年聯誼会・共産党労働協会など23団体により重慶江家巷一号遷川工廠連合会にて政治協商会議陪都各界協進会が成立。35名の理事及び政治経済軍事教育など各分野の専門委員会を設置、政治協商会議代表を招き当日の会議内容の報告を受け、その内容を議論する大会の準備を整えた。1月12日の第1回大会から回を重ねるごとに参加者が増えていき、政治協商会議期間中、27日まで8回の大会が開催される。協進会は国民党当局の目を引くようになり、国民党CC部首領陳立夫は重慶市党部に特務を雇用し、協進会を妨害するよう指示したとされる。

各界から2000人以上集まるようになったため1月16日の第4回大会からは滄白堂にて開催となる。第4回は中国民主同盟の張東孫による演説「抗日戦争は既に終結したので軍備を再編し、党軍ではなく国軍に改めるべきだ」。それに対して国民党特務がヤジを飛ばす「政府軍こそ国軍であり国民党軍ではない」、張東孫「それは党軍であり国軍では無い」民衆も続く

「そうだ、党軍だ！ 国民党軍だ！」。続けて郭沫若が演説「以後軍隊は人民のために働くべきであり今のように人民を殺害するべきではない」と述べた直後、国民党特務が暴れだし会議は閉会に追い込まれる。国民党特務は会議中にこれまでも頻繁にヤジを飛ばすなどしていたが群衆の熱気に押され、暴挙には至っていなかったがついに暴力手段に訴えた。

前日の国民党特務の妨害にもかかわらず翌17日、第5回大会が開催。青年党の李璜が米国での民主主義の様子を演説していたところ、またしても国民党特務の妨害「国民党保持！ 打倒他党！」。ここで会議主席李徳全による制止「意見があるなら壇上に登って発言するように」、それに対して国民党特務は再度暴言「会は閉会だ！ 帰れ帰れ」と暴れだし、会議続行が不可能になったため、閉会。

18日の第6回大会には国民党邵力子が登壇。辛亥革命・抗日戦争における国民党の活躍を強調する。一方共産党の王若飛「共産党は元々この政治協商会議で和平の内に解決したいと望んでいる。蒋介石の軍隊国家化の狙いは共産党を貶め人民から軍隊を取り上げ、革命勢力を解体しようとしている」。その時、国民党特務が棍棒を持ち乱入して投石、王若飛は会場を去ったため、難を逃れたが多くの民衆が負傷する。19日第7回大会。国民党の張群・呉鉄城及び中国民主同盟の梁漱溟による演説を予定していたが、国民党2名が欠席したため梁漱溟により共産党及び中国民主同盟の軍隊整理案が提案された。その時、またしても国民党特務により投石及び爆竹がならされ、会は続行不可能に。1月20日、停戦合意を受けて陪都各界民衆慶祝和平大会を開催。1月24日、国民党特務により協進会新聞記者責任者田鐘霊、記者李学民が暴行され、26日には中国民主同盟黄炎培、張申府邸が捜査された。最終回となる1月27日、第8回大会には3000人以上の民衆が駆け付けたが国民党の張群・呉鉄城は不参加。共産党の王若飛・李澄之・郭沫若による演説の後、大会名義で黄炎培などに対する違法捜査の非難声明を出し、閉会となった。

滄白堂事件 （◉滄白堂事件）

政治協商会議陪都各界協進会を妨害するための第4回大会からの国民党特務による介入。報告会の阻止を狙い、政治協商会議出席者である民主同盟代表・沈鈞儒及び群衆に対し、暴行した一連の事件が滄白堂事件である。

較場口血案 （◉較場口血案）

政治協商会議の成功を受けた祝賀会のため陪都各界慶祝政治協商会議成功大会準備会が発足する。3回の会議を経て1946年2月10日に陪都各界慶祝政治協商会議成功大会の開催を決定。2月7日には重慶市政府および重慶市警察に較場口を会場としたい旨の届け出も済ませる。国民党は後にこの届出に関して受け取っていないと否定している。準備会は郭沫若・李公朴・李徳全などを大会主席団に推薦し、李徳全が総主席、李公朴が総指揮を執ることになった。また国民党の政協会議代表邵力子や孫科、共産党周恩来や董必武、社会賢達李燭塵などの各界代表にも演説を依頼していた。

この通知を受け、CC部陳果夫陳立夫兄弟は林園の蒋介石に報告。蒋介石は大会開催可否については可とも「不可」とも言わなかったため、陳兄弟は「可ではない」という事は不可であるとし、重慶市国民党部に対し700〜800名の特務を召集するよう指令。2月10日、8時特務が較場口に先に入場し、主席台及び周辺を占拠する。各界23団体が到着した頃には既に周囲を占領されており大会は開催できず、更に会場にいた60人以上が暴行された。国民党内に政治協商会議に反対する右派勢力がいることが印象付けられる。

整軍談判　1946年1月31日〜2月25日

政治協商会議での決定事項履行のため1946年1月31日、国民党張治中・共産党周恩来・マーシャルの三者で最高軍事三者小組会議結成。マーシャルは陸軍に関して共産党1：国民党2を提案するが、蒋介石の反対により再検討となる。1946年2月25日、12か月後までに全国の陸軍を国民党90師団・共産党18師団の合計108師団に縮小、さらに18か月後までに国民党50師団、共産党10師団と国共各軍の比率5:1とすることで合意「軍隊改編及び共産党部隊の国軍への統合基本方案（关于军队整编及统编共产党部队为国军之基本方案）」が堯廬にて署名された。

2月28日、三者は停戦視察のため重慶から北平へ向かう。5月5日、国民政府が首都を南京に戻したため、周恩来も南京入りし、重慶での和平談判は終結した。

1946年6月26日、国民党による解放区侵攻により内戦に突入。1946年11月、首都南京で談判を継続していた周恩来に国民党より撤退命令が出され、共産党代表は延安に戻る。1947年3月、重慶に残っていた四川省委及び新華日報も延安に撤退。

桂園 E4
ⓒ 桂园　Ⓟ guìyuán　Ⓚ グイユエン
国民党財政部関吉玉の所有であったが、国民政府軍事委員会政治部部長陳誠が借り受け、邸宅とした。陳誠の後に政治部部長となった張治中も引き続き使用。重慶談判期間中は毛沢東に提供された。寝室も完備されていたが毛沢東は桂園には宿泊せず、林園に 3 日泊まった以外は全て紅岩村に宿泊していた。2 鉢の桂の花があったことから桂園と呼ばれる。2 鉢どころか無数の桂の花があると桂林と呼ばれる。あの風光明媚な桂林である。1945 年 10 月 10 日、桂園の客間で国共内戦回避の「双十協定」が締結された。
📍 重庆市渝中区中山四路 65 号
📍 重慶市渝中区中山四路 65 号

中国民主党派歴史陳列館 F4
ⓒ 中国民主党派历史陈列馆
民主同盟（民盟）の 8 党の歴史について展示されている。一党独裁と言われる中国であるが、実は少数政党もある。これらの少数政党は共産党の指導を受け入れ、共産党の元で連合政府を形成しているため、毛沢東の言葉通り中国には野党は存在しない。
📍 重庆市渝中区上清寺嘉陵桥东村 1 号
📍 重慶市渝中区上清寺嘉陵桥東村 1 号

中国民主建国会成立旧址 G9
Ⓒ 中国民主建国会成立旧址
Ⓟ zhōngguó mínzhǔjiànguóhuì chénglì jiùzhǐ
Ⓚ ヂョングオ　ミンズー　ジエングオフイ　チェンリー　ジ
ウジ

中国民主建国会（民建）は中国民主同盟を構成した三党三
派の１つ職業教育社を前身として、1945 年 12 月 16 日に西
南実業ビルで成立した。しかし合法政党と認められなかっ
たため翌年１月の政治協商会議には参加できず、中国民主
建国会常任理事の章乃器は民主同盟顧問名義で同会議に参
加している。中国民主建国会も民主同盟同様に全人代に議
席を有している。
📍 重庆市渝中区解放东路和诚大厦
📍 重慶市渝中区解放東路和誠大厦

怡园 F4
Ⓒ 怡园　Ⓟ yíyuán　Ⓚ イーユエン
宋三姉妹とは実の姉妹である中華民国の政治家宋子文邸。
米国特使のマーシャルはこちらに滞在していた。重慶談判
について主に写真パネルで展示されている。
📍 重庆市渝中区上清寺新路９号
📍 重慶市渝中区上清寺新路９号（地図には出ない。四新路
　と上清寺派出所の間の小道から入る）

特園 F4
Ⓒ 特园　Ⓟ tèyuán　Ⓚ テーユアン
「民主の家」民主同盟鮮英が民主派に活動場所として提供し
ていた。中国民主党派歴史陳列館は特園の敷地内に建てら
れた。
📍 重庆市渝中区上清寺嘉陵桥东村１号
📍 重慶市渝中区上清寺嘉陵橋東村１号

滄白路
Ⓒ 沧白路　Ⓟ cāngbáilù　Ⓚ ツァンバイルー
楊滄白（楊庶堪）は国民党元老であり、辛亥革命功労者の
一人。重慶が臨時首都となってから四川は国民党による締
め付けが厳しくなり、物資の徴収要求も高まったため軍閥
時代に提唱されていた「四川は四川人による自治を」との
声が再度上がり始めていた。中央と地方の矛盾という声を
緩和するため蒋介石は重慶出身の楊滄白の紀念堂を建設、
紀念堂前の通りを滄白路と改名して民衆の心を掴もうとし
た。紀念堂は既に取り壊され、現存しないが現在の洪崖洞
の前の通りが滄白路である。

国共内戦マニア

国民党敗北

抗日戦終結時、中共はソ連の迅速な東北侵攻に呼応し、旧満洲や華北へ進出、中国の奥地・四川にいた国民党は米軍の支援により長春や瀋陽といった東北都市部だけをなんとか確保できている状態であった。この東北の接収問題は後を引き、国民党側からしたら東北の接収が完了しないのは中共が邪魔するからであるし、中共側からみればせっかく手に入れた解放区をおいそれと手放すわけにもいかない。

重慶談判により国共内戦が回避されたはずだったが、関東軍の残した大量の重火器がある旧満洲全土を中共に占領されるのではないかと焦った蒋介石国民党が1946年6月、全面侵攻開始し、内戦に陥る。当初は米軍より最新兵器の援助を受け、兵力・武器弾薬共に中共を圧倒的していた国民党だが、軍の腐敗・極度のインフレなどにより国民の支持が低下する。

一方で中共は占領地である解放区で漢奸や地主の土地を農民に分け与える土地改革を実行し支持を拡大、農民は人民解放軍に参加することを名誉と考えるようになり、士気の高い軍隊が出来上がった。農村を押さえている人民解放軍は都市間の交通ルートを断ち、国民党軍を都市に孤立させる。そう、国民党軍は日中戦争時に日本軍が陥ったのと同じ状況に置かれた。

1948年には遼瀋・淮海・平津（北京と天津を合わせて平津。当時の北京は北平と呼ばれていた）の三大戦役に勝利し、ついに国共の立場が逆転する。

1949年4月15日、中共が和平案を提案するも、第一款「内戦の全責任は南京国民政府に帰する」、第三款「中華民国憲法廃止」、第七款「南京政府の武装解除」、など国民党にとってはとても受け入れられる内容ではなく、和平案は破談（第二款では国民党による支那派遣軍総司令官「岡村寧次」陸軍大将の無罪釈放や日本人捕虜の帰還についても謝罪している）。

4月21日、人民解放軍が一気に長江を南下、4月23日、国民政府首都南京が陥落、続く5月27日には上海も陥落する。7月15日、蒋介石が広州で国民党非常委員会を設置、蒋介石は8月24日には重慶へ向かい、37軍90万の部隊を集中配備し、重慶を首都に西南数省で再起を図るべく、「重慶は戦時首都である。本日今一度、今度は反共産主義の中心地として立ち上がれ」と演説する。しかしこの頃には失政による高インフレ・重慶談判後の国民党軍の狼藉など国民党の自壊要因、及び中共の土地改革により重慶市民は中共支持にまわる。

重慶及び西南各省はいまだ国民党支配下だが大局は決し、10月1日、北京天安門で毛沢東により中華人民共和国設立が宣言される。人民解放軍は10月14日に広州を陥落、11月1日には西南戦役を開始、11月15日、貴州省貴陽を陥落、蒋介石の退路を断つべく四川包囲作戦を取る。人民解放軍は3路に分かれ、北路第47軍は涪陵から長江沿いに、中路第12軍は南川から西へ、南路第11軍は綦江から北へとそれぞれ進軍。人民解放軍の包囲に対し、蒋介石は重慶北東部を守っていた胡宗南を四川へ戻すと共に、第20兵団・第15兵団を南川に派兵する。人民解放軍秦嶺地区の第18兵団及び第1野戦軍の一部は胡宗南を追撃、第3兵団及び第47軍は烏江を突破し、南川の国民党軍第20兵団・第15兵団を撃破する。11月26日、第2野戦軍第3兵団第12軍が南川より重慶南温泉に到着、3日間の激戦の末、南温泉を攻略。

27日、午後人民解放軍が重慶南岸に迫る中、国民党軍統により白公館・渣滓洞に収監されていた共産党地下党員など331名が虐殺される。

30日、重慶白市驛空港より蒋介石が成都へ退却、同空港は蒋介石退却の30分後には解放軍により接収された。午後2時、重慶商会会長や重慶市工会理事長などが望竜門から長江を渡り南岸海棠渓に到着、正面軍に歓迎の意を伝える。午後3時、第11軍31師93団が大坪を占拠すると、仏図関守備の国民党国防部警衛第2団は投降。午後6時、人民解放軍は弾子石・海棠渓・銅元局から続々と長江を渡り市内へ入城。午後7時、市民により五星紅旗が掲げられるなか第47軍423団が抗戦勝利記念碑（解放碑）に到着、重慶解放を宣言。

成都に逃れた蒋介石だが成都でも歓迎されることは無く、むしろ旧四川軍閥の劉文輝・鄧錫侯などの蜂起により、12月13日、成都新津空港から台湾へ逃れた。

史跡

沙坪壩区歌楽山一帯には中米合作関連や、重慶における国共内戦関連の多くの史跡がある。見学順序としては一番山奥にある渣滓洞→松林坡→白公館→紅岩魂陳列館と徐々に麓に戻って来るのが良いだろう。白公館・渣滓洞は混雑防止のため中国人観光客には実名制予約が実施されているが、今のところ外国人には適用されていない。パスポートを持参する事。無料。

白公館 B1

C 白公馆　P bái gōng guǎn　K バイゴングアン

日本ではほとんど知られていないが、中国ではだれもが知っている白公館。国民革命軍第20軍第一師長・白駒によって建てられたため白公館と呼ばれる。白駒は唐代の詩人白居易の末裔を自称しており、白公館の門にも香山別墅（白居易の号は香山居士）と書いている。ただし彼自身はここに居住したことはなく、家族が一時居住しただけである。白公館は以後時代に合わせて4度改築されていく。

国民党特別看守所

国民政府の重慶首都移転後、空爆を避けるため国民党軍事調査統計局（軍統局）により歌楽山一帯が接収された。白公館も例外ではなく、1938年10月28日に黄金30両で軍統局に接収された。軍統局は白公館を看守所に改造、重慶城内の棗子堡臨時看守所より規律違反者や任務未達成者、共産党員を移送。白駒時代の住宅は監獄となり、半地下の食糧備蓄庫は地下牢へと改造、正門は閉じられ側面の裏戸が出入り口とされた。白公館看守所には楊家山・黄家院子・紅炉廠の3つの秘密部屋も設置され、西安事件の楊虎城、皖南事変で捕らえられた新四軍軍長の葉挺、南委事変の廖承志とそれぞれ重大な政治犯が収容された。

米軍第三招待所

1943年の中米合作により400人を超す米軍情報員が重慶にやってくる。それに伴い米軍の住宅問題が発生したため、軍統は周辺住居を接収改築したが、質量共に米軍の要求基準を満たすことが出来なかった。そのため米側が比較的良さそうだと判断した住宅は全て米側に提供された。当然白公館も米軍が使用を希望したため、軍統は代替地として白公館の先にある渣滓洞炭鉱を購入、収監中の政治犯を全て渣滓洞へ移し、白公館を米軍第三招待所として提供した。軍統は白公館に英語を話せる人員や西洋料理人を雇い、米側の要求に答えようとしたばかりではなく、米軍情報員に外交官特権も与えた。渣滓洞の炭鉱工員住居は男性監獄となり、更に三間の建物を増築、二間は女性監獄、一間は活動室と看守所とされた。

再度国民党特別看守所

抗日戦争勝利後、米軍が去ると再度国民党軍統の特別看守所となり、第二次国共内戦には国民党軍統西南特区区長・徐遠挙のもと中共地下党員を多数収監する。徐遠挙はまず1948年4月に中共重慶市工委副書記・冉益智を捕らえると冉益智は中共重慶市工委書記・劉国定や中共重慶市工委委員、北碚区、沙磁区の地下党員情報を次々と軍統へ売り渡す。売られた書記・劉国定も冉益智に負けじと次々と情報を提供し、劉国定は国民党軍統中校参謀及び川西特偵組組長へ、冉益智は国民党西南特区中校専員に任じられている。同年6月、劉国定は徐遠挙と共に上海・南京に出張し当地の地下党員を捕らえており、冉益智は徐遠挙による特務訓練班

で反共授業を担当し、地下党員の潜伏場所や連絡手段について講義している。

こうした中共幹部の裏切りにより捕らえられた中共地下党員は白公館・渣滓洞に収監され、重慶解放直前の1949年11月27日に大量に虐殺される。白公館に展示されている「我们也有一面五星红旗」は収監されていた共産党員が中華人民共和国成立を知り、想像で作成した五星紅旗であり、共産党を中心に全国の人民が団結している様を象徴している。作成後地下に隠していたが、国民党軍統の虐殺から逃れた羅広斌により、重慶解放後に回収された。

中共の特別看守所へ

国共内戦の中共側勝利により看守と囚人の立場が入れ替わる。国民党軍統西南特区区長として陥落直前の重慶での大虐殺の指揮を執った徐遠挙、国民党四川省主席・王陵基、国民党軍統へ寝返った元中共重慶市委書記・劉国定及び副書記・冉益智なども収監された。白公館では周辺施設も含め1950年から55年にかけ戦犯反革命分子722名、外国籍戦犯11人、刑事犯45人が収監された。

戦犯として白公館に収監された国民党要人

国民党軍統西南特区区長・徐遠挙

徐遠挙含む国民党軍統は 1949 年 12 月、昆明で最終防衛戦の準備をしているところを中共側に寝返った盧漢将軍により一斉逮捕される。徐遠挙は重慶四徳村に拘留された後、数か月前まで自分が政治犯を収監し拷問殺害していた白公館に戦犯の立場で戻された。しかし共産党は彼を殺害せず熱心な共産主義者に改造し、1955 年には台湾侵攻の準備として北京功徳林戦犯管理所に移送する。特赦により釈放される戦犯もいるが徐遠挙は釈放されることもなく、1974 年に病死している。

国民党四川省主席・王陵基

成都から台湾に逃れる事が出来ず、宜賓に逃亡していた王陵基は 1950 年 2 月に逮捕され、白公館に送られた。1949 年 8 月 17 日、在職中の王陵基のもとに元国民党 29 集団軍総部中将参謀長・現中共秘密党員・民革川康分会秘書長の周従化が時勢を見極め投降するよう説得に現れたが、王陵基は 4 日後の 21 日、周従化を成都で逮捕、白公館へと収監し、11 月 27 日に処刑した。王陵基は白公館で周従化を収監していた部屋に収監され、精神崩壊し崩れ落ちる。1964 年に特赦により釈放されるが 3 年後に北京で死去。

元中共重慶市工委書記・劉国定及び元中共重慶市工委副書記・冉益智

劉国定は国民党と共に成都に逃れるが、資金不足により台湾へは逃れられず自首する。一方、冉益智は中共による党員登記所へ現れ、何事もなかったかのように登記しようとしたところ身柄がバレ、逃亡するも捕まるという面の皮の厚さである。両者とも 1951 年に死刑執行された。

渣滓洞 A1
Ⓒ 渣滓洞　Ⓟzhāzǐdòng　Ⓚ ザーズードン

白公館を米軍に明け渡すことになったため白公館に収監していた人を移送したのが渣滓洞である。渣滓は「かす〈くず〉」という意味だが収監されている人を指しているのではなく、この炭鉱で取れる石炭の質が悪かったため付近の住民により元々「かす〈渣滓〉」と呼ばれていた。1949 年 11 月 27 日の虐殺後、渣滓洞は軍統により焼き払われた。

楊虎城将軍紀念室 A1
Ⓒ 杨虎城将军纪念室
Ⓟyánghǔchéng　jiāngjūn　jǐniànshì
Ⓚ ヤンフーチャン　ジャンジュン　ジーニエンシー

張学良と共に西安事件を起こした楊虎城は欧州に逃げるも抗日戦争勃発後に抗日救国のため戻ってきたところ身柄を拘束され、12 年間に及ぶ監禁の後 1949 年 9 月 17 日、歌楽山で家族秘書もろとも処刑された。

紅岩魂陳列館 B1
Ⓒ 红岩魂陈列馆　Ⓟhóngyánhún　chénlièguǎn
Ⓚ ホンヤンフン　チェンリエグアン

白公館や渣滓洞などで起きた国共内戦時の重慶における出来事をパネル展示している。紅岩魂広場の階段を登ると慰霊碑及び烈士墓がある。歌楽山見学の総まとめとして見学するのが良いだろう。

📍 重庆市沙坪坝区政法三村 63 号
📍 重慶市沙坪壩区政法三村 63 号

三線建設マニア

三線建設

　1960年代に入ると中国はソ連との決別により北でソ連、東では台湾国民党政権と対峙することになった。更に1964年、米国によるベトナム・トンキン湾事件が発生し、南にも米国と三方を強敵に囲まれた毛沢東は核戦争を想定する。第三次世界大戦に備え、敵の侵攻を受けやすい東北や北京～上海～広州へと至る沿岸部を第一線、内陸奥地を第三線、その中間、北京～武漢～広州を結ぶ線を第二線とし、第一線及び第二線が侵略されても第三線で抗戦できるように三線建設の大号令を発布する。日中戦争に続き、またしても「危機の際は四川」である。

　とはいえ今回は重慶だけではなく、重慶には軍事工場、四川省西昌には航空センターなど業種によって分散配置され、西部各省へ沿岸部から多くの工場及び人員が強制的に移転させられる。戦時体制での移転であり、敵から隠す必要があったことから、三線企業は奥地西部の中でも更に山深い僻地に建設された。嘉陵機器廠や重慶特殊鋼など元々重慶にあった企業にも資金が投入され、「工業は重慶に学べ」のスローガンが出たのもこの頃である。なお、これら嘉陵機器廠や重慶特殊鋼など日中戦争時に移転してきた元兵工廠や、建国直後第一次5か年計画で建設された企業は一般的に三線企業とは言われない。

　1972年のニクソン訪中、田中角栄による日中国交正常化により当面の危機が去ったことから三線建設は提唱から8年でその意味を失うが、その後も1979年まで建設は続けられた。三線企業を地域発展の要とする地元政府の期待もあり、改革開放後も沿岸部に戻ることは許されず、明らかに不利な立地にある場合は移転が許されたが、あくまで地域内での移転に留まった。重慶など都市部にある地場工場はなんとか軍需から民需への移行を成し遂げるのに対し、三線企業は技術もインフラも整っておらず、発展から完全に取り残された。

紅岩機器廠 `重慶全図`
Ⓒ 红岩机器厂
1965年無錫動力機廠と河南洛陽電算機部品廠（Ⓒ 河南洛阳拖拉机配件厂）が三線建設により重慶に移転、紅岩機器廠が設立された。河南洛陽電算機部品廠の従業員は親戚故郷に別れを告げた後、洛陽から列車で菜園壩駅へと到着する。少し遅れて無錫動力機廠の従業員も江陰から長江を遡り朝天門埠頭へと到着。紅岩機器廠では無錫人・洛陽人・重慶人4000人が一堂に会し、無錫弁・河南弁・重慶弁が交じり合っていたという。文化の違いから無錫人は紅岩八一戦闘団を結成、一方洛陽人は硬骨頭造反兵団を結成し、互いに対立していた。ディーゼルエンジン本体及び周辺機器を生産していたが改革開放により没落、その後も経営を続けるが2005年破産、廃止となった。
🔹 重庆市北碚区歇马路105号附近
🔹 重庆市北碚区歇马路105号附近（紅岩社区居委会から更に奥に進むと門が見えてくる）

普林机械廠 `重慶全図`
Ⓒ 普林机械厂　Ⓟ pǔlín jīxièchǎng
Ⓚ プーリン　ジーシエチャン
晋林机械廠は山西省太原より移転、大砲を生産していた。三線建設が停止された後も重慶に残っていたが2003年に四川へと移転した。やはり移転先は近隣しか許可されないのだ。ここは毛沢東語録や毛沢東万歳などのスローガンが残っているのでお勧めである。
🔹 重庆市綦江区丛林镇
🔹 重庆市綦江区丛林镇（国民政府航空委員会第二航空製造廠のある海孔村へ向かう途中に晋林机械廠の廃墟が現れる）

816 地下核工程 `重慶全図`
Ⓒ 816 地下核工程　Ⓟ 816 dìxià hé gōngchéng
Ⓚ バーヤオリウ　ディーシャー　フーゴンチェン
重慶の三線企業の代表が816地下核工程だ。プルトニウム239を製造するという国家機密プロジェクトであった。詳細は「核兵器マニア」P210参照。
🔹 重庆市涪陵区白涛街道
🔹 重庆市涪陵区白涛街道

文革マニア

重慶武闘

この時代のもう一つの特徴と言えば大躍進政策で失策した毛沢東による権力奪還闘争、文化大革命（1966年）である。正式名称は「無産階級文化大革命」。

重慶における文革は四清工作組が重慶大学長鄭思群を糾弾したことから始まる。1966年7月19日、老革命戦士で7級幹部の鄭思群が裸足で髪を整えることも許されないまま松林坡招待所に移送される。余りにも哀れな姿に鄭思群を慕っていた学生に衝撃が走る。「重慶市委はなんて事をするのだ」。半月も経たない内に鄭思群が自殺したと発表されると、死因を疑った重慶大学生が調査を願い出るが四清工作組は拒否。この事件により政治に興味の無かった学生まで造反市委となり、四清工作組は支持を失っていった。

8月15日、重慶師範専科学校の造反組織「排炮戦闘隊」「軽騎戦闘隊」が重慶大学に来て応援を求める。これに呼応した重慶大学生3000人が重慶師範専科学校に行き、造反大会を開く。これに対し重慶市委は副書記辛易之を派遣し、解散命令を出す。しかし造反組は不服とし「文化大革命実行」「五一六通知の堅持」を叫び、沙坪壩上街を練り歩く。これが重慶における文革史上初のデモ行進となり「八一五派」と呼ばれるようになる。12月4日、造反派である八一五派と保皇派が大田湾体育場内外で衝突。重慶初の武闘となる。

内内ゲバ開始

1967年1月、全国的な造反派の盛り上がりを受け、重慶では八一五派を中心として46の造反派により「重慶市無産階級革命造反連合委員会（革連会）」が成立。党、政、財、文を掌握、重慶市の臨時最高権力機構となる。

革連会の成立を以って革命成立かと思いきやこれに不満をもつ勢力「砸烂革連会（砸派）」が現れる。革連会を打ち壊すという意味であり、砸派は6月に「重慶工人革命到底総司令部（反到底派）」を成立させる。中国の多くの都市では通常「保皇派」VS「造反派」の内ゲバだが、重慶の場合は造反派内の内内ゲバである。4月23日、北碚や重慶鋼鉄などで両派による小競り合いが発生。5月に入ると双方鉄パイプや匕首を使用。徐々に過激になっていく。

劉張問題

分裂に拍車を掛けたのが宜濱地委書記「劉結庭」、宜濱市委書記「張西挺」の処遇。中共中央西南局より反党分子として収監されていた2人が名誉回復、5月それぞれ四川省革命委員会副主任に内定する。この処置を巡って八一五派は反劉張、一方の反到底派は劉張容認と激しくぶつかる。6月5日から8日に至る西南師範学院での八三一戦闘縦隊（反到底派）と春雷造反

兵団（八一五派）の激突には数千人が参加した。

7月8日、紅岩柴油机廠で両者が激突、初めて銃が使用され9人が死亡、本格的な内内ゲバの幕開けである。7月27日から28日にかけて嘉陵机器廠、建設机床廠などの大型国営国防企業が本格的に参戦、以後マシンガンや手榴弾、果ては戦車や高射砲といった重火器が使用されるようになる。

文革中で唯一の海戦

8月8日、望江机器廠の反到底派「金猿」が陥落寸前の建設机床廠「紅大刀」と武器を相互補給すべく小型砲艦3隻を組織し、途中長江沿い、東風造船所、紅港、長江電工廠などで八一五派と交戦した海戦。重慶主城区は造反派分裂後、朝天門～両路口、及び南坪は八一五派が掌握。渝中半島と南坪を抑えるという事は長江を支配下に置いていたと考えてよい。

一方、反到底派は両路口～楊家坪及び江北観音橋を掌握していた。南北は反到底派が掌握しているが、その真ん中東西を八一五派が抑えているため反到底派は武器の融通ができずにいた。そこで反到底派が長江を押さえようとしたのが八八紅港海戦である（長江なので海ではないが海戦と言われている）。

では反到底派はどこから砲艦を調達したのか。8月2日深夜4時、長寿に停泊していた「長江2014号」に当地の反到底派80名が乗り込み占拠。もちろん長江2014号内にも反到底派がおり、手引きしたのは言うまでもない。翌3日、深沱に停泊していた貨物船「人民5号」も郭家沱の望江机器廠を出航した「望江101」「嘉陵1号」に挟まれ長寿に連行される。「望江101」は元々国民党の江防艦で当時は望江机器廠の交通艦として、「嘉陵1号」は嘉陵机器廠の運搬船としてそれぞれ使用されていたが小型砲艦に改造済であった。その後、郭家沱で「人民5号」を砲艦に改造、前後部に三七高射砲、操縦室前後には重機関銃を装備。武器に加え食料も積み込む。

準備が整った反到底派は劉長春を艦隊司令とし「軍工委岡山第一艦隊」を名乗り、8日午後4時半、郭家沱から重慶主城区へ向けて出港。望江机器廠から建設机床廠まで八一五派の支配下にある長江を40km航行。途中唐家沱で西南第一の東風造船廠を砲撃、「人民6号」を撃沈。続いて八一五派「長航兵団」「港口兵団」が本拠地としていた紅港（文革中朝天門は紅港と呼ばれていた）を襲撃。八一五派も長江の「長江207号」、嘉陵江の「人民28号」「人民30号」を繰り出し防戦するが火力の差は埋まらず炎上撃沈される。救援に向かった「水運104」、「水運204」も砲撃を受け、撤退。紅港を突破した後、「望江101」は唐家沱に戻り東風造船廠を再砲撃、「人民5号」「嘉陵1号」は引き続き九竜坡の建設机床廠へ向けて長江を遡り、更に八一五派の国営長江電工廠「八一兵団」を砲

紅衛兵墓群 B1

ⓒ 红卫兵墓群 ⓟhóngwèibīng mùqún
ⓚ ホンウェイビン ムーチュン

重慶には中国で唯一現存している紅衛兵墓群があり、3000㎡の内部には113の墓碑、14歳から60歳まで400名以上が埋葬されている。沙坪公園を含む沙坪壩一帯は八一五派が掌握しており、捕虜を使用し自派の戦死者を埋葬させた。文革当時は各学校や各工場にそれぞれ墓があったがその後の開発により取り壊され、沙坪公園の墓だけが残っていた。1985年、ある引退幹部が四川省委に沙坪公園内の墓群の取り壊しを要求、沙坪壩区政府内では取り壊し派と保存派が真っ向から対立、当時の重慶市委書記は「壊さない、宣伝しない、開放しない」の「三不方針」を固めコンクリートで周囲を囲った。そのため周囲から内部を伺うことは出来ない。更に墓へと続く小道の入り口さえも封鎖されており、門に近づくことすらできない。清明節の際に遺族のみが参拝できるようだ。

📍 重庆市沙坪坝区天陈路52号
📍 重庆市沙坪壩区天陳路52号（沙坪公園内）

撃、激しい戦闘の末「長江1号」を撃沈する。建設机床廠に到着した「軍工委岡山第一艦隊」は三七砲4門を「紅大刀」へ贈り、代わりに半自動小銃を受け取り任務完了した。

艦隊司令劉長春は帰路で再度交戦しようとしていたが、あまりの惨事に隊員が疲れ果て逃亡。結局、死者24名、負傷者129名、3捜沈没、12捜破損での幕引きとなった。同日、長江で反到底派に惨敗した八一五派は空気圧縮机廠の戦車を繰り出し、沙坪壩から解放碑へ向けて示威行進している。その後、8月13日解放碑、18日沙坪壩、28日歇馬場、楊家坪で両派はそれぞれ激突、1967年6月～8月までが重慶での武闘の最盛期であった。

長引く武闘、そして終焉

重慶は元々臨時首都であり、兵器工場があった事に加え、三線建設で八大兵工廠が集中、武器の入手が容易だった。更に重慶という都市は国民党時代に臨時首都となり人口が爆増した移民の街であり、毛沢東主義だけではなく単なるゴロツキも両派に混じっていたため、他地区よりも激しい戦闘が繰り広げられた。但し、両派の上層部は友人同士であり、下層部が戦っている間でさえ時には食卓を共にしていたという話もある。最終的には1968年10月15日両派に解散命令が出て、その後、大多数の首謀者が農村に下放された事により武闘は幕を閉じる。

重慶国営八大国防企業（名称、生産品、場所、中華民国臨時首都時代）

反到底派	八一五派
建設机床廠（半自動小銃）	**長江電工廠**（戦車・装甲車）
九竜坡謝家湾：第一兵工廠	南岸銅元局：第二十兵工廠
長安机器廠（機関銃）	**空気圧縮机廠**（戦車・装甲車）
江北北浜路：第二十一兵工廠	九竜坡楊家坪：豫豊机器厂
江陵机器廠（大砲）	
江北大石坝：第十兵工廠：洋炮局	
嘉陵机器廠（弾丸）	重慶八大国営国防企業の内、最後の一つは重慶と隣接した四川省瀘州の化工廠なので重慶武闘とは関係ない。
沙坪壩双倍：第二十五兵工廠：嘉陵机器	
望江机器廠（高射砲）、	
江北郭家沱：第五十兵工廠	

直轄市マニア

直轄市

　中華人民共和国直轄市は北京・上海・天津・重慶の4都市で重慶は4つの都市の中で一番新しい直轄市である。中華人民共和国における直轄市は行政区分上では省と同じ地位、つまり直轄市書記と省書記は同じ職責となる。例を挙げると重慶市書記は成都市書記と同列ではなく、四川省書記と同列という事だ。しかしこれは行政区分上のことであり、党内での序列は直轄市書記が中央政治局委員であるのに対し省書記は中央委員に過ぎない。中国の公務員序列は中華人民共和国公務員法により規定されており、上から中央政治局常務委員会（国家級正職）・中央政治局委員（国家級副職）・中央委員（省級正職）と続く。

　中国では儒教の影響により序列が1つ違うだけで絶対服従となるため、ここに直轄市と省の明確な違いが現れる。ただし例外的に広東省と新疆ウイグル自治区についてはその特殊な事情により、中央政治局委員が書記となっている。また、直轄市書記は中央政治局委員が担うと定められているわけではなく、慣例でこのようになっている事も付け加えておく。

中華民国直轄市

　ここで中華民国時代の直轄市について触れておきたい。中国での直轄市は中華民国時代1921年に上海・南京の各特別市として始まり、その後、院轄市、直轄市へと改名。1947年の中華民国行政区域簡表によると南京・北平（北京）・天津・漢口（武漢）・青島・広州・重慶・大連・ハルピン・瀋陽・西安と11直轄市が設置されている。

中華人民共和国直轄市

　1949年10月1日の中華人民共和国建国後、同年12月には北京・天津・瀋陽・鞍山・撫順・本溪・上海・南京・武漢・広州・重慶・天津の12直轄市が設置された。基本的には中華民国時代の直轄市を引き継いでいるが、瀋陽・鞍山・撫順・本溪の4都市は注目に値する。これら4都市は旧満洲国（現遼寧省）の炭鉱・冶金の重工業都市であり、当時の中国にとって満洲がいかに重要であったかが分かる。

　建国直後の行政区分は12直轄市以外に30省・5行署区・1自治区（内モンゴル）・1地方（チベット）・1地区（昌都地区）に分けられた。当初は行政区分も手探りで行署区は当初の旅大・蘇南・蘇北・皖南・皖北に加え、1950年には四川省に川東・川西・川南・川北の4行署区に分割されたことにより、9行署区に拡大する。また内モンゴル自治区政府がウランホトから張家口に移転したため、張家口は察哈爾省と内モン

中華人民共和国直轄市モニュメント

ゴル自治区の2つの省会（省政府所在地）となるなど混乱する。他にも旧満洲地区では日本の影響で19もの省に分かれていたのを6省5直轄市（1950年に旅大市が直轄市に加わっている）に統合している。

　1952年11月の改革では南京と蘇南・蘇北行署区が合併して江蘇省となり、南京が江蘇省の省会となる。1953年にはハルビン・長春が続けて直轄市入りするが、この2都市は翌1954年6月の行政区大改革により1年で早くも省轄市に降格する。この時の行政改革では重慶・広州・瀋陽・長春・ハルビン・西安・武漢・旅大・鞍山・本溪・撫順も各地の省と合併、省轄市に降格した。重慶市は四川省に合併された。

　1958年2月、天津が河北省と合併し河北省の省会となるが、1967年1月、再び河北省から分離され直轄市に返り咲く。河北省と天津の関係もなかなか面白く、中華民国時代1930年に天津が省会となるが、1935年、天津が直轄市になったことに伴い保定が省会となる。1949年の建国時点では天津は直轄市のため保定が省会と定められる。1958年、度重なる河北省の要請により中央が天津を河北省省轄市に降格し、河北省省会にする。

　当然天津市側は激怒、河北省職員が保定から天津におかれた省政府に移ってくるが、派閥争いが発生。天津市は河北省会議の際は部長級会議には課長級を参加させるなど、1ランク下の職員を派遣したりして抵抗する。合併だけが原因ではないが天津の経済力は年々下降し、1965年にようやく合併当時1958年の水準に戻るという有様だった。

　1966年4月、ソ連の渤海湾侵入など国際情勢の変化や中共中央と北京市委の対立などにより中共中央として意のままになる都市が必要だったなどの国内理由により天津が再度直轄市になり、それに伴い保定が河北省省会に復活する。

　常に天津に次ぐ2番手として省会の座を明け渡したり譲られたりしていた保定であるが1968年、突然省

川東行署

会が石家庄に移される。唖然とする保定、1971 年、河北省革命委員会は中央に省会を保定に戻すよう願い出るが拒否され、以後河北省省会は石家庄のままである。

さて天津市について長々と書き記してしまったが、1997 年 6 月には重慶市が四川省から分離され、再度直轄市となった。以上が中華人民共和国における直轄市の変遷で最大 13 の直轄市が存在した時期もあるが、1954 年の大統合後に直轄市に返り咲いたのは天津と重慶のみである。

重慶直轄市

それでは若干重なる部分もあるが、いよいよ重慶市に焦点をあてたいと思う。中華民国行政院直轄の院轄市・中華人民共和国各省直轄の省轄市・中華人民共和国中央政府直轄の直轄市などあるので注意頂きたい。

1929 年、四川軍閥劉湘の後ろ盾のもと潘文華を初代市長として重慶市が成立する。1937 年 11 月には国民政府の遷都宣言により抗戦時臨時首都となる。臨時首都となったことによる業務量の増加、また管轄政府である四川省へいちいち報告する煩わしさもあり 1939 年 5 月、中華民国 6 番目の行政院直轄市となる。1940 年 9 月、中華民国国民政府により正式に永久副都として指定される。

なお、国民政府は国共内戦中の 1948 年 1 月に北平（北京）も永久副都として指定し、首都南京・副都重慶、北平という三都時代が 1 年程あった。

1949 年 10 月の中華人民共和国成立時点では重慶はまだ国民党勢力圏であったが同年 11 月の解放後、すぐに中華人民共和国直轄市となり、中共中央西南局（党）・西南軍政委員会（政）・西南軍区（軍）も重慶に設置される。

1954 年 6 月の行政区大改革により四川省に併合され、四川省省轄市となる。1960 年代中頃の三線建設では核心都市となる。1983 年 3 月、省級経済管理能力を持つ全国初の計画単列市に指定、都市のランクと

しては副省級都市となり、地級市である四川省省会成都と逆転現象が発生する（計画単列都市に指定されると、都市計画の上で省から分離され全国計画の一部となる）。

1980 年代は重慶の黄金時代であり、上海、北京、天津に次ぐ経済規模を誇っていた。しかし 1990 年代に入ると改革開放により沿岸部に資本が戻され、海外資本も上海市、広東省などに集中したため不遇の時代を過ごす。

1997 年 3 月 14 日、第八回全人代第五会議により重慶直轄が可決、同年 1997 年 6 月 18 日、再度直轄市として四川省より分離された。

四川省時代の重慶

四川省と合併した際も重慶は省内最大都市であった。合併時の人口は重慶 400 万人に対し、省会成都 200 万人である。1980 年代中頃、三峡ダム建設案が提出され、時の副総理李鵬は重慶を含む行政区を設置し、三峡ダム建設に掛かる諸問題に対応することを鄧小平に提案。しかし鄧小平は四川省を重慶中心の省・成都中心の省と 2 つに分割することを検討するよう指示する。

そもそもなぜ四川省を 2 つに分割する必要があったのか。

当時の四川省は人口 1.1 億人、面積 57 万 k ㎡、中国最多 23 行政区 221 県管轄という巨大な省であり、ドイツやフランス・スペインなどヨーロッパで大国と言われている国々よりも人口・面積共に大きく、統制が困難であった。前述の通り四川省は建国初期にも川東（重慶）・川西（成都）・川南（瀘州）・川北（南充）の 4 行署区に分割されていた。

次に三峡ダム建設にあたり移住が必要となる 137 万人の長江沿岸住民の管理を容易にするためであり、これは百万移民問題と言われ国家レベルの問題となっていた。

新省の範囲

四川省の分割が決まった後は新たな省の範囲の策定である。

（1）三峡地区を中心とし、ダム建設地の湖北省宜昌市なども巻き込んで三峡省を成立させるというもの。これは管轄地区が広すぎるため却下。

（2）万県涪陵黔江など現重慶市東部を入れず、広安達川南充の現四川省 3 市を組み込むという現在の重慶市より西寄りの案。これも三峡ダムの移民問題を解決できないため却下。

（3）旧重慶直轄市を復活させる。これが一番簡単だが（2）と同様三峡ダム建設による移民問題を解決できないため却下。

（4）現在の重慶市の範囲。三峡ダム自体は湖北省に

位置するが、移住が必要となる住民の 85% は現重慶市の範囲に居住していたため、重慶市直轄と三峡ダムは密接に関係している。

重慶省ではなく直轄市へ

分割が決まり、新省の範囲も決まったがなぜ省ではなく直轄市を設定したのか。

(1) 改革開放から 20 年が経過し、沿岸部と西部地区の格差が開くばかりだったため、西部開発のための戦略基地が必要であった。長江上流で四川、貴州、雲南各省への入り口に位置する重慶を中央直轄することにより、沿岸部と西部を結ぶ中継基地としての役割を十分に果たせると考えられた。
(2) 三峡ダム建設にあたり国家レベルで対応する必要があった。
(3) 重慶は民国時代より直轄市であり、第二次世界大戦時には臨時首都であったことによる、そもそもの都市としてのポテンシャルがあった。
(4) 一般的に中国では省→市→県→郷と 4 層構成となるが直轄市の場合は省レベルの市が直接県を管轄するため市→県→郷と 3 層構成となり、省にはある市級層が必要ない。この度、四川省から分離する範囲は 42 県のみだったため 3 層構成で十分対応可能であり、公務員数が少なくて済む。結果として現在重慶市の公務員の対人口比は全国最少となっている。

以上の理由から 1994 年、中央政府により重慶の直轄市昇格が決定された。1996 年 6 月 19 日、中央政治局常委会にて重慶市改為直轄市的方案が可決。同年 6 月 26 日、国務院総理となっていた李鵬の元で、第 4 案を基に更に広安・達州・南充 3 市を組み込むかどうかの議論が始まる。当時重慶は食糧難だったため、食糧供給基地であった広安を重慶市に組み込みたかった。しかし反対派の「既に第 4 方案で人口 3000 万人を抱えている。このうえ南充 800 万人、達州 700 万人、広安 600 万人を加えると 5000 万人になってしまう」。更に広安出身の鄧小平の「私は四川人である。広安が重慶市入りするのは好ましくない」との一声で 3 市は四川省に残留することになった。

1997 年 3 月 14 日、第八期全国人民代表大会第五回会議で賛成 2403 票、反対 148 票、棄権 133 票、未投票 36 票で可決。四川省代表も賛成に投じた。1997 年 6 月 18 日重慶直轄市成立。学校や職場では「今までは四川省重慶市〇〇区だったが本日をもって重慶市〇〇区なので四川省は書かなくてよい」と歓喜の指導が入ったそうだ。余談だが香港返還は直後の 7 月 1 日である。

パネル（行政院直轄市）

全人代での投票

直轄市成立大会

三峡移民

一帯一路マニア

　改革開放で取り残された後、1997年に直轄市となってからも重慶経済の衰退は続き、1999年には経済規模で深圳に抜かれ国内第5位に、2003年に至っては蘇州にも抜かれ7位にまで後退する。改革開放以来衰退が止まらなかった重慶経済だが、2010年代になって動きがあった。2010年6月、上海浦東、天津濱海に続き、内陸部で初の国家級開発地区「両江新区」が成立する。中央政府による様々な投資の結果、2018年GDPは「北上広深」に次ぐ第五位となった（ただし、重慶は面積も広く人口も多いため一概に比較は出来ない）。

両江新区

Ⓒ 两江新区　Ⓟ liǎngjiāng xīnqū　Ⓚ リャンジャン　シンチュー

国が中心となり開発する国家級開発特区。両江新区という区があるのではなく江北・渝北・北碚の広範囲を指す。内陸での開放をリードする。両江新区が出来た→重慶と欧州を結ぶ鉄道が開通→一帯一路で発展加速を狙う。一帯一路の具体的な項目としてCCIや陸海新通道。

中欧班列 CHINA RAILWAY Express

Ⓒ 中欧班列　Ⓟ zhōngōu bānliè　Ⓚ ジョンオウ　バンリエ

　2011年3月19日、中国と欧州を結ぶ路線として重慶とドイツ・デュイスブルク間の鉄道「渝新欧」が開通した。中国北西部の蘭州・新疆からカザフスタン→ロシア→ベラルーシ→ポーランドと経由し、ドイツに抜ける11179 kmの内陸部ルートだ。渝新欧の開通以来、中国と欧州を結ぶ貨物路線は順調に路線を増やし続け、2011年の年間11便から、2018年には中国各地56都市と欧州中東等15国49都市を結ぶ年間6363便まで爆増、今や最長距離は浙江省義烏～スペイン・マドリッドの13000 kmとなっている。これは当初の目標である「2020年までに年5000便」を2年繰り上げでの達成となった。56都市には一度だけ開通した都市も含まれているものの欧州中東等合計で49都市に対し、中国側は一国で56都市である。内陸部からは定期便がある一方、沿岸部はやはり海運が強く、貨物が集まった時に臨時便での運航状況だ。現状では線路規格の違いから途中2回貨物の載せ替え作業が発生しているが、それでも最短で12日で欧州まで到達。「海運の30%の時間、空運の20%の費用」が売りである。一帯一路でインフラ整備を掲げているように線路規格を統一することが出来れば所要日数は大幅に短縮されるし、更に中国のことだから高速鉄道輸出も視野に入っているだろう。重慶・団結村発ロンドン・シティ行き旅客高速鉄道など出来たら何とも言えない感慨深さがある。現在は中国からはノートブック・パソコンや衣料品自動車などが欧州へ出荷され、欧州から中国へはフランスワインやドイツ製自動車が輸入される。中国への輸入便は当初は中国から欧州への輸出便の10%未満であったが、中国経済の拡大に伴い輸入需要も順調に増え続け、2018年には輸出便の70%程度まで伸びてきている。

団結村（西部物流園）

Ⓒ 团结村（西部物流园）

1975年の駅開設以来、4等級駅という不名誉な等級に甘んじてきたが2007年35.5 kmの重慶西部現代物流産業園区を伴い、重慶鉄路集装箱中心駅として再スタート、重慶の中欧班列「渝新欧」の発着駅となる。重慶にこんな広大な平地があったのかと思うくらい中国的な場所だ。

重慶線

2011年3月19日、内陸部と欧州を結ぶ初の列車「渝新欧」が開通。世界の生産量の1/3を占める重慶産ノートブック・パソコンを欧州へと届けた。2018年重慶では全世界の35.6% 5730万台を生産、5年連続世界一の生産量となった。当初は週に1便だったが2014年繁忙期には毎日1便が出発するに至る。2016年には6か国12都市へと拡大。180億元、4.2万コンテナを輸送した。2018年ベトナム・ハノイ線、ベラルーシ・ミンスク線、イラン線、ドイツ・ハンブルグ線を開通。既に東南アジアから重慶を経由し、欧州へと抜ける路線の準備も出来ている。重慶では2018年1442便を運航し、全中欧班列の22%を占めた。都市別運航実績としては3年連続トップの成都(1591便)に次いで全国2位となっている。3位は西安1235便で西部3都市で66%を占めている。ライバルとなる重慶を発着する航空貨物便は14か国・週41便である。

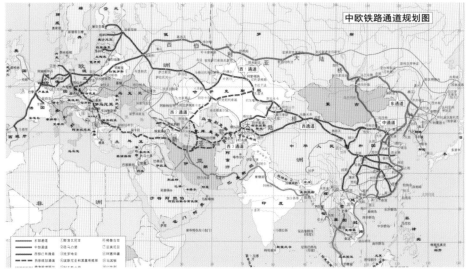

鉄道路線

西通道・中通道・東通道と 3 つのルートがある。西通道が一帯一路の陸路主役路線となり計画中の路線を合わせ 3 路線がある。西一は既に開通済の新疆阿拉山口（アラサンコウ）からカザフスタン・ロシア・ベラルーシ・ポーランドを経て欧州各地へ向かうルート。西二と西三は計画段階であるが、新疆阿拉山口からカザフスタン・トルクメニスタン・イラン・トルコ経由欧州、新疆トルガルトからキルギス・ウズベキスタン・トルクメニスタン・イラン・トルコ経由欧州というルートだ。中通道は以前からある内モンゴル二連浩特からモンゴルを通りシベリア鉄道につながるルート、東通道も以前からある満洲里からシベリア鉄道につながるルートだ。

一帯一路

Ⓒ一帯一路　Ⓟyīdàiyīlù　Ⓚイーダイイールー

2014 年に北京で開かれた APEC で習近平により提唱された経済圏構想で一帯（陸のシルクロード）と一路（海のシルクロード）から成るユーラシア大陸全地域を網羅する一大構想。シルクロード経済「帯」、21 世紀の海上シルクロード「路」で一帯一路だ。

東の極・中国と西の極・欧州を結び沿線人口 44 億人（世界人口の 63%）・沿線経済規模 GDP21 兆ドル (全世界 GDP29%) に達するという。中国と欧州を結ぶ貨物鉄道も一帯一路を受けて 2016 年 6 月 8 日、正式に中欧班列と改称された。また、中国では空港の入国審査にも一帯一路国民用の入国レーンを設置するなど優遇している。

重慶コネクティビティー・イニシアチブ
Ⓒ中新（重慶）战略性互联互通示范项目
ⒺThe China-Singapore (Chongqing) Demonstration Initiative on Strategic Connectivity
（略称 CCI ＝ Chongqing Connectivity Initiative)

2015 年 11 月 7 日、中国はシンガポールとの間で重慶コネクティビティー・イニシアチブを発表。1994 年、蘇州工業園区・2007 年、天津エコシティに続く 3 番目の中国シンガポール共同プロジェクトだ。重慶が中心となり金融サービス、航空、交通物流ハブ、情報通信テクノロジーの 4 点で重点的に開発する。朝天門埠頭の重慶 Raffles City もシンガポール資本によるものである。

陸海新通道
Ⓒ陆海新通道

2017 年 5 月 10 日、南向通道の名称で試運転開始。重慶を中心とし広西、貴州、甘粛など西部 8 省が参加、重慶から広西省欽州市までを鉄道により 2 日間で結び、欽州市からは船でシンガポールまで結ぶプロジェクトだ。従来の上海経由に比べ 1/3 の時間、1 週間でシンガポールまで到着するようになった。一帯一路の強化として南向通道は 2018 年 11 月 12 日、「国際陸海貿易新通道」(New International Land-Sea Trade Corridor)、略して「陸海新通道」と改められた。

中国必須アプリマニア

重慶旅行に行くにあたり、これだけは入れておきたい必須アプリ。Android、iPhone とも全て日本のアプリストアでダウンロード可能なので、旅行前までに入れておこう。

百度翻訳
カメラで撮影しての翻訳や音声からの翻訳にも対応している。中国も漢字を使用しているとはいえ日本と異なる字も多いので、翻訳アプリも一つ入れておきたい。

百度地図
中国では Google マップは使えないので、中国国産アプリを使うことになる。いろいろな地図アプリがあるが、史跡の網羅範囲は百度が一番。重慶の道はくねくねしていて非常に複雑かつ高低差があるため、マップは用意したい。気の向くままに〜というのが旅の楽しみの一つではあるが、重慶では禁物だ。

WeChat
中国版 Line。現地の人と仲良くなりたい場合は必須。中国電子マネーは WeChatPay と Alipay の二つ。外国人の使用に関しては政策によりころころ変わるので Alipay と共に WeChatPay についても調べて欲しい。

Alipay
中国に銀行口座を持たない外国人が中国でキャッシュレスを体験したい場合は ALIPAY の「Tour Pass」を利用する事になる。「Tour Pass」は日本のクレジットカードからチャージ及び引き出しが可能。

AGODA
中国のホテルは外国人宿泊不可の場合もあるので、国際アプリで探すことをお勧めする。

大衆点評（大众点评）
レストランや観光スポットなどを検索できるアプリ。美団と大衆点評は 2015 年合併したため、美団と検索すると出て来る。

TRIP

鉄道を予約する際に必須。中国鉄道の 12306 というアプリもあるが、中国の銀行口座が無いと決済出来ないなど、中国語が出来ないと難しいが、TRIP ではクレジットカード決済が可能。手数料が 20 元かかるが、中国の休日などでも確実にチケットを取りたいときには頼りになる。特に日本の GW は中国でもメーデーの休みと重なるため、この時期に旅行する際は中国のチケット争奪戦に参戦することになる。TRIP はホテルの予約にも使用できるうえ、中国系アプリのため、ラブホテルなど AGODA や Expedia に掲載されていないホテルにも強い。

中国鉄道チケットの取り方
1.TRIP をダウンロード

2.「列車」をタップ

3. 出発地と目的地、出発日を選択

4. 好きな時間を選択

5. 高速鉄道の場合は「一等・二等・プレミアム（商務）」、一般鉄道の場合は「一等寝台（软卧）・二等寝台（硬卧）・一等席（软座）・二等席（硬座）・立ち乗り（无座）」に分かれている。

6. 便を選ぶと乗客を入力する画面になる。中国の鉄道は全席指定・実名制なので正確に入力しよう。国際線の飛行機に乗る時と同じと思っておけばいいだろう。

7. 連絡先情報を入力。

8. 全て入力し終わったら「予約する」をタップ

9. この時点で予約は完了しているので 30 分以内に支払いをする。

10. 日本人の場合、通常はクレジットカードでの支払いとなる。

11. 無事に決済終了すると予約番号がでるが、この番号は TRIP 上での予約番号となり、中国国鉄の予約番号ではないので注意。中国国鉄の予約番号は後程送られてくるメールに記載されている。

12.TRIP より発券メールが来るので「予約番号」「旅程」「席番号」を確認。

13. 重慶に到着したら鉄道駅のチケット売り場でメールに書いてある「予約番号」と「パスポート」を提出すればチケットを受け取れる。

旅行準備マニア

Q1. 重慶への直行便はあるの？
重慶まで東京成田から5時間、大阪関空から4時間。経由便を利用する際は注意が必要。中国では経由便、乗り継ぎ便問わず最初に到着した空港で入国審査となり、同一航空会社の乗り継ぎでも一旦荷物も受け取る必要がある。

Q2. 旅行期間はどのくらい必要なの？
市内観光のみであれば3日〜可能。奥陶紀など郊外も行くなら4日間は欲しい。二大世界遺産の大足と武隆両方行くなら5日間は必要。

Q3. 気候は？
重慶観光のベストシーズンは非常に限られていて、3〜5月のみ。6月〜9月は35度越えの灼熱、中国三大かまどの本領を発揮してくる。気温は高いが天気は良く、晴れの日が多く、空気も澄んでいる。10月〜2月は雨や霧の日が多い。重慶の別名は霧の都で年間平均104日、同じく霧の都と言われるロンドンで94日、東京で55日なので重慶の霧の多さが分かると思う。

Q4. 時差は？
日本との時差は-1時間。中国全土で北京時間を使用しているため、西部の重慶では日の出日の入りが遅く感じる。体感としては北京時間より更に-1時間の時差が必要と感じる。

Q5. 治安はどうなの？
多数の監視カメラにより、またスマホ決済の普及に伴い財布を持たない人が増えたため、スリも激減。夜中に女性が一人で歩いていても問題ない。また地下鉄のホームやバス停で並んでいると、後ろの人が自分に張り付いてくるように感じるかもしれないが、これは人との距離感の問題であって痴漢ではないため慣れるしかない。

Q6. 言葉は中国語？
地元の人は重慶弁を話す。中国語（北京語）は通じるが英語は高級ホテル以外はまったく通じない。地元商店や市場では「How much?」も通じないと思っていた方がいいだろう。

Q7. 市内交通は
モノレール・地下鉄・バス・タクシーと移動手段は豊富。

Q8. ネット環境はどうなの？
中国ではGoogle・Facebook・Lineなどは使えない。また、空港や駅にWi-Fiがあるが中国の電話番号が無いと使用できない。日本のスマホを国際ローミングするか、SIMフリースマホを持っている方は香港のチャイナユニコムの7日間SIMを購入する事を強くお勧めする。香港版のSIMカードを刺せば上記全てのサービスが利用可能。海外ポケットWi-Fiをレンタルする際にはVPN付きの物を借りよう。現地でSIMカードを購入するにはパスポートによる本人確認が必要など、貴重な旅行の時間を割かれるため予め用意しておくのが賢明。

Q9. どこで両替するの？
両替＝中国銀行で両替可能。現地の銀行に口座が無い場合、中国銀行での両替となる。パスポートが必要。ただし窓口での両替には非常に時間が掛かり、外貨政策の影響により現金での両替を受け付けない事もあるので、なるべく空港での両替かクレジットカードでのATM利用をお勧めする。

クレジットカード＝銀聯カード以外ほとんど使用不可。中国ではスマホ決済によるキャッシュレスが進んでいて、現金は受け付けてもらえないといった話を聞くかもしれないが、もちろん現金も使用可能なので安心して欲しい。

ATM＝24時間のATMが街の至る所にあり、VISA・Mastercardなどの国際ブランドのクレジットカードでキャッシング可能。

中国の街中での食事やショッピングなどではクレジットカードは使用できないと思っていた方がよい。決済手段は現金もしくはスマホ決済となる。

Q8. 物価はどのくらい？
火鍋を食べてビールを飲んで一人100元くらい。小面と言われる重慶ラーメンで15元前後。一方スターバックスやマクドナルドは30元前後など、ローカルと外資系など高級店との間で物価の上下が激しい。ランチ代より高いコーヒーは日本では味わえないこの選択の自由を味わってもらいたい。2019年11月現在1元=15.5円。直近10年の最安値は12円、最高値は20円、概ね15円から19円で推移している。

Q9: どこに泊まればいいの?

特に希望が無い場合、解放碑に宿泊する事を強くお勧めする。重慶の中心は重慶城の頃より解放碑周辺であり、山城重慶を堪能したい・史跡を見て回る・交通便利の全てを網羅できるのが解放碑である。

Q10. 宿泊登記ってなに?

中国では宿泊する際に身分証登記が必要で、外国人が宿泊登記できる施設は限られているため、基本的には民泊などは不可能。ただ、高級ホテルしか泊まれないわけではなく、ビジネスホテルからラブホテルまで様々種類のホテルがあるので、宿泊先には困らないだろう。

また、ホテルの仕組みも日本と異なり、「一部屋いくら」という料金設定なので何人で泊まっても料金は変わらない。チェックインの際にデポジットを預ける必要がある事もある。ホテルのランクによっても異なるが、300 元以上は覚悟したい。デポジットなのでもちろんチェックアウト時に返却されるので、最終日チェックアウトしてからお土産を買うのが良いと思う。

Q10. チップはいるの?

チップは不要。

Q11. トイレはニーハオトイレなの?

以前は個室に扉が無い、ただ溝があるだけなど過酷な中国トイレ事情ではあったが近年「先進国はトイレが綺麗」との中央政府の大号令により、徐々に綺麗になってきている。日本の駅などの公衆トイレのレベルが中国では清潔なトイレの部類に入る。地下鉄の駅にトイレがあるがはっきり言って汚い。またトイレットペーパーの設置率は低いため、ポケットティッシュを持ち歩いた方が無難。街歩き中は日本ではコンビニでトイレを借りる方もいると思うが、中国のコンビニでトイレは借りれない。コンビニにトイレは無いがマクドナルドのトイレは使用可能で、一部中国人の間でマクドナルドは「全国チェーンのトイレ」と呼ばれている。またデパートのトイレは比較的綺麗なので、ショッピングエリアにいる時には積極的に利用したい。

Q12. 日本が爆撃したけど重慶は反日的なの?

直接爆撃を受けた世代は高齢のためあまり見ない。その下の世代は日中国交正常化の際の日本ブームにより、親日的とまではいかないが可もなく不可もない。30 後半～50 代は反日政策も重なり反日的。一方、日本のアニメを見て育った若年層はむしろ親日的。

Q13. ビザはいるの?

日本人は観光目的の場合 15 日間ビザ免除。ただ

し、滞在日数＋半年のパスポートの残り期間が必要。

Q14. 中国免税範囲

タバコ 400 本（2 カートン）
酒類 1.5 リットル

Q15. 日本免税範囲

タバコ国産外国産各 200 本
酒類 760ml × 3 本

Q16. コンセント

電圧は 220V。コンセント形状は日本と同様の 2 穴と 3 穴が併用されている。どの部屋にも 2 穴のコンセントはあるため、あまり気にしなくて OK。

Q17. 服装

基本的に日本と同じで良いが重慶滞在中は否が応でも階段の昇り降りが発生するため、何より動きやすい靴が必須、トレッキングシューズなどの履き慣れた靴が良いだろう。7 月 8 月はギラギラに晴れるためサングラスがあるとよい。

Q18. 喫煙所はあるの?

屋外は基本的にどこでも喫煙可能。ゴミ箱・灰皿も至る所においてある。古い火鍋屋ではタバコやティッシュは地面に捨てるという店もまだまだ存在する。こういった店でも火鍋のたれ（ごま油）は缶で出て来るが、缶を灰皿にするのは NG。臨機応変に対応しよう。

Q19. お酒はどこでも飲めるの?

コンビニやスーパーなどでいつでも入手可能。一般的に共産圏の国々では酒たばこは価格が低く抑えられている。

Q20. 買い物での注意点は?　現金は使えないの?

中国人は QR コードでの支払いが多いが、一部の店舗を除いて現金も使用できる。コンビニ・スーパーなど小売店のビニール袋は 1 元以下だが有料。

Q21. モバイルバッテリーや SD カードは簡単に変えるの?

モバイルバッテリーはメイソウにあるし、SD カードも蘇寧電器などで購入可能。質と価格を考えると日本で買う方がよい。

参考文献マニア

孫志慧『走進南方局』重慶出版社、2005 年

厲華『風雨白公館』重慶出版社、2005 年

李金栄／杨筱『烽火岁月――重庆大轰炸』重庆出版社、2005 年

苑鲁『中国战区参谋长史迪威将军』重庆出版社、2005 年

杨耀健『解密飞虎队』重庆出版社、2005 年

石曼『又见大后方影剧明星』重庆出版社、2005 年

孙善齐『重睹大后方文坛芳华』重庆出版社、2005 年

杨筱『探寻陪都名人旧居』重庆出版社、2005 年

邓又萍『陪都溯踪』重庆出版社、2005 年

李学政『回味陪都市井生活』重庆出版社、2005 年

黄庆华『中法建交始末――20 世纪 40 ～ 60 年代的中法关系』黄山书社、2014 年 3 月第一版

今井駿『四川省と近代中国』汲古書院、2007 年

菊池一隆『日本人反戦兵士と日中戦争』御茶の水書房、2003 年

潘洵著・柳英武訳『重慶大爆撃の研究』岩波書店、2016 年

雑誌論文

何智亜「开埠前后的重庆城」『重庆建筑总』、2011 年第 87 期

唐纲「外侨之窗、重庆开埠与外国使领馆在渝历史回顾」『重庆与世界』、2014 年编辑 12 期

蒲海清 口述 汪文庆 刘一丁 整理「我所知道的重庆成立直辖市经过」『百年潮』、2009 年 01 期

余刘文、韩平藻「我所经历的重庆文革武斗」『各界』、2008 年第 7 期

陈广猛「抗战时期英国驻重庆使领馆的变迁」『兰台世界』2016 年 15 期

唐润明「抗战时期重庆的外国使馆」、『重庆档案』2005 年第 3 期

张莉「澳大利亚公使馆留在重庆的那些历史往事」『红岩春秋』2015 年第 10 期

何景雷、伏阳「民国时期新疆民航业研究」『新疆大学学报：哲学、人文社会科学版』1998 年第 2 期

张鸿鹏「遠藤三郎と重慶爆撃」、『国研紀要 146』、2005 年

管維良著・水盛涼一訳「重慶の歴史と文」、『東北学院大学論集　歴史と文化第 50 号』

HP

重庆市文化和旅游发展委员会　http://whlyw.cq.gov.cn/list-2644-1.html

重庆党史网　http://www.redsa.com.cn/

重庆历史名人馆　http://www.cqlsmrw.com/

中国一带一路网　https://www.yidaiyilu.gov.cn/

重庆大足石刻旅游网　http://www.dazusk.com/

中国重庆武隆旅游网　http://www.wlkst.com/

重庆红岩革命历史博物馆　http://hongyan.hcwqq.com/

重慶を知る動画、映画

重慶の広告『行千里致广大』『一分钟重庆』

重慶を舞台にした映画

『少年的你』（中国 2019 年）

『从你的全世界路过』（中国 2016 年）

『火锅英雄』（中国 2016 年）

『重慶』（韓国 2008 年）

YouTube

『【A6300/VedioClips】Cyberpunk City - ChongQing，CHINA（BGM Blade Runner）』

『Chongqing 2019』

あとがき

　筆者が重慶について初めて興味を持ったのは青島出身重慶在住の大学生に出会った時だ。「なんで青島出身なのに重慶に住んでいるの？」と聞くと「火鍋が美味しいから」との答えが返ってきた。火鍋のために遥々1500km も離れた四川の山奥に住むなんて頭がおかしいのではないかと思った。当時はまさか数年後筆者自身も火鍋のために 3100km 離れた重慶に住むことになろうとは思ってもみなかった……。

　2014 年初めて重慶にたどり着いた時、今は無き十八悌は健在であり、竜門浩老街となっている場所は上浩下浩に分かれていた。ボロボロの十八悌は較場口のすぐ裏手にあり、廃墟のような十八悌と較場口の高層ビル群のギャップに心を奪われた。上浩下浩にしても長江を挟んで古い片田舎の山である上浩下浩、対岸の大都会である渝中半島解放碑との差に心惹かれた。2004 年始めて上海に上陸した際、大都会なのに道端に布団が干してあり、パジャマで歩いている人が大勢いるというギャップにすぐに上海の虜になった事を思い出した。今では信じられないが中国は「超フリーダム国家」だったのだ。その後、北京オリンピック・上海万博を経て、政府の民度向上政策もあり上海も普通の街になってしまった。「衣食足りて礼節を知る」を実感したものだ。

　さて、中国の大都市はどこも似たり寄ったり。大きな通りと大きな区画、大きなビルで散歩に不向き。もう中国はいいかなと思っていた頃、一人の重慶人と出会い、仕切りに重慶推しを喰らう。成都も昆明も西安にもあまり魅力を感じない筆者は「どうせ重慶も似たようなものだろう」と思っていたがあまりの熱意に足を運ぶと「なんだ？この都市は？」山の中に所狭しと建て連なる高層ビル群。大都会なのだがその高層ビルも近くで見るとタワー団地。もちろんパジャマ民も健在。あまりのカオスさに毎日歩きまわるが、重慶の道はくねくねしておりいつも迷子になっていた。そんなダンジョン感溢れていた重慶も今では西部大開発の中心として力づくで山を切り開くような開発も散見するようになってしまった。重慶が開発され発展するにつれて観光客も爆増しているので、重慶市としては大成功なのだろうが重慶も普通の街になっていくのかなと個人的には寂しく思っている。

　今回の企画で一つ心残りが有るとすれば「重慶美女」のコラムを設けられなかったことだ。

　当初 Weibo の画像を用いて紹介する予定だったのだが、重慶の街角スナップは盗撮なので被写体の女性たちが誰なのかも不明だ。

　さすがに彼女たちの肖像権を犯してまで、本書に掲載する訳にはいかない。

　重慶にいる間に美女の写真を撮ろうにも、そう簡単に出会えるわけもなく、結局掲載できなかった。

　一般的に日本では中国東北部が美女が多いと思われる方が多いと思う。筆者も同感であるが、中国では重慶が美女の産地として有名。色白黒髪細い脚が重慶美女の特徴だ。

　重慶旅行に行かれる男子諸君には重慶美女の魅力も十分楽しんでいって欲しい。

　ついでだが重慶美女とのお付き合いも希望しているので、われこそはという女性は打診して欲しい。

　と思ったのだが、この本の読者層は日本人ではないか。日本人女性とお付き合いしたくないという訳でもない。日本人女性からのお誘いもウェルカムだが、中国の出版社の関係者がこの本を見ているなら、どうか中国語版を出して貰えないだろうか？ついでにアメリカ人が見ているなら、英語版も希望する。この本にはソ連の事も出て来るのでロシア語版も大歓迎だ。

　最後に鬼城を教えて下さり、出版社パブリブと引き合わせてくださった『中国遊園地大図鑑』の関上武司氏、本書を企画してくださったパブリブ濱崎誉史朗氏にも改めて御礼を申し上げたい。多数の突っ込みを頂き、どんどん引き出しを開けて頂いたおかげで重慶マニアとしての深みがでた。また筆者を重慶へ強引に招待してくれた重慶の友人、外国人の訳の分からない質問にも答えてくれた重慶人にも感謝。

近堂彰一 Shoichi Kondo

1979 年生まれ。2004 年香港に行きたかったのだが航空券が高かったため上海へ行ったのが初中国。飛行機で隣だった書道家に市内まで送ってあげると言われ付いていくも空港で待っていたのは角刈りのおっさん三人。家に連れていかれ完全に終わったなとカツアゲを覚悟するもお茶を飲んで終了。その後四日間にわたり案内してもらうことに。中国人のフレンドリーさに惹かれ休みの度に渡航し 42 都市を訪問するが 2014 年重慶へ辿り着き独特な都市の様子にハマる。重慶研究をライフワークとし重慶の街を徹底散策。220 万歩、1551km、6254 段の階段を上る。

Chongqing Tips

https://chongqing-hotpot.world/
Twitter：@chongqingman
Mail：info@chongqing-hotpot.world

中国珍スポ探検隊 Vol.2
中国遊園地大図鑑 中部編
関上武司著
君の名は？　ドラえもん？ミッキー？フェリックス？　近年富裕層激増エリアの為、いんちき遊園地と圧倒的スケールを誇るテーマパークが入り乱れる！
四六判並製 224 ページ　2200 円＋税

地方都市マニア Vol.1
重慶マニア
人口 3000 万人を超える世界最大の市

2020 年 1 月 1 日　初版第 1 刷発行
著者：近堂彰一
装幀＆デザイン：合同会社パブリブ
発行人：濱崎誉史朗
発行所：合同会社パブリブ
〒 140-0001
東京都品川区北品川 1-9-7 トップルーム品川 1015
03-6383-1810
office@publibjp.com
印刷＆製本：シナノ印刷株式会社

中国珍スポ探検隊 Vol.3
中国遊園地大図鑑 南部編
関上武司著
ちーがーうーだーろー！　シリーズ第 3 弾は香港を含む中国南部。熱帯雨林の人口過密地域で南国リゾート開発が進む一方で、自然破壊・景観破壊が著しい！
四六判並製 224 ページ　2200 円＋税